여가선용을 위한

# 분재기르기의 실제

중급편

감수 **최병철** 박사 / 편저 **조연조** 원장

한국사진문화원

**여가선용을 위한**

# 분재기르기의 실제 중급편

2012년 10월 10일 초판 인쇄
2012년 10월 20일 초판 발행
2014년 9월 10일 2쇄 인쇄
2014년 9월 20일 2쇄 발행
2015년 1월 10일 3쇄 인쇄
2015년 1월 10일 3쇄 발행

가격 36,000 원

| | | |
|---|---|---|
| 고문 | 이일로 | 판 권 |
| 감수 | 최병철 | 소 유 |
| 편집 겸 발행 | 조연조 | |
| 대표사진작가 | 이일로, 조연조 | |
| 편집디자인 | 김정, 조려진 | |
| 인쇄 | 씨앤제이프린팅 | |
| | 대표 조계완 TEL:031-944-5641 FAX:031-945-5640 | |
| 등록번호 | 제 5-491호 | |
| 등록일 | 1984년 11월 20일 | |
| 주 소 | 서울시 종로구 숭인동 1375번지 | |
| 전 화 | 02-2266-4848, 2277-8787 | |
| 이메일 | yyj4848a@nate.com | |

※ 잘못된 책은 바꾸어 드립니다.
※ 편저자의 허락없이 무단복제 불허

### 감수자 최병철 박사

건국대학교 산림자원학 박사
전 신구대학 식물응용과 교수역임
전 건국대학교 농축대학원 분재학전공 교수
사단법인 한국분재조합 전 부회장
전 경원대학교조경학과, 동아문화센타 강사
효림분재식물 전 연구원장

### 글 / 도움 (가나다순)

김재인/한국분재박물관 대표
문형열/해제분재 대표
서삼룡/신세계분재원 대표
김종우/설뫼원
오영택/불이분재원 대표
이춘희/분재인생 저자
정한원/고려분재원 대표
조준환/소목분재농원 대표
최동원/효림분재 대표

### 참고문헌

분재기르기 강좌 1, 2권
박우정 저 분재이야기
세계화훼장식물도감
원예분재총람/한국의 분재
현대분재총서 전5권
현대의 분재와 화훼/
한국의 화훼원예식물

### 무늬동백 촬영지 (가나다순)

황금동백연구소김유한 / 유원농원 류재욱 / 태안식물원 손기한 / 야생화편지 왕춘근 / 전원분재농원 전용창
동백농원 조동원 / 월출분재 조재민 / 북두성농원 최용문 / 산으로 황동주

# 중급편 Contants

| | |
|---|---|
| 발간사 … 004 | 은행나무 … 034 |
| 분재수盆栽樹의 형태 및 특성과 관상 강좌 … 008 | 노아시감 … 035 |
| 검양 옻나무 … 008 | 석류나무 … 036 |
| 남 오미자 … 009 | 복사나무 … 037 |
| 노박덩굴 … 010 | 회양목 … 037 |
| 밤나무 … 011 | 눈향나무 … 038 |
| 곰솔 … 012 | 진달래 … 040 |
| 매화나무 … 013 | 자귀나무 … 041 |
| 구기자나무 … 014 | 느릅나무 … 042 |
| 산수유 … 015 | 황피느릅나무 … 043 |
| 뽕나무 … 015 | 흑낙상홍 … 044 |
| 목련 … 016 | 때죽나무 … 044 |
| 덩굴옻나무 … 016 | 도사층층나무 … 045 |
| 배롱나무 … 017 | 등나무 … 046 |
| 눈나무 … 017 | 단풍나무 … 048 |
| 들장미 찔레나무 … 018 | 장수매화 … 050 |
| 산사나무 장미과 … 019 | 명자나무 … 052 |
| 졸 참나무 … 020 | 주목 … 054 |
| 떡깔나무 … 020 | 모과나무 … 056 |
| 치자 나무 … 021 | 상수리 나무 … 060 |
| 참빗살나무 … 022 | 마삭줄 … 062 |
| 애기 사과나무 … 024 | 소사나무 … 064 |
| 심산해당화 … 025 | 삼나무 … 066 |
| 으름덩굴 … 026 | 곰솔黑松반간蟠幹 … 067 |
| 가막살나무 … 028 | 섬잣나무 … 068 |
| 회잎나무 … 028 | 소나무赤松 … 070 |
| 피리칸샤 … 029 | 개나리 … 073 |
| 당 단풍 … 030 | 철쭉나무 … 074 |
| 담쟁이 덩굴 포도과 … 031 | 사과 … 075 |
| 대나무 … 032 | 섬잣나무 모양목 … 076 |
| 황매화 … 033 | 벚나무 … 078 |

## 중급편 Contants

- 풍년화 …………………………………… 079
- 소나무 …………………………………… 080
- 꽃식물의 분재 …………………………… 084
- 본격적인 수형표현기법 ………………… 097
- 철쭉나무 ………………………………… 098
- 철쭉의 어원語源과 기르기와 관리 …… 099
- 철쭉의 삽목揷木 번식 365일 ………… 100
- 철쭉의 삽목 번식법 …………………… 101
- 삽목揷木의 종류 ………………………… 102
- 철쭉 삽목揷木 심기의 이론과 실제 … 104
- 철쭉의 수분水分의 관리 ……………… 105
- 철쭉의 파종播種 ………………………… 107
- 철쭉 삽목상자의 월동 ………………… 108
- 철쭉의 철사감기 ………………………… 116
- 줄기를 구부리기 위한 감기법 ………… 118
- 수형 만들기와 가지가꾸기 …………… 121
- 노지에 심은 묘목苗木의 겨울철 관리 … 130
- 가위질에 의한 가지 선반의 표현 …… 131
- 수형진단의 도움말 ……………………… 140
- 화예의 조정 ……………………………… 142
- 초심자를 위한 실제 …………………… 142
- 철쭉의 특성과 품종 …………………… 144
- 약혜비수 ………………………………… 146
- 명품 철쭉분재 감상感想 ……………… 146
- 홍만중 …………………………………… 147
- 황산晃山 ………………………………… 148
- 철쭉의 가을철 철사감기는 해롭다 … 150
- 명경 ……………………………………… 151
- 명미세월 ………………………………… 152
- 동백나무 ………………………………… 158
- 동백꽃 예찬禮讚 ………………………… 162
- 섬 잣나무五葉松 이름 "보주寶珠" …… 190
- 뿌리 이상형理想形의 조건 –너도밤나무– … 197
- 잡목류 분지分枝의 교정 ……………… 200
- 느티나무의 개작 ………………………… 201
- 개작改作의 예 …………………………… 211
- 가지 치기의 이론理論과 실제實際 …… 215
- 사리舍利와 신神만들기 ………………… 222
- 사리간舍利幹 만드는 법 ……………… 224
- 씨앗심기實生 …………………………… 234
- 뿌리를 접목接木한다 …………………… 239
- 가지를 접목接木한다 …………………… 240
- 가지를 줄인다 …………………………… 242
- 싹을 갈아 세운다 ……………………… 244
- 몸통에 돋는 싹을 살려 이용한다 …… 246
- 굵은 가지를 움직인다 ………………… 248
- 이식移植으로 각도角度를 바꾼다 …… 250
- 조각彫刻을 설비設備한다 ……………… 252
- 옥상을 이용하여 분재기르기 ………… 254
- 노간주나무 배양관리법 ………………… 255
- 느티나무 ………………………………… 257
- 분재의 수형관樹形觀의 원점이란? …… 257
- 느릅나무 ………………………………… 258
- 소나무 …………………………………… 261
- 당단풍 …………………………………… 262
- 단풍나무 포기자람 ……………………… 263
- 담쟁이덩굴 ……………………………… 265
- 배롱나무 ………………………………… 267

# 발간사

## 여가선용을 위한
## 분재 기르기의 실제 발간에 부쳐

　많은 사람들이 분재盆栽하면 기르기가 어렵다고 하고 또한 값이 만만치 않다고들 한다. 그렇다 이 둘 다 맞는 말이다. 하지만, 잘 알고 보면 아아 그렇구나 하고 고개를 끄덕일 것이다. 편자 10여 년 전 사진작가인 조준환 씨 분재원에서 분재에 매력을 느껴 100여 만 원씩 하는 것을 10여 분을 구입해서 충무로 양지빌딩 옥상에서 키웠다. 그런데 매일 분재에 애정을 가지고 기르다 보니 그 재미가 솔솔하여 그 어떤 것 보다 여가선용에 좋은 것을 느꼈었다.

　한 번 분재 기르기에 취미가 붙으니 시간만 나면 분재원에 들러 새로운 분수들을 구입해와 하나 둘 숫자가 늘어난 재미가 솔찬 했다. 그런데 며칠 지방 출장을 갔다오니 세상에나 그 아까운 나무들이 비실비실 하지 않은가? 물을 다 주고 원기를 회복하기를 기다렸는데 그 뜨거운 옥상에서 분재수들이 갈증을 못 이기고 시들어 가면서 얼마나 나를 원망했을까? 나 또한 그 상실감이란 이루말할 수가 없었다. 분재 기르기에 있어서 물주기 3년이란 말이 있다. 그만큼 물주기가 중요하다는 뜻이다.

　조준환 사진작가를 만나 세상에 분재가 다 말라 죽어 버렸다고 했더니 그 정도의 지식도 없느냐고 핀찬을 주면서 분 몇 개를 더 주어서 서운한 마음을 달래며 기르기 한 일이 있다. 그 가슴 아픈 사건을 경험하고 분재 기르기에 기초부터 어느 정도의 수준까지의 테크닉을 본서에 게재하는데 주안점을 두었다. 위에서 말한 즉 "분재 기르기가 어렵다는 말은" 본서가 하나의 해답이 될 것이고 또한 "분재란 비싸다"고 하는 말은 나무는 보고 숲을 못 보는 말이다. 분재원에 가면 몇 만원에서부터 몇 천 만원까지 가격이 천차만별이다.

　자기 여건에 맞춰 분재수를 구입하여 기르기 하는 것이 여가선용에 도움이 될 뿐 아니라 재테크에도 도움이 된다 하겠다. 왜냐하면 아주 소품 분재를 구입해 기르다 보면 값은 보는 이에 따라 달라진다. 사실 많은 사람들은 삽목하면 시골 개울가에 버드나무 정도로 알고 있는데 사실은 그렇지 않다. 삽목은 모든 나무의 8~90%가 가능하고 그 외 취목, 휘묻이, 실생 등 다양하며 접목 또한 매우 흥미 있는 기법 중의 하나이다. 이 모든 기법들을 초급편과 중급편으로 나누어 수록했다. 무늬동백 촬영에 협조해 주신 회원님들께 진심으로 감사드리며, 이 분재기르기의 실제가 여가선용에 많은 도움이 되리라 확신하며 발간사를 갈음하는 바이다.

2015년 정초正初에

발행인 조 연 조

## 이것이 분재이고, 살아 있는 예술이다.

채움에 필요한 공간과 틈 사이에서 우리 인간은 시시각각 숨쉬고 휴식을 취할 수 있는 곳이 필요하다. 초하初夏의 계절이 성큼 식물원에 자연의 섭리를 않고 싱그러움을 배품에 있어 오고 가는 사람들이 그 공간의 틈에서 휴식을 즐기고 생각한다. 그리고 마음의 평화를 즐긴다. 이것이 자연이 인간에게 준 크나큰 은혜이다.

가족 나들이 나온 아기들은 엄마와 즐거운 대화를 하며 삶의 공간을 채우는데 아이들의 아버지는 분재수의 사진 찍기에 바쁘다. 가파른 길을 가던 아가씨 둘은 그것을 구경 하다가, 한 사람을 가던길을 가는데 한 사람은 분재수에 정신이 팔려 일행과 순간 이별을 한다.

예술이란 무엇인가? 어떤 재료나 기교, 양식 따위에 의한 미美의 창작 및 표현을 보고 아름다움을 느낄 수 있는 것이다. 그렇다면 가던길을 멈추고 구경 하는 것은? 또한 셧터를 눌러 대는 것은? 모두 다 아름다움에 취한 결과이다.

이것이 분재가 갖는 의미이고, "예술이다"라고하면 어떨런지……

많은 사람들이 분재란 무엇인가란 질문들을 한다. 도식적으로 자연의 일부를 분에담아 기르는 것 또는 여러가지로 대답을 할 것이다. 위에서 말한 가던 길을 멈추고 보는 것이 분재 예술이라고 하였다. 그렇다면 분재기르기의 기법은 무엇인가의 질문이 있을 것이다.

분재수에 따라 토양과 비료 그리고 물주기 등으로 대답할 것이다. 이것은 어디까지나, 바둑의 정석, 골프의 스윙, 서도의 필법, 댄스의 기본스텝 등이 있듯이, 분재기르기도 마찬가지이다. 기본을 알고 전문가에게 자문을 받아야 한다. 이유는 바둑의 정석이 많은 변화가 있듯이 분재기르기도 마찬가지 이다.

많은 시간을 들여 연구하고 노력하여 터특한 노하우를 초보자들은 하루아침에 배우려 든다면 정도가 아닐 뿐아니라 배울수도 없다. 전국에 많은 분재원의 전문 상담사들에게 가르침을 받아 소품 분재부터 시작하여 생애生涯의 걸작품을 만들어 후대에 남기는 즐거움을 갖는 것도 보람된 일일 것이다. 그리고 여가선용에도 많은 도움이 되어 삶이 보다 윤택해질 것이고 하루 하루가 즐거울 것이다. 이것이 분재가 갖는 의미이고 창작의 묘미이다.

중급편

# 분재수盆栽樹의 형태 및 특성과 관상 강좌

## 검양 옻나무
옻나무과 / Rhus succedanea L.

### • 형태

한국, 일본 중국 등에 자생하는 낙엽성 교목으로 나무 껍질은 어두운 갈색이다. 우상복엽이 가지끝에 집합하여 착생하며 작은 가지는 거의 뻗지 않는다. 5~6월에 원추화서를 나타내어 황록색의 꽃을 다수 피우고 열매는 10월경에 성숙한다. 이 열매에서 밀납을 채취한다. 가을에는 아름다운 단풍으로 물든다. 옻나무과 식물이므로 알레기성 체질을 가진 사람은 옻이 올라 고통을 받지 않도록 주의 하여야 한다.

### • 특성

양지바르고 기름진 땅에 자생 하는데, 습기가 많은 곳이나 선소한 곳에서도 잘 자란다. 검양 옻나무는 그대로 성장 시키면 거의 동체 부분에서는 싹이 나지않고 정상부에서만 잎이 달려서 마치 장대를 세워 놓은것 같은 수형이 되어 버리므로, 모아 심기가 아니면 분재로서 가치가 없으므로, 모양목으로 기르기 위해서는 동체에서 싹을 없앨 필요가 있으므로 줄기 끝의 눈을 따 버리고 철사를 걸어서 끝 부분을 아래쪽으로 구부려 성장을 억제 시킨다. 이렇게 하면 위쪽의 성장이 억제 되므로 줄기의 각 부분에서 싹이 돋아나고 가지가 뻗게 된다. 그리고 가지가 생기면 윗 부분을 잘라 버린다. 가지가 위로만 향하게 방치하면 결과는 위로만 뻗어서 부정아가 나오지 않고 뻗기만 하므로 철사를 걸어서 아래쪽으로 향하여 교정 하여야 한다. 또 강한 세력으로 크는 싹은 5~6월경에 1~2개의 싹만 남기고 눈을 따 버려야 원하는 수형을 만들 수 있다. 번식은 씨 뿌림에 의한다. 성장이 매우 빠른 수종이므로 씨 파종한다음 2년후 4월에 줄기에 철사를 걸어 원형으로 구부려서 끝 부분을 아래쪽으로 향하게 하여 동체에서 싹이 트도록 유도하면, 3~4년째부터는 모양목의 소품 분재로 감상 할 수 있게 된다.

### • 관상

검양 옻나무의 볼만한 점은 잡목류 중에서 단연 홍엽의 아름다움이 첫째라고 할 만큼 선명하다. 가을이 되면 단풍나무류에 앞서 다소 빠르게 물들게 되므로 분재로 하나쯤 기르기 할 만한 수종이다. 수형으로는 모아 심기와 모양목이 일반적이다.

---

**원추화서圓錐花序** : 복총상 꽃차례의 하나로 꽃차례의 축이 한 번 또는 몇 번 고르지 않게 갈라져 맨 나중의 각 分枝가 총상 꽃 차례를 이루고 전체가 원불 모양을 나타낸다. 대나무, 옻나무, 바위취, 범의귀 등이다.

## 남 오미자

목련과 / Kadsura Japonica Dunal

### • 형태

우리나라 남쪽섬에 자생하는 암수가 다른 수종이며 나무 껍질은 코르크질로서 부드러우며, 줄기가 굵은것은 직경이 3~4cm가 된다. 잎은 육질로서 두껍고 표면은 광택이 있으며 뒷면은 보라색을 띨때도 있다. 7월경 엷은 황백색의 작은 꽃을 피운다. 열매는 직경이 5mm 내외의 구형이며 두상의 화포위에 다수 착생하며 홍색으로 성숙한다. 열매는 이듬해 2월경까지 관상할 수가 있다. 잎에 반점이 있는것, 열매가 백색으로 변질 된것도 볼 수 있다.

### • 특성

자생지에서는 기름지고 물 빠짐이 좋은 땅에서 잘 자란다. 성장지로 보아 알 수 있듯이 원지성 식물이기 때문에 추운 지방에서는 방한을 해주어야 한다.

12~2월의 엄한기의 전정은 피해야 한다. 비료성분과 수분이 부족하면 잎의 색깔이 퇴색하므로 넉넉하게 주어야 한다. 꽃눈은 엽액에 분화하여 그해 중 꽃이 피게 되므로 휴면 기간의 전정은 어떤 위치의 가지를 잘라도 다음 개화를 저해하는 일은 없다. 성장 기간중의 전정은 지나치게 성장하는 덩굴을 알맞게 자르고 줄여서 수형의 흐트러짐을 방지하고, 본격적인 전정은 꽃이 진 뒤 또는 휴면 기간중에 하는것이 개화와 결실을 충실하게 한다는 점에서 권할만 하다 하겠다.

### • 관상

남오미자는 가지의 피하皮下에 포함 되어있는 점액粘液을 채취하여 두발頭髮을 다듬는데 사용한 까닭에 붙여진 이름이라고 한다. 본래는 덩굴성이나 튼튼하여 길들이기 쉽고 분양盆養을 계속하면 나무처럼 변질된다. 분재로서는 주로 열매를 관상의 대상으로 삼는다.

소구형小球形을 둥굴게 한데 엮어 놓은 것 같은 모양으로 가을에 진홍색眞紅色으로 성숙된다. 기과奇果에 속하나 매우 아름다워 관상 가치가 높다.

# 노박덩굴

화살나무과 / Celastrus orbiculatus Thub.

### • 형태

우리나라와 일본 등 지의 산야에 널리분포되어 자생하는 덩굴성의 암수가 다른 낙엽덩굴성 식물이다. 덩굴은 나무등을 왼쪽으로 감아 올라가면서 성장한다. 5월경에 황록색의 작은 꽃들이 피는데 열매는 직경이 7~8cm이며 10월경에 노란색으로 결실한다. 열매가 갈라지면서 주황색의 아름다운 종자가 들어난다. 줄기의 굵기는 일반적으로 15cm정도가 되나 나이가 많은 것은 10~20cm 정도 되는 것도 있다. 그러므로 분재로 길러질 경우 도저히 덩굴식물이라고 할 수 없을 정도의 수형이 된다.

### • 특성

척박한 땅에서도 잘 자라며 덩굴의 성장이 눈부신 수종이다. 줄기의 크기를 촉진 시키려고 할 때는 새로 자란 덩굴을 너무 짧게 자르지 안아야 하며 동화양분의 증대를 꾀하여 휴면기간중의 전정으로 잘라서 줄이는 관리를 반복한다

꽃눈은 새로운 가지끝의 엽맥에 분화되어 이듬해 봄에 싹이 트고 이어서 새로운 덩굴을 뻗어서 그 엽맥에 꽃을 피우고 열매를 맺는다. 따라서 휴면기간중의 전정은 가지를 비교적 짧게 잘라도 이듬해의 개화및 결실에는 지장없는 수종이다. 그러나 암수가 다른 수종이므로 암수나무를 같이 기르지 않으면 수분과 수정이 이루어 지지 않으므로 결실을 않는다.

번식은 씨뿌리기, 삽목, 취목 등의 방법으로 한다. 뿌리 내림이 왕성하므로 삽목, 취목 등 모두 가능하다. 줄기모양의 재미있는 종자나무를 얻으려면 뿌리꽃이를 하는 것이 유리하다. 산야에 자생하고 있는 것에서 뿌리를 채취하거나 분갈이 할 때 긴 뿌리를 자르고 위쪽의 잔뿌리를 제거한 다음 삽목을 한다. 이때에 약간 깊은 화분에 조금 노출 될 정도로 묻고 땅 위에 나온 끝 부분에는 융합촉진제를 발라서 건조를 예방한다. 이 부근에서 많은 부정아가 발생하므로 가지의 조작이 용이하다. 그리고 영양체(營養體) 번식을 할 때는 미리 원 그루의 취웅 여하를 확인하여 두지 않으면 안 된다.

### • 관상

원래는 덩굴성 식물인데 분양(盆養)하여 가는 동안에 나무로 변하게 된다. 잎은 낙상홍을 닮았고 줄기는 덩굴이기 때문에 이렇한 이름이 붙여 젓을 것이다. 분재로서는 낙상홍과 같이 실물분재로 사랑을 받고 있다. 또한 그 멋에는 상당한 차이가 있는 것이 사실이다. 열매가 익으면 엷은 황갈색의 작은 종자가 노출 된다. 실물분재로써는 참빗살나무와 거의 비슷하며 가을의 풍정을 한 껏 느기게 하여준다.

# 밤나무

참나무과 / Castanea crenata S. et Z.

• 형태

우리나라에 많이 자생하는 낙엽교목으로 수피는 흑갈색을 띤다. 수령이 오래되면 수피에 결목이 생기며 가지는 굵고 별로 분지하지 않는다. 6월경에 새 가지 윗쪽에는 숫 꽃술이 위를 향해 착생하고 암꽃술은 이 긴 숫꽃술의 기부 가까이에 개화한다.

• 특성

심근성으로 잔 뿌리가 적어 분에 옮겨 심기에 어려움이 많다. 또 싹트는 힘이 약하므로 전정이 지나치면 견뎌내지 못한다. 또한 비료분을 너무 많이주면 원래 굵은 가지가 더 굵어져서 수형 만들기가 어려워지므로 주의 해야 한다.

번식은 씨뿌리기, 접붙이기로 한다. 씨뿌리기에 의해서도 4년 정도 되면 결실이 가능하고 또 묘목때부터 구상한데로 배양할 수 있으며 잔 뿌리의 발생도 촉진 시킬 수 있다.

• 관상

밤나무는 실물 분재로서 다른 분재에 비해 이색적인 맛이 있다.

# 곰솔

소나무과 / Pinus Thunbergii Parl.

### • 형태

해안에 가까운 지대에 많이 분포하는 상록교목으로 수피는 흙탄색이며 수령이 많아지면 구갑상으로 터서 두꺼운 비늘상으로 된다. 침상엽은 굳고(적송은 연함) 겨울눈은 하얗고 적송은 적갈색이기 때문에 구별된다.

곰솔은 침엽이 노란색의 금송, 왜성矮性으로는 수가 많은 겹 곰솔등이 변한것이 있다. 그러나 이것들은 바람이 세찬곳이나 메마른 땅에서 자란다든가 하는 환경조건에 좌우되어 외관상의 형태가 분재에 적합 하기 때문에 특별히 붙여진 이름이다. 따라서 유전적인 변화가 생긴것은 아니므로 어느것이나 같은 곰솔이다. 그러므로 심는 장소를 바꾼다거나 관리의 방법을 바꾸면 외견상의 형질에 변화가 생겨 잎이 길어 진다든가 한다. 그러므로 산지에 지나치게 구애 된다는 것은 생각해 볼 문제이다.

### • 특성

햇빛이 잘 닿는곳의 건조한 땅에서 잘 자란다. 그러므로 분재로 기르기 할 때에도 햇빛이 닿지 않는다던가 배수성이 좋지않는 용토를 사용하면 양호한 기르기를 기대 할 수 없다. 또한 기세있게 성장 하므로 그대로 방치 해 두면 가지가 길게 뻗어 사이 뻗음이 되고만다. 느티나무 따위 등의 활엽수와 달리 오래된 가지에서는 부정아가 생기지 않으므로 한번 사이 뻗음을 한 것을 자른다는 것은 어렵기 때문에 가지가 사이 뻗음이 되지 않도록, 또 잔가지를 많이 분지시키기 위해 순 따기의 작업을 하여야 한다. 즉 6~7월경부터 곁가지 밑둥부터 잘라내어 그 기부에서 두번째 눈이 나오게 한다. 이 두번째 눈은 작은 가지가 된다. 10월경이 되면 돋아나는 두 번째 눈이 잔가지로 성장하므로 한 군데에 두 개만 남기고 다른것은 잘라버려 정지한다. 이 눈 자르기는 단엽법 이라고도 한다. 수세가 약해 곁가지가 뻗을 힘이 약한 것에 눈자르기를 하면 두 번째 눈이 생기지 않을 수도 있으므로 주의해야 한다.

번식은 씨 뿌리기, 삽목, 취목, 접붙이기에 의한다. 씨뿌리기를 했을 때에는 잎이 나왔을 때에 직근을 잘라 삽목해서 묘를 기른다. 이렇게 하면 키를 낮게, 또 뿌리뻗음이 좋은 묘를 만들 수 있다.

### • 관상

곰솔은 남성적인 박력이 넘쳐 있는 소나무이다. 수성이 매우 강건하여 잎은 강직한 침상으로 짙은 녹색, 간피는 고목이 되면 흑갈색을 띠고 거칠게 벗겨진다. 곰솔의 이름은 이 간범에서 불리게 된듯 하다. 대부분이 해변에 자생하고 있으며 강한 바다 바람과 싸워서 그 자태가 강인 해 보인다. 일년내내 관상 할 수 있으나 가장 좋은 시기는 두 번째 눈이 아름답게 돋고 고엽 따기가 끝난 11월 상순부터 겨울이다.

---

**단엽**單葉 : 한 개의 엽신으로 되어 있는 잎.  015 분지分枝~원 줄기에서 갈라져 나간 가지.  017 분기分岐~나뉘어서 갈라짐 또는 그 갈래.

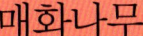

## 매화나무

장미과 / Prunus Mume S. et Z.

• **형태**

매화나무의 기본종은 꽃색으로 크게 나누면 백매와 홍매이며 열매를 맺느냐 못 맺느냐로 나누면 실매와 화매로 구별된다. 또한 여러가지의 유사한 교잡종이 있다.

• **특성**

매화나무의 개화기는 품종에 따라서 다소 차이가 있지만 우리나라에서는 대체로 2~3월 초순경이다. 꽃눈의 분화기는 7~8월경 이므로 이 시기에 가지가 너무 자란다고 해서 전정 하면 꽃눈의 분화를 저해하여 다음해는 꽃이 피지 않는다. 그러므로 가지가 길게 뻗어 수형을 문란하게 하는 가지는 꽃눈이 완전히 형성 되는 9월상순 이후에 자르도록 한다. 매화나무는 자생지가 다소의 모래가 석인 배수성이 좋은 양지를 좋아 한다.

그러므로 분에 올려 기르기 할 경우에 분토에 배수성이 나쁜 용토를 사용하면 양호한 생육을 못한다. 또 뿌리의 발육이 왕성 하므로 2~3년에 한번씩 옮겨 심기를 안하면 뿌리 성장이 막혀 고갈 되든지 쇄약 해 지는 원인이 되므로 주의 하여야 한다.

번식은 삽목, 접 붙이기, 씨뿌리가 일반적이나, 과수나 정원수로서 밭이나 집 주변에 잘 식재되어 있으므로 부정아가 많이 나오는 성질을 이용해서 이것들을 잘라 분재로 기르기 하는 경우가 많이 행해지고 있다.

접목의 대목에는 들매화계의 접목묘, 혹은 실생묘가 가장 적합하다. 바라는곳에 가지를 만들고 싶을경우, 혹은 종목을 만들 경우에도 아접눈도 가능 하므로 이 방법을 이용하는 것도 좋다. 또 굵은 가지나 줄기를 취목 한다든가 삽목할 경우에도 취목, 뿌리접 삽목을 하면 성공율이 훨씬 높아진다.

• **관상**

매화나무의 매력은 눈이 내리는 추위에도 굴하지 않고 청초한 꽃을 피워 향기를 풍기는데 있다. 또 고색을 띤 간피도 풍치가 있으며 사리간의 모습은 일품이며 문인목의 모습으로 키워도 풍치가 있다. 관상 시기는 말 할것도 없이 꽃 필때이나 1~2송이 피기 시작할 때의 모습을 빼 놓을 수 없다.

**중급편**

# 구기자나무 가지과 / Lycium chinense Mill

온대지방에서 자생하는 작은 키 나무로 가지는 덩굴 형태로 길게 자라며 일반적으로 엽맥에 가시가 있다. 가지에는 세로로 달리는 무늬가 있으며 짧은 가지에 4~6장의 잎이 다발로 착생한다. 잎은 긴 타원형이며 부드럽고 8월경부터 가을에 걸쳐 담 황색 꽃이 핀다. 열매는 주홍색으로 수분이 많고 9월경에 성숙한다

여름부터 가을에 개화하는 꽃과 가을에 주홍색으로 성숙하는 아름다운 열매를 보려고 기르기를 한다. 싹 틈이 극히 강하고 가지는 어떤 위치에서 잘라도 부정아가 잘 발생한다. 꽃눈은 새 가지에 분화하여 그 당일에 핀다. 토질에 대한 저항력도 강하고 견습에도 잘 견디며 성장한다. 번식은 씨뿌리기, 삽목, 뿌리꽂이, 포기나누기로 한다.

## 산수유
층층나무과 / Cornus officinalis S.et Z.

우리나라 중부이남에 자생하는 낙엽성 교목이며 수령이 많아지면 나무 껍질이 엷게 벗겨지면서 그 자국이 남게된다. 지엽은 대생하며 가지는 가늘게 잘 분지한다. 잎 줄기는 잎의 가장자리를 따라 6~8쌍이 활처럼 생긴다. 3월 싹트기 전에 노란색 꽃이 피는데 홍자색의 광택이 있는 열매가 5~6월경에 성숙한다. 작은 가지가 잘 분기되며 싹 틈의 힘이 센 수종이다. 꽃눈은 새 가지끝에 분화하여 이듬해 봄에 그 위치에 꽃이피고 열매를 맺는다. 짧은 가지가 다수 생기고 그 끝 눈에도 꽃눈이 분화하므로 휴면기간중의 가지치기를 할 때에는 어느정도 가지를 바짝 잘라도 일정량의 개화는 기대할 수 있다. 번식은 씨뿌리기, 또는 취목으로 한다.

## 뽕나무
가지과 / Lycium chinense Mill

중국 원산의 낙엽성 교목으로 잎은 둥글넙적한 것과 2~3개로 갈라진것 등의로 혼생한다. 열매는 6~7월경 흑보라색으로 성숙한다. 전국적으로 재배되며, 그 잎은 양잠용으로 이용된다. 각지 산야에 자생하는 산 뽕나무는 톱날이 날카롭고 잎자루가 홍색을 띠고 있기 때문에 쉽게 구별된다. 뽕나무에는 비록 적으나 결실이 좋은 1살 뽕나무 등 이색적인 것도 있다.

흑보라색으로 성숙하는 열매를 관상하기 위해 분재로 기르기를 한다. 싹트는 힘이 아주 강하므로 강한 가지 치기가 가능하다. 새 가지의 엽맥에 꽃이피고 결실하므로 새 가지는 짧게 자르는 일이 없도록 한다. 번식은 씨뿌리기, 삽목, 취목으로 한다.

중급편

## 자목련
목련과 / Magnolia salicifolia

중국원산의 낙엽성 교목으로 포기나누기로 성장하며 굵은 가지가 드물게 생긴다. 4월 새 눈이 싹트기 전에 가지끝에 어두운 보라색의 대형 꽃이 핀다. 비슷한 종류로 흰 꽃이피는 백목련이 있다. 이른봄에 꽃피는 보라색 꽃을 즐기려고 분재 기르기를 한다.가지가 굵어서 별로 분기하지 않으므로 많이 닮은 종류의(주목)쪽이 가꾸기 쉽다고 할 수 있다. 꽃눈은 새 가지끝에 분화하여 이듬해 봄에 그자리에서 꽃핀다. 따라서 봄부터 자라는 가지는 위세좋게 자라는 가지 외에는 가지치기를 하지않고 휴면기간중에 꽃눈을 붙인 짧은 가지를 남기고 솎음질 하듯 가지치기를 한다. 번식은 씨뿌리기 또는 포기나누기로 한다.

## 배롱나무

장미과 / Rypus serotina Rehder

일명 백일홍 나무라고 하는 중국원산의 낙엽성 교목으로 나무껍질은 적갈색이며 광택이 있고 모양이 일정하지 않은 반문이 있다. 가지는 잘 분기되며 7월경부터 가을까지 홍자색 또는 흰 꽃을 가지 끝에 원추화서 위에 다수 개화한다.

여름부터서 가을에 걸쳐서 차례로 개화하는 꽃과 광택이 있는 아름다운 껍질을 슬기려고 기르기를 한다. 꽃눈은 새 가지에 분화하여 그 해중에 개화하므로 휴면기 간중의 가지치기는 어떤 위치에서 가지를 잘라도 다음 개화에는 영향을 주지 않는다. 그러나 봄부터 자라는 새 가지를 자르면 꽃이 피지 않으므로 위세좋게 뻗는 것 외에는 가지치기를 절대로 하지 않아야 한다. 싹틈의 힘이 있어 강한 가지치기를 하여도 잘 견뎌낸다. 번식은 씨뿌리기, 삽목, 취목으로 한다.

## 눈나무

目木 / Berberis Thunbergii DC.

일본 각지의 산야에 자생하는 낙엽성 낮은 키 나무로 줄기는 바로서서 많은 가지를 분기하는데 가시가 있다. 잎은 2~3cm소형이며 독특한 노란색을 띠고 있다. 아울러 가을의 단풍이 아름답기 때문에 이 잎의 색갈의 변화를 보면서 즐기려고 분재 기르기를 한다.

4월에 새 싹이 나올무렵 작은 총상 꽃차례를 내고 작은 수의 노란꽃이 아래쪽을 향하여 핀다.

열매는 10월경부터 겨울에 걸쳐 홍색으로 성숙한다. 이 나무의 별명인 작은새도 앉지 않는다 라는 말은 작은 가지가 많고 가시가 있으므로 작은 새도 앉을 수 없다는 의미에서 연유된 말이다.

번식은 씨뿌리기, 삽목, 포기나누기에 의한다.

**중급편**

## 들장미  찔레나무 / Rosa multiflora Thunb.

우리나라 전 산야에 널리 자생하는 작은 키 나무이다. 장미계통의 원예품종은 옛날부터 오늘날까지 수없이 만들어져서 이루 헤아릴 수 없을 정도의 종류가 많이 있다. 분재에서는 이같은 원예품종이 아니고 들장미, 대리들장미, 샨쇼오장미, 하마나스장미, 모로오코장미 등의 원종이 기르기 되고 있다.

이들 중에서 특히 분재로 많이 기르기 되고 있는 것이 들장미와 모로오코 장미 이다. 들잠미는 흰 꽃이 피고 가을에는 빨간 열매가 성숙 한다. 모로오코 장미는 중국 원산의 상록수이며 가시가 없고 꽃잎은 흰색 또는 담황색의 8겹으로 핀다. 아름다운 꽃과 열매를 관상 하려고 분재 기르기를 한다. 휴면기간중 가지를 짧게 잘라서 모양을 잡아 나간다.

번식은 씨뿌리기, 삽목, 취목에 의한다.

## 산사나무 장미과 / Crataegus cuneata S.et Z.

### • 형태

중국원산의 낙엽관목으로 가지는 잘 분기하고 작은 가지는 가시상이다. 잎은 얕게 3~5군데 갈라진다. 4~5월에 새 가지끝에 산방화서를 내고 흰색의 꽃이 4~7송이 핀다. 구형으로 생긴 과실은 10월경에 붉은색 또는 노란색으로 익는다.

### • 특성

성장이 빠르고 가지는 비교적 잘 분기한다. 비료나 수분이 많아지면 가지가 볼품없이 자란다든가 잎이 커지므로 주의 하여야 한다. 꽃눈은 짧은 가지의 정아頂芽에 분화하여 다음해 봄 이 꽃눈이 맹아萌芽해서 새로운 가지를 성장 시키고 그 끝에 개화 결실한다. 따라서 휴면기간중의 전정은 짧은 가지를 남기고 긴 가지만 자른다. 번식은 삽목, 씨뿌리기, 뿌리꽃이, 취목에 의한다.

### • 관상

산사나무는 빨간꽃과 흰 꽃이 피는데 빨간꽃은 유럽이 원산지 이다. 5월경 소륜小倫의 붉은색 겹꽃이 핀다. 후자는 중국원산으로 가을에는 소구형小球形의 빨간 열매를 맺는다. 어느종이나 이국적인 아름다움을 지니고 있어 기르기를 즐길 수 있다.

**산방화서**散房花序 : 무한 꽃차례의 하나로 총상 꽃차례와 비슷하나 꽃자루가 아래쪽의 꽃일수록 길고, 위쪽의 꽃일수록 짧아 각 꽃자루의 꽃이 거의 평면을 이루며 늘어져서 핀다.

## 졸참나무

장미과 / Quercus serrata Thunb.

### • 형태
산지에 자생하는 자웅동수의 낙엽교목으로 우리나라의 잡목림의 대표적인 수종의 하나이다. 수피는 탄백색으로 수령이 많아지면 얕은 열목이 생긴다. 가지는 비교적 잘 분지하며 잎은 가을이 되면 붉은 색 또는 황갈색이 되어 비교적 늦게 낙엽이 진다. 같은속의 상수리 나무나 떡갈나무의 잎은 말라도 가지에 달린체로 겨울을 넘긴다. 5월경 긴 웅화수가 작아서 눈에 잘 띠지않는 취화수가 피고 견과 즉 도토리는 개화한 10월을 지나 성숙한다.

### • 특성
심근성으로 잔 뿌리가 적어 분에 옮겨 심기에 어려움이 많햇빛이 잘 들고 비옥한 땅에서 잘 자라며 굵은 뿌리가 땅속 깊이 신장하는 소위 심근성의 수종이다. 가지는 곧게 뻗어 사이뻗기 쉬운 경향이므로 눈 따기는 일찍 해주고 두 번째 눈을 나게하여 가지끝을 직세하게 만드는것이 중요하다. 분토는 비옥하게 하여 세근의 발생을 촉진 하려면 부엽토를 약간 섞어 주는것이 좋다. 번식은 씨뿌리기, 취목으로 한다.

### • 관상
인간과 친하기 쉬운 소박한 나무이다. 수형의 자세를 변화하게 만들 수는 없으나 튼튼하므로 기르기 쉬운 수종이다. 관상 시기로는 떡잎이 나올때가 가장 좋고 이어서 도토리가 열려 떵어지는 가을이다.

## 떡갈나무

참나무과 / Ouercus dentata Thunb.

온대지방에서 자생하는 낙엽성 큰 키 나무로 나무껍질은 코르크질이 잘 발달되어 요철이 심하다. 가지는 굵어서 별로 분기하지 않는다. 잎은 끝이 잘린 것 같이 평평하게 되어있고 잎 둘레에는 파도 모양의 큰 톱니가 있다. 가을이 오면 잎이 갈색으로 변하고 가지에 붙어 월동을 한다. 잎이 크고 가지는 별로 분기하지 않으며 싹틈도 약하므로 분재로 기르기는 알맞는 수종이 아니다. 그러나 잎의 모양이 다양하고 탐스러워 그것을 즐기려고 분재기르기를 한다. 이와 유사한 다른 종류들도 많이 있다. 번식은 씨뿌리기로 하지만 취목도 가능하다.

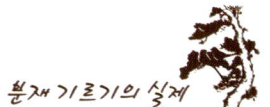

## 치자 나무
꼭두서니과 / Gardenia Jasminoides Ellis

• **형태**

치자나무는 수형과 아름다운 하얀 꽃을 관상할 수 있을뿐만 아니라 진한 향기를 즐기는 분재용수로는 매우 귀중한 존재다. 그리고 겹꽃이 아닌 것은 결실하므로 〈열매치자나무〉로도 관상할 수 있다. 자생지가 남부지방 이므로 내한성에 약하여 방한을 안하면 발육을 할 수 없다. 그러므로 겨울철은 필히 추위에 신경을 쓰지 않으면 고갈하는 장해가 생긴다. 꽃눈은 새 가지끝에 7~9월에 걸쳐 분화하므로 너무 뻗은 가지는 꽃이 피고 난 뒤 곧 자르면 그 뒤에 자른 두 번째 싹에서도 꽃눈이 분화한다. 다른나무와는 달리 개화 하는데 온도 조건은 관계없이 오랜 햇빛에 의해 꽃이핀다. 9월경부터 전등불 아래 놓아두면 12월경까지 꽃 구경이 가능하다. 비료니 수분은 비교적 많이 요구 하므로 물과 비료분이 부족하지 않도록 한다.

번식은 삽목, 취목〈높이떼기〉에 의한 것이 일반적인데, 특히 삽목 〈꺽꽃이〉이 용이하다. 6~7월의 장마철에 새 가지를 잘라 삽목하면 거의 100%에 가까운 활착율을 보인다.

• **특성**

우리나라 남부지방에 많이 자생하는 상록관목으로 대부분 포기 자람으로 가지가 다수 분지된 수형으로 자란다. 가지와 잎은 대생하고 초여름 가지끝에 피는 하얀 꽃에는 진한 향기가 있으며 열매는 10월경에 익고 노란색의 염료로 사용한다. 치자나무는 열매도 관상 가치가 있기 때문에 분재계에서는 열매치자라고 불린다 비슷한 종류로 치자나무보다 대형으로 겹꽃이 피는 만첩 치자나무와 잎이나 꽃등 나무 전체가 작은 천엽치자나무가 있다. 또 잎에 반점이 있는 품종도 있으나 분재기르기는 천엽치자나무처럼 야성미가 있는것이 어울린다.

• **관상**

치자나무는 꽃과 열매 두 가자지를 즐길 수 있다. 꽃은 6~7월경 순백색의 두꺼운 꽃잎의 6승화를 벌리며 그 청초함이 멋을 뽑내며 진한 향이 있어 매우 즐거운 것이다.

열매는 가을의 깊어감과 더불어 익어 간다. 열매의 모양은 양 끝이 뾰족하며 끝쪽은 잘룩하여 벌어지지 않는다. 옛사람들은 입을 벌리지 않는다고 해서 무구(無口)라고 부르기도 하였다. 열매가 익으면 황갈색을 띤다. 치자의 매력은 누가 뭐라해도 진한 향기에 있다고 본다.

**내한성**耐寒性 : 추위를 잘 견디는 힘.

중급편

## 참빗살나무 화살나무과 / Euonymus Sieboldiana Blume

### • 형태
산지 개울가 근처에 자생하는 낙엽성 소 교목이며 지엽은 대생하고 가지에는 흰 줄기가 생긴다. 양생화가 함께 피는 나무와 수꽃만 피는 나무가 있다. 5월경 엷은 녹색꽃이 다수 피고 열매는 10월경에 성숙하여 찢어지면서 홍색 가종피를 뒤집어 쓴 아름다운 종자를 드러낸다. 그리고 잎은 아름다운 홍엽으로 바뀐다. 화살나무나 참빗살나무는 화살나무과 식물로 비슷하다.

### • 관상
참 빗살나무는 노박덩굴과 같아 화살 나무과의 식물이며 그 열매 모양도 비슷하다. 즉 4각상의 찢겨진 열매로 성숙하면 엷은 홍색으로 변하여 4쪽으로 갈라진다.

• **특성**

　습기가 많고 기름진 땅에서 잘 자라는데 가지 뻗음이 매우 강하며 성장 또한 빠른 수종이므로 분재 기르기는 물과 비료를 과다하게 주면 수형이 흩어져서 균형을 잃게 되므로 주의 해야 한다. 싹트는 힘이 강하고 가지도 강한 세력으로 뻗어나므로 수형을 만들기 시작할 때는 2~3눈만 남기고 눈따기를 하고 가지의 도장을 방지하고 작은 가지의 분지를 촉구한다.

　꽃눈은 새 가지의 끝의 정아와 이것에 가까운 맥아에 분화하여 이듬해 봄 이 꽃눈이 싹터서 새 가지를 뻗고 그 엽맥에 개화하여 결실한다. 따라서 성장 기간중의 전정을 할때에는 꽃봉오리를 확인할 때까지는 새 가지를 자르지 않는것이 중요하다. 휴면 기간중의 전정은 충실한 짧은 가지를 남기고 길게 자란 가지를 솎음질 하듯 전정한다. 가지를 똑같이 잘라버리면 정아와 그 버금가는 맥아 즉 꽃눈을 잘라 버리는 것이어서 이듬해의 개화와 결실에 지장을 주게된다.

　지엽이 대생하므로 수형의 뼈대가 되는 중요한 가지는 와생이 되도록 전정한다. 그러나 작은 가지는 반드시 와생으로 만들 필요가 없고 대생하고 있어도 별로 지장은 없다. 가지를 와생의 형식으로 만들려면 전정에 의하거나 대생하고 있는 한쪽 싹을 따내어 다른 한쪽만 자라게 하면 된다. 뿌리의 발육은 매우 왕성 하므로 분갈이는 매년 해준다. 분갈이를 2~3년 방치하면 잔 뿌리가 분 전체에 꽉 차 물 빠짐이 나빠 뿌리가 썩는다. 번식은 씨뿌리기, 삽목, 뿌리꽂이, 취목 등으로 한다.

중급편

## 애기 사과나무
장미과 / Malusgu

• **형태**

애기사과나무는 식용사과와 북해도 등 산지에 자생하는 아그배나무와의 교배종이라고 알려지고 있다.

낙엽성소교목으로 가지는 잘 분기되고 4~5월경에 흰 꽃을 피우며 가을에는 지름 2cm내외의 열매가 붉게 성숙한다.

• **특성**

봄에 발생한 짧은 가지끝에 꽃눈이 분화하고 이 꽃 눈이 이듬해 봄 일부가 싹이 터서 개화 결실을 한다. 성장 기간중에 세차게 뻗어나가는 새 가지끝을 전정하여 성장을 억제하고 휴면기간중의 전정으로 짧은 가지를 남기도록 가지를 짧게 잘라준다. 자가불화합성 이므로 사과등의 화분을 발라주지 않으면 거의 결실을 하지 않는다. 번식은 접붙이기, 취목, 뿌리꽂이등의 방법으로 한다.

• **관상**

애기사과나무는 사과의 왜성종矮性種으로 분재수종으로는 튼튼하고 성장이 빨라서 불과 몇해 안가서 어엿한 나무자세를 형성하므로 많은 분재애호가들이 기르기를 하고 있다. 꽃은 4월중순경 가련한 담홍색 5승화를 꽃 피운다. 그리고 완전히 개화하면 흰색으로 변한다.

꽃도 관상가치가 있지만, 최대의 관상 가치는 결실의 아름다움이다. 열매 맺음이 왕성하여 가지 끝마다 대롱대롱 열매가 맺는다. 가을로 접어들면 암홍색으로 성숙되면서 표피가 납질로 둘러싸여 더 한층 아름다움이 배가된다.

# 심산해당화

장미과 / Euony Rosa Rugosa Thunb

• 형태

　꽃 해당화는 중국원산으로 낙엽교목으로 줄기는 매끈한 탄색이고 가지는 자색을 띠고 있다. 잔가지는 가시상이 되는 성질을 갖고 있다. 떡잎은 붉은색이나 성엽이되면 암녹색으로 변한다. 그리고 잎 가장자리에는 섬세한 톱니가 있다.

　4월경 붉은색의 꽃이 4~5cm나 되는 긴 화병끝에 밑으로 늘어지듯이 개화하기 때문에 꽃 해당화라고도 부른다. 꽃은 별반 결실하지는 않지만 가끔 직경 7mm내외의 황색 또는 암홍갈색의 열매를 맺는 일도 드물게 있다.

　종류로서는 꽃 해당화와 같이 꽃이 밑으로 드리운채 개화하지 않고 위를 향하여 개화하는 열매해당화가 있으며 꽃 해당화와 마찬가지로 중국이 원산인 토끼 해당화도 있다. 이 토끼 해당화는 잘 결실하고 견과는 15mm 내외이다. 꽃 해당화 열매 해당화 모두 분재기르기에 적합한 품종이다.

• 특성

　꽃눈은 짧은 가지끝에 7~8월경 분화하고 이듬 해 봄 그 꽃눈이 약간 신장하여 개화한다. 봄에 꽃눈이 맺힌 새 가지는 5~6월경에 걸쳐 힘차게 뻗는 것이 있어 그대로 방치해 두면 수형을 문란케할 염려가 있으므로 너무 뻗어나온 새 가지는 그 끝 부분만 따주어 길게 뻗는 것을 억제 한다. 꽃눈은 길게뻗는 가지에는 분화하지 않고 아주 짧은 가지에만 분화하기 때문에 동면기간 중의 전정은 이 짧은 가지를 남기고 길게 뻗은 가지를 잘라 수형을 만들도록 한다.

　특히 해당화는 습윤한 토지를 좋아 하므로 너무 건조하지 않도록 관리하는 것이 중요하다. 그러므로 개화기간중의 가뭄은 낙화의 원인이 되기도 한다. 번식은 삽목, 접붙이기, 높이떼기, 뿌리꽂이에 의한다. 그러나 삽목은 별로 활착률이 좋지 않으므로 접붙임을 할 경우에는 태목台木에는 중국원산으로 삽목이 용이하게 되는 둥근 잎 해당화를 이용하는 것이 일반적이다. 이때에 둥근 잎 해당화의 태목을 입수 할 수 없을 경우에는 식용 사과의 종자를 뿌린 실생묘를 이용 하여도 무방하다.

　해당화는 오래되면 지간이 굳어서 교정 하기가 어려우므로 이린 나무일 때에 기본 수형을 완벽하게 만들어 두는 것이 중요하다. 접붙이기 할 종목을 만들면 개화결실을 단축시킬 수 있지만, 뻗어오름이 좋지 못하므로 소품분재 기르기에 좋은 종목을 얻으려면 취목 혹은 뿌리꽂이로 하는 것이 유리하다.

• 관상

　해당화는 꽃 해당화와 열매해당화를 앞에서 설명 하였다. 전자는 신장한 화경 끝에 늘어저 꽃이피고 후자는 위로 향하여 핀다. 어느것이나 겹꽃으로 담홍색이나 그 풍정은 각기 다르다. 즉 꽃 해당화는 풍려하고 열매 해당화는 청순 가련하다. 특히 꽃 해당화의 비에젖은 모습은 옛날부터 미녀가 생각에 잠겨 있는 모습에 비유할 만큼. 요염하다. 꽃피는 시기는 두종류 모두 4월중순경 피고 이시기가 관상의 전성기 이며 꽃이 없는 기간은 별로 보잘 것이 없다.

중급편

## 으름덩굴
으름덩굴과 / Akebia quinata Decne.

• **형태**

우리나라 산야에서 자라는 낙엽성 덩굴 식물로 5m정도로 길게 자란다. 가지는 털이 없으며 갈색이 난다. 잎은 새 가지에서 호생하고 늙은 가지에서는 총생하며 장상 복엽으로 작은잎이 5장이나 또는 6장도 있다. 홍자색의 숫꽃은 보통 화서의 앞끝 부근에 다수 착생하고 숫꽃보다 큰 암꽃은 긴 자루가 있고 한 화서안에 1~2송이밖에 달리지 않는다.

• **특성**

으름나무, 삼엽으름나무, 오엽으름나무는 모두 분재로 키울 수가 있다. 수령이 오래 된것은 덩굴이라고 할 수 없을만큼 줄기가 굵어지고 경화되지만 어린 줄기는 연약하여 원하는 수형으로 교정할 수가 있다. 꽃눈은 충실한 새 가지의 엽맥, 또는 짧은 가지위에 분화하고 다음해에 긴 싹을 내어 꽃이 피는데 자가불화합성 이므로 다른것의 꽃으로 인공 수분하면 잘 결실한다. 으름덩굴은 수분과 비료분을 많이 필요하므로 물주기 비료주기에 배려가 있어야 한다. 번식은 씨뿌리기, 삽목, 취목으로 한다.

• **관상**

4월경에 피는 엷은 자색의 꽃은 눈에 띠지 않을 정도로 왜소하다. 으름나무의 관상 가치는 역시 가을의 열매의 모습에 있다. 다육질 자색의 긴 타원형 열매가 벌어저 흰 과육을 드러내고 방향을 풍기는 모습은 감탄을 자아내기에 충분한 과물로서 맛이 최고다.

**총생叢生** : 여러개의 잎이 짧막한 등걸에서 무더기로 나는 것으로 섬 잣나무 등이며 뭉쳐나기, 모여나기라고도 한다. 일명 속생이라고도 한다.

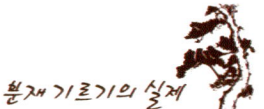

# 으름덩굴 으름덩굴과 학명 / kebia quinata Dence

**자가불화합성**自家不和合性 : 같은 개체나 같은 영양 분지계의 개체 중에서 수분을 하여도 결실을 하지 않는 현상이다.

## 채진목

장미과 / Amelancoier asiatica Endl.

우리나라 제주도와 경기도에서 자생하는 낙엽관목 또는 소교목으로, 나무 껍질은 회백색을 띠고 있으며 잎은 달걀을 거꾸로 세워 놓은 것 같은 형이다. 그리고 가장자리에는 톱니가 있다. 4~5월경에 새 가지 끝에 총상화서를 나타내고 흰 꽃이 다수 피어난다. 꽃은 길이가 1cm 내외이고 폭이 3cm 내외로 가늘고 긴 꽃잎을 5장 지니고 있다. 열매는 9월경에 검보라색으로 성숙한다. 흰색의 가늘고 긴 꽃잎을 가진 꽃이 다수 개화하는 모습은 참으로 아름다우며 가을에 성숙하는 검보라색의 열매도 충분히 관상의 가치가 있다. 꽃눈은 새로 자란 단지(短枝)에 분화하여 이듬해 봄에 이 꽃눈이 싹을 틔워서 새로운 가지를 만들고 그 끝 부분에 개화 한다. 그리고 휴면기간 중의 가지 치기는 단지를 남기도록 하면서 가지를 정리 한다. 번식은 씨뿌리기, 삽목, 취목으로 한다.

## 회잎나무

화살나무과 / Euonymus alata Sieb. forma Makino

우리나라 산야에 자생하는 낙엽관목으로 지엽은 대생한다. 화살나무의 변종이며 화살나무는 가지에 대생하는 코르크질의 비늘을 가지고 있는데 반하여 회잎나무는 그 비늘이 없다. 그것으로 두 나무를 구별을 한다.

맹아력이 강하므로 강한 가지 치기도 잘 견뎌낸다. 꽃눈은 새 가지의 끝눈과 끝눈에 가까운 액아에 분화하여 5월경에 엷은 황록색의 꽃이피고 10월경에는 열매가 성숙하여 열린다 화살나무와 같이 가을의 홍엽은 눈이 부시도록 아름다워 관상의 즐거움을 준다. 가지는 대생하므로 가지가 와생이 되도록 가지치기 또는 한쪽 눈을 따주도록 한다. 번식은 씨뿌리기, 삽목, 취목, 뿌리꽂이로 한다.

**코르크 질(Cork)** : 코르크나무의 표피 밑의 두껍고 탄력이 있는 부분. 열의 부도체로 가볍고 탄성이 풍부하며, 액체 기체가 통하지 않아 보온제, 방음제, 밀폐 장치 등 여러 곳에 씀. 코르크로 만든 병마개.

## 피리칸샤  장미과 / Pyracanntha angustifolia Schneid.

### • 형태

피리칸샤는 상록의 낮은 키나무인데, 가지가 가늘게 분지되어 있다. 그리고 작은 가지는 가시모양으로 변한다. 5~6월달에 산방화서를 나타내어 흰꽃을 다수 피우고 열매는 10월경 황색으로 성숙된다. 상록꽃 산사나무는 지중해 연안지방에 상록의 낮은 키 나무로서 5~6월경 산방화서를 나타내어 흰꽃을 피우고 열매는 농적색으로 성숙한다. 피리칸샤는 잎의 폭이 좁고 뒷면에 면모가 밀생하는데 반해 상록꽃 산사나무는 잎의 폭이 넓고 잎의 뒷면에 털이 나지 않으므로 구별하기 쉽다.

### • 특성

봄에자란 단지끝에 꽃눈이 분화하여 이듬해 봄 이 꽃눈이 일부 싹터서 개화 결실한다. 따라서 성장 기간중의 전정은 너무 길게 자란 가지끝만을 전정하여 성장을 억제하고 본격적인 전정은 휴면 기간중에 단지를 남기고 한다. 번식은 씨뿌리기, 삽목, 취목으로 한다.

### • 관상

피리칸샤는 이름 그대로 수입 식물이지만, 튼튼하여 기르기 쉽고 몇 해 안 가서 의젓한 수형을 이루므로 대중성을 지닌 분목으로서 인기가 있다. 피리칸샤는 불같은 빨간 열매를 맺고 가지에는 가시가 있는 나무라는 뜻을 지닌 두 낱말의 복합어 이다. 그러나 실제로는 열매의 색이 선홍색으로 성숙되는 것과, 등황색인 것이 있으나, 이 두 종류중 전자를 많이 선택하여 기르기를 하고 있다. 어떻든간에 열매 맺음이 너무나 탐스러워 가을의 실물 분재로서 사랑 받기에 모자람이 없다 하겠다.

---

**산방화서**山房花序 : 무한 꽃차례의 하나로 총상 꽃차례와 비슷하나 꽃자루가 아래쪽의 꽃일수록 길고, 위쪽의 꽃일 수 록 짧아 각 꽃자루의 꽃이 거의 평면을 이루며 늘어 서서서 핀다.

**중급편**

## 당 단풍

단풍나무과 / Acer Buergerrianum Mig.

### • 형태

분재에서 말하는 단풍나무는 오로지 당단풍나무를 가르킨다. 중국 원산인 암수 다른나무의 낙엽 교목으로 우리나라에 전래 되었다. 수피는 회갈색으로 매끄러우나 수령이 많아지면 혹같은 기복이 생긴다. 지엽은 대생하고 잎은 상 반분이 삼열 하는것이 보통이다. 간혹 얕게 삼열하는것 또는 거의 갈라지지 않은것도 더러 볼 수 있다.

당 단풍나무의 변종으로 대만 원산인 귀인 단풍나무와 단풍나무 모두 분재로 많이 배양되고 있다. 귀인 단풍나무는 잎의 상 반분이 얕게 삼열되고 열편은 둥글고 당단풍 나무보다도 잎은 소형이다. 그리고 당단풍 나무를 포함한 단풍나무속의 수목은 우리나라에 수 십종이 자생하고 있다.

### • 특성

지간은 아주 부러지기 쉬우므로 완성된 분재에서 철사걸이는 혼란한 새 가지나 잔가지에 하는 정도로 하고 굵은 가지에는 하지 않는다. 굵은 가지를 교정하는 경우에는 끈으로 유인하는 것이 좋은 방법이다. 당당풍 나무는 맹아력이 강하여 전정에 대한 저항력이 있고 수세도 강하기 때문에 기르기 쉬운 수종이며 또한 뿌리의 발육이 왕성하여 돌 붙임 분재에도 잘 어울린다. 번식은 씨 뿌리기, 삽목, 접붙이기, 취목등으로 한다.

### • 관상

원래는 덩굴성 식물인데 분양盆養하여 가는 동안에 나무로 변하게 된다. 잎은 낙상홍을 닮았고 줄기는 덩굴이기 때문에 이렇한 이름이 붙여 있을 것이다. 분재로서는 낙상홍과 같이 실물분재로 사랑을 받고 있다. 또한 그 멋에는 상당한 차이가 있는 것이 사실이다. 열매가 익으면 엷은 황갈색의 작은 종자가 노출 된다. 실물분재로써는 참빗살나무와 거의 비슷하며 가을의 풍정을 한 껏 느끼게 하여 주는 수종이다.

## 담쟁이 덩굴 포도과 / Parthenocissus tricuspidata Planch.

### • 형태

우리나라 전역에 자생하는 낙엽성 식물로 흡반을 지녀 감는 수염이 있는 잎과 대생하여 나고 바위나 나무 그리고 담벼락에 흡착 하면서 성장한다. 잎은 3종류의 모양이 다른것이 있으나 한 그루 나무에 혼생한다. 성장이 왕성할 때의 어린잎은 심장형으로 성엽이 되면 2~3군데로 갈라지던가 3개의 작은 잎으로 나뉘어 지는 수도 있다. 가을이 되면 아름다운 붉은 잎이된다. 분재로는 용신 담쟁이 덩굴이 많이 만들어지고 있다.

### • 특성

강한 수종으로서 여름에 분토를 건조 시키면, 관상의 포인트인 잎이 햇빛에 타 가을의 아름다운 홍엽이 보기에 흉하게 되는 일이 없도록 주의 해야 한다. 덩굴의 비대 생장은 늦은 수종이므로 덩굴을 빨리 비대케 하고 싶을 때에는 새로 뻗은 덩굴을 짧게 자르지 않고 길게 뻗게하여 탄소동화 작용에 의해 생기는 동화양분을 증대 시켜준다. 그러나 덩굴은 9월경까지 점차 뻗어 나오므로 완성된 것에서는 그때마다 잘라주어 수형이 흐트러지지 않도록 한다. 또한 비료를 많이 주면 잎이 대형이 되므로 비료 과다가 되지 않도록 한다.

번식은 씨뿌리기, 취목, 삽목으로 한다. 발근력이 왕성 하므로 큰 줄기를 삽목해도 잘 활착한다.

### • 관상

담쟁이 덩굴은 강한 식물이므로 분양 하는데 따라서 목성화 한다. 튼튼하여 분에 기르기 쉬우며 오래되면 줄기는 굵게 굴곡하여 피부에 고탁한 취가 생긴다. 수형으로서는 반 현애상이 가장 잘 어울린다. 담쟁이 덩굴의 분재 기르기의 매력은 여름의 푸른잎과 가을의 홍엽이다. 광택이 나는 잎이 녹색으로 변하는 모습은 생명의 찬가를 연상케 하며 가을에 타는듯한 붉은잎은 한폭의 수채화를 보는듯 하다. 덩굴 분재는 장식 관상용으로 적합하다.

---

**흡반(吸盤)** : 빨판 즉 낙지, 오징어, 거머리 등이 다른 물체에 달라붙는 기관.

## 대나무
벼과 / humilis Muroi.

### • 형태
대나무는 분류상으로 벼과, 대나무아과에 속하는 많은 종류중 줄기가 생장하면 껍질이 마디에서 떨어지는 대나무류를 주로 총칭하여 부르는 이름이다. 분재로 가장 많이 기르기 하는것은 아기 잎 대나무이고 다음이 맹종죽, 한죽등을 들 수 있다. 대나무류는 원래 난지성으로 거의 외국에서 들어 온 것이라고 한다.

### • 특성
습기를 좋아하므로 분토는 항상 습기가 있도록 관리해야한다. 또한 강한 바람을 쏘이면 잎이 상하여 보기에 좋지 않으므로 바람을 맞지 않도록 주의한다. 가는 죽순이 나오게 하려면 가는 대 뿌리를 심어야 한다.

### • 관상
대나무 분재는 희맹종죽이 가장 많이 배양되고 있으며 다음이 한죽이다. 어느것이나 죽림의 풍광으로 기르기하면 가장 이상적이다. 관상 시기는 1년 내내 좋다.

**황매화** 물푸레나무과

Jasminum undiflorum Lindl.

• **형태**

중국 원산의 낙엽관목으로 가지는 밑으로 길게 늘어진듯이 신장한다. 지엽은 대생하고 3월경 싹이 나기전 노란색의 꽃이 가지의 각 마디에 대생하며 핀다. 황매화나무와 비슷한 종은 인도 원산의 상록관목인 자스민과 아열대~열대지방 원산인 상록관목인 황자스민이 있으나 이 두 종은 일반적인 분재용 나무라고는 할 수 없다.

• **관상**

이른 봄 아직 주위에 꽃이 적을 때 윤기가 있고 싱싱한 황금색 꽃이 핀다. 꽃 모양은 단정한 6승화이다. 봄을 맞는 꽃이라는 별취에 어울리는 이른 봄의 꽃나무로서 단품 혹은 장식용으로 이용된다.

• **특성**

싹트는 힘과 발근력이 지극히 강해 가지를 처도 여러 곳에서 싹이 잘 트고 습기가 많은 장마철에는 가지의 각 마디에서 공중으로 뿌리를 낼 정도이다. 전정은 꽃이 진 뒤에 지나치게 뻗어나온 가지의 기부에 1~3마디 남기고 잘라 새 가지를 낸다. 발생한 새 가지중에 긴 것은 5월에 다시 1~3마디 남기고 전정하여 수형의 혼란을 방지하고 2번아에 꽃눈을 달리게 한다. 황매화나무는 부정아가 가지의 각 마디에서 발생하기 쉽고 또 단명하여 줄기가 부패하기 쉬운 결점이 있으나 부정아가 쉽게 생기므로 기르기 좋은 수종이라고 할 수 있다. 번식은 삽목이 아주 용이하다.

## 은행나무
은행나무과 / Ginkgo blloba L.

• 형태

　자웅이주의 낙엽교목으로 우리나라에서는 옛부터 절의 경내 등에 많이 심어저 있다. 약 2억년전에 번무한 1속1종의 나자식물로 식물학적으로 매우 귀중한 식물이다. 수피는 회색으로 두툼하고 수령이 오래되면 종으로 결렬이 생긴다. 가지는 매년 길게 신장하는 장지와 1년에 조금씩 밖에 자라는 단지의 구별이 있다. 자웅이주의 수종이나 그 꽃가루는 멀리까지 바람에 날려 가기 때문에 가까운 거리에 웅목이 없다고 해서 열매가 결실하지는 않는다. 변종으로서 잎 위에 결실하는 잎에 달린 은행, 품종으로써는 굵은 가지나 줄기에서 기근상의 혹이 늘어지는 젖 은행 등이 있다.

• 특성

　열매은행 즉 결실 분재로도 만들 수 있다. 나무가 연하여 부패하기 쉬운 성질이 있으므로 굵은 가지를 전정한 다음 반드시 유합촉진제 등을 도포 해 주어야 한다.

• 관 상

　은행나무는 노목이 되지 않으면 분재수로써 별 재미가 없다. 피부는 풍취에 어울리고 가을의 노란 잎은 아름다움의 극치다. 또한 열매를 맺는 은행인 경우는 황금색의 열매가 관상 가치가 높다.

**자웅이주**雌雄異株 : 같은 종류의 식물에서 암 수의 구별이 있는 것. 은행나무, 잣나무 등 암수 딴 나무.

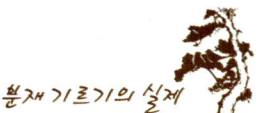

## 노아시감

감나무과 / *Diospyros Kaki Thunb.*

### • 형태

감나무는 감나무과, 감나무속으로 분류되는 우리나라 각지에서 자생하고 있다. 분재기르기로서는 산감과 중국 원산의 낙엽교목으로 과수로 재배되는 감나무의 태목대로 된다든가 혹은 떫은 맛을 채취할 목적으로 재배되고 있는 과실이 직경 1.5~2cm정도의 작은 고염이 배양되고 있다.

### • 특성

지간이 부러지기 쉬운 수종이므로 기본의 수형은 어린나무 일 때 만들어 두어야 한다. 또한 철사 걸이를 할 때 세심한 주의가 필요하다. 꽃눈은 새 가지의 정아와 그것에 잇는 2~3개의 측아로 분화하여 다음해 그 꽃눈이 생장해서 가지를 만들고 그 엽맥에 개화 결실한다. 따라서 가지를 자르면 결실하지 못하게 되므로, 기본적으로 솎아내는 전정이 주체가 된다. 번식은 씨 뿌리기, 접 붙이기로 한다.

### • 관상

감나무 분재의 매력은 가을에 열리는 열매의 풍정일 것이다. 감나무의 수형은 변화가 많은것은 만들 수 없으나 사간, 쌍간등이 어울린다.

**엽맥葉脈** : 잎살 안에 뻗어 있는 관다발의 한 부분. 잎살을 버티어 주고, 수분. 양분의 통로가 됨.

# 석류나무

석류나무과 / Punica Granutum L.

### • 형태

석류나무는 이란, 파키스탄 원산으로 낙엽교목성 식물이며 줄기는 보통 비틀린 듯이 생장하고 작은 가지끝은 몽땅하게 생겼다. 기본종은 주홍색의 홑 꽃이나, 원예품종으로 만들어진 겹 꽃인것 그리고 꽃색이 흰색인 것도 있다.

또한 왜성으로 씨뿌리기 2년째부터 개화하는 석류를 분재의 소재로 많이 이용하고 있다. 또한 분재계에서는 꽃이 결실하는 것을 총칭하여 열매석류, 꽃이 겹꽃으로 피어 결실하지 않는것을 꽃석류라고 구별하고 열매분재 꽃물 분재로서 관상한다. 꽃은 6월경부터 개화하는데 숫꽃과 암꽃의 구별이 있다.

### • 특성

원산지가 서쪽 아시아로 원지성의 수종이다. 그러므로 분재로 기르기할 때 방한에 주의 해야한다. 꽃눈은 짧은 가지끝에 분화하여 다음해 봄 이 꽃눈이 싹이 터 그 끝에 개화 결실한다. 따라서 휴면기간중의 전정은 길게 뻗은 가지를 솎아내듯이 전정하고 봄부터 뻗는 가지는 수형을 문란케 하는것 외에는 전정을 하지 않는다.

베어낸 그루터기에서 싹이 나기 쉬운 수종이므로 돋아난 싹은 일지감치 제거 하는것이 중요하다. 번식은 씨뿌리기, 삽목, 뿌리꽂이 취목등으로 한다. *석류나무는 스스로 줄기를 비틀며 성자하는 특성이 있다.

### • 관상

석류나무의 관상은 여름의 꽃과 겨울의 열매 두가지로 나뉘어 진다. 전자는 겹꽃으로 〈꽃석류〉라고 부르며 거의 열매는 맺지 않는다. 후자는 주로 홑겹꽃으로 볼만한 열매를 맺어 〈열매석류〉라고 칭한다. 어느 것도 품종이 좋은데 꽃석류의 매력은 꽉 들어찬 녹색의 잎 그늘에 눈이 부실 만큼 새빨간 꽃을 피우는 아름다움이 있다. 열매도 독특한 모양과 취趣를 갖고 있으며 또 석류는 잎도 아름다우며 줄기나 가지도 그냥 지나칠 수 없는 매력이 있다.

### 복사나무

장미과 / Prunus Persica Batsch.

중국 서부 등 아시아지역이 원산지인 큰 키 나무이며 기본종은 담홍색으로 한겹의 꽃이 핀다. 분재기르기의 많은 품종이 만들어 지고 있다. 꽃이 8겹으로 피는 것 난의 꽃처럼 피는 것 또는 꽃이 흰색 홍색인 것도 있다. 꽃눈은 새 가지의 엽맥에 분화하여 이듬해 봄에 그 위치에서 꽃이 핀다. 아울러 봄부터 자라기 시작한 가지는, 힘차게 자라는 것은 가지의 순을 따 주어 수형의 흩어짐을 방지하고 휴면 기간중의 가지치기는 가지를 짧게 잘라 주어야 한다. 왜냐하면 짧은 가지에 많이 분화하므로 긴 가지를 자르고 짧은 가지를 남기도록 유도한다.

번식은 씨뿌리기, 높이떼기, 접붙이기로 한다.

### 회양목

Buxux microphylla sieb. etZucc. var. Koreana Na

• **형태상의 특징**

일명 화양목 또는 도장나무라고 부른다. 6m 정도 자라는 관목으로 상록수이다. 굵은 것은 직경이 30cm정도 되는 것도 있다. 묵은 줄기는 회흑색이고 새로난 가지는 가늘고 녹색이며 모가 져 있다. 잎은 타원형으로 끝은 둥굴거나 오목하게 되어 있고 호생한다. 엽병은 거의 없으며 두껍고 혁질이며 광택이 있다.

주맥은 뒷면이 붉어저 있으며 잎 크기는 길이가 0.8~0.5cm정도되며 꽃은 연황색으로 많이 핀다. 4월에 개화하여 과실은 7~8월에 성숙한다. 전정을 해주면 싹이 잘 나오므로 토피어리 수형에 적합한 분재수이다.

## 눈향나무 〈眞柏〉 모양목 나무별명-천룡 天龍 / 나무높이 71cm 나무나이 약 420년 / Juniperus chinensis L. var.

### • 형태

원줄기가 비스듬히 기울어 지거나 바위에서 밑으로 쳐지면서 자라는 고산성 상록수 이다. 잎은 처음에는 날카로운 침형이지만 섬 향나무처럼 찌르지 않고 표면에는 중근보다 넓은 2줄의 백선이 있으며 뒷면은 녹색이고 길이3~5mm, 인엽은 릉형菱形이며 짙은 녹색이고 길이 1mm로서 거의 중앙에 지점脂点이 있다. 수꽃은 란형으로서 길이 2mm이며 인편은 황록색이지만 가장자리가 황색이다. 열매는 과경果梗이 5mm로서 속구형屬球形이고 길이5mm, 나비8mm이다. 종자는 두 세개씩 들어 있으며 난형이고 길이 5mm로서 약간 평평하며 짙은 갈색이 돌고 윤기가 있으며 포는연한 갈색이다. 분재로서 가장 잘 배양되는 것은 눈향나무이나 가끔 줄기가 땅을 기듯이 생육하고 잎이 거의가 침엽針葉인 눈향나무도 배양되고 있다

### • 특성

햇빛이 잘 닿는 단애斷崖나 암장岩場에 많이 자생하고 있으므로 분토가 항상 습해 있는 상태로 좋지 않다. 또한 석회암질의 토질에 자생하는 수종이므로 용토가 강한 산성이 되면 생육에 좋지 않다. 따라서 1년에 한번 비율로 석회나 초목재를 약간 주어 용토의 산성화를 방지

하여야 한다. 새싹은 8~9월경까지 차례로 돋아 나오는 성질이 있으므로 그때 보아서 적당히 눈 자르기를 한다.

눈자르기는 노송나무나 삼나무 등과 마찬가지로 엄지 손가락과 둘째 손가락으로 새싹을 짚고 비틀듯이 잘라 낸다. 가위를 사용하여 잘라내면 인편엽까지 자르게 되여 그 자리부분이 말라서 보기 흉하게 된다.

눈향나무는 때로 인편엽과 침엽을 혼생하는데 왜 침엽이 나오는지는 아직 해명이 없다. 그러나 일반적으로 수세가 쇄약해 있을 때 혹은 강한 전정을 하여 많은 지엽을 잘라 냇을 때 침엽이 나오는 경향이 있다. 따라서 극단적인 수분 단절이나 비료단절을 주어 수세가 약하게 하지말것이며 한번에 많은 지엽을 자르지 않는 것도 중요하다.

침엽이 나오면 잘라내지 않고 그대로 놔두면 인편엽이 나오게 된다. 침엽이 발생 하였다고 해서 곧바로 잘라내면 또 침엽이 생기기 쉬우니 주의를 해야한다. 눈향나무는 줄기가 굴곡 되어 비틀린 것 처럼 생장하므로 직간으로 배양은 좋지않고 모양목이나 현애 그리고 사간 등으로 배양이 좋다. 침엽수중 목질부가 잘 부패하지 않고 사리露利가 아름다운 수종이므로 분재로 배양하는데는 사리나 신神을 충분히 만드는 것이 대책이다. 줄기가 비틀려서 생장하므로 사리를 만들 경우에도 그 비틀림에 맞추어 만들지 않으면 부자연 스럽게 된다.

넓은 면적의 사리를 만들 경우에는 한 번에 목적하는 넓이의 수피를 벗기면 수세가 약해지므로 2~3개월의 간격을 두고 수회로 나누어서 사리를 벗겨 넓히도록 한다. 사리의 부패를 방지하고 아름답게 유지하기 위해서는 1년에 1~2회 치솔 등으로 닦아 때를 벗겨주고 석회유황합제의 원액을 도포해 준다. 번식은 삽목 또는 취목으로 한다.

• 관상

눈향나무는 심산深山의 고목으로 나무중 왕자의 품위를 갖고 있다. 즉 굵은 줄기의 굴곡, 비틀려서 약간의 급수를 하였을 뿐으로 대부분은 사리간이 되고 혹은 그와같은 가지가 되며, 강인하게 살아가려는 모습이 관상 가치가 있다. 그것은 호장豪壯하고 신비스러움을 느끼게 한다.

따라서 수형으로는 모양목의 사간이 가장 잘 어울린다. 1년을 통하여 관상이 가능하나 겨울철이 그 진가를 발한다.

## 진달래 진달래과 / Rhododendron douricum L.

우리나라 전역의 산야에 자생하는 반 낙엽성 작은 키 나무로 지역에 따라서 땅으로 기는 형의 것과 곧게 자라는 종류가 있다. 아름다운 연분홍색의 꽃이 가지끝에 수 개씩 모여서 핀다. 꽃의 형태와 착색 방법으로 보면 석남과 비슷한 점이 있다. 봄에 일찍 개화하는 연분홍색 꽃을 즐기려고 분재 기르기를 한다. 자연 상태대로 방치하면 가지가 곧고 길게 자라므로 꽃이 진 뒤 가지치기에 의한 수형의 재 조정 또는 봄부터 초여름에 걸쳐 눈 따기에 의한 가지관리등이 중요하다.

번식은 씨뿌리기 삽목 또는 취목으로 한다.

## 자귀나무 콩과 / Albizzia Julibrissin Durazz.

 우리나라 황해도 이남에서 자라는 낙엽성 큰 키 나무로서 양지바르고 습기가 알맞은 땅에 주로 생육한다. 가지는 분기하는데 큰 가지는 잘 죽는 성질이 있다. 잎은 2개의 깃모양 겹잎으로 자극을 주면 작은잎이 닫혀진다. 또 야간이나 흐린날과 무더운날도 닫혀진다. 원예품종은 씨를 뿌려 얻은 것으로 1~2년 개화하며 꽃이 배홍색인 히네무가 있는데 이것은 멕시코 원산의 낮은 키 나무로 내한성이 약한 종류이다. 꽃눈은 새 가지에 분화하여 그해 6월경에서 여름에 걸쳐 담홍색의 꽃이 차례로 핀다. 따라서 휴면 기간 중에는 어떤곳이나 가지를 잘라도 개화에는 영향이 없다.

 번식은 씨뿌리기, 삽목, 뿌리꽂이, 높이떼기로 한다.

## 느릅나무 느릅나무과 / Ulmus parvifolia Jacq

• **형태**

한국 일본등에서 자생하는 낙엽성 교목이며 나무껍질은 탄갈색이며 수령이 오래되면 작은 조각으로 되어 벗겨진다. 싹틈의 세력이 강하고 작은 가지가 다수 나뉘어 자란다. 8~9월경에 엽액에 엷은 노란색 꽃이 무리를 지어 피고 10월경에는 종자를 성숙 시킨다.

느릅나무는 황피느릅나무, 은느릅, 황금느릅, 참느릅나무 등의 다양한 품종이 있는데 그중에 분재기르기로 인기있는 품종이 황피느릅나무 이다.

• **특성**

습기가 있는땅에 많이 자생 하지만, 건조한 땅에도 잘 견디며 성장한다. 느티나무 등에 비하면 내음성은 약하지만, 분재 기르기를 할 경우 가지의 지나친 성장을 억제 하기 위하여 양지바른 장소에 분을 놓도록 한다. 싹틈의 세력이 극히 강하여 가지를 줄여서 절단 하여도 도처에서 부정아가 발생한다. 잎이 작아 분재의 소재로는 좋은 수종이다. 새싹은 8~9월경까지 힘차게 뻗어난다. 그때마다 손끝으로 따 주면서 수형이 흐트러지지 않도록 한다. 성장이 왕성한 수종이므로 굵은 가지를 절단 하여도 그 상처는 곧 융합한다. 충분한 관수를 하면서 관리하면 잎이 마를 염려는 없으나 햇빛이 강한 여름은 갈대발등으로 보호하는것도 좋은 방법이다.

• **관상**

느릅나무는 느티나무와 유사한 점이 많으나 느티나무 보다는 강직한 느낌을 풍기는 나무이다. 부드러운 느낌은 없지만, 줄기의 껍질이 빨리 거칠어지기 시작 하므로 흔히 수령이 오래된 인상을 받게 된다. 수형으로는 직간, 쌍간, 또는 사간등이 좋은 호감을 준다.

## 황피느릅나무 느릅나무과/포기자람 / Ulmus davidiana var.

　분재수형은 직간, 모양목, 쌍간, 취류, 삼간, 사간, 문인목 등 다양하다. 그리고 포기자람과 뿌리이음 그리고 모아심기 등이 있다. 이처럼 수형이 많듯이 기법 또한 매우 다양하다. 삽목, 취목, 접목, 휘묻이 등이 있다. 처음 분재기르기 강좌를 편찬하려할 때 쉽게 생각 하였는데 막상 시작하고 보니, 내용이 방대하고 다양하여 매우 흥미로운 작업이였다. 이유는 각기 초목들이 갖고있는 형태와 특성들이 달라서 거기에 맞는 자료들을 수집하고 전국 이곳저곳을 찾아다니며 사진을 찍고 하여 여러 전문가의 자문을 받아 글을 쓰고하여 2년여 세월을 뒤로 하고 분재기르기강좌가 세상에 빛을 보게됨은 실로 감개무량한 일이라고 생각한다.

## 흑낙상홍

감탕나무과 / Rhamnus japonica Maxim.

곰버들이나 대추나무 등과 같이 감탕나뭇과의 식물이며 낙엽이 진후의 열매 모양이 낙상홍을 닮았고 더구나 색이 검기 때문에 이같은 이름이 붙여졌다. 산야에 자생하는 암수가 다른 나무의 낙엽관목으로 나무껍질은 평평하고 매끄러우며 유난히 빛이난다. 잎모양과 수세가 고르지 못한 경우가 많으며 계란형 또는 타원형의 잎이 거의가 다 대생한다.

5~6월에 엽맥부분에서 작은 꽃이 다발로 다닥다닥 붙는다. 작은가지는 다수 분기하며 심한 가지치기도 견뎌내므로 추운 지방에서 산 나무 울타리로 이용 되기도 한다. 번식은 씨뿌리기, 삽목, 취목으로 한다.

낙상홍은 뿌리벋음이 좋아 잔뿌리가 밀생하여 뻗기 때문에 매년 묵은 흙은 거의 털어내고 뿌리도 3/2정도 자르고 갈아심기를 하여야 한다. 용토는 마사토8 적토1 부엽토1 또는 마사토8과 적토2의 배합으로 한다. 여름의 잎이 시드는 원인은 물부족으로 생긴다. 그러므로 표토가 마르지 않도록 듬뿍준다.

비료는 갈아심기 한 것은 1개월 지나서 깻묵 액비를 준다. 9~10월에 깻묵에 골분 30%섞어 약간 넉넉하게 주면 좋다.

## 때죽나무

때죽나무과 / Styrax japonica S. et Z.

우리나라 산야에 자생하는 낙엽성 큰 키나무로 나무 껍질은 암갈색이며 평평하고 매끄럽다. 가지는 가늘고 비교적 잘 분기한다. 6월경에 새 가지끝에 총상화서를 내어 짧은 꽃 자루를 가진 흰색꽃이 다수핀다. 열매에는 샤포닌이 포함되어 있으므로 이 열매를 갈아서 강물에 풀어 고기를 잡기도 한다. 아울러 잡목분재의 대표적 수종이다. 희고 길게 처지는 아름다운 꽃이므로 곱고 매끄러운 나무 껍질과 함께 즐기기 위하여 분재로 기르기 한다. 가지가 가늘고 비교적 잘 분기 하므로 시원하고 말쑥한 수형으로 가꿀 수 있다.

번식은 씨뿌리기, 취목으로 한다.

## 도사층층나무

풍년화과 / Conylopsis spicata S. et Z.

• 형태

일본에 자생하는 낙엽성 소교목으로 대게 뿌리 부근에서 줄기가 분리되어 각각 성장한다. 가지는 비교적 굵으며 별로 잘게 나누어지지 않는다. 3~4월 싹 트기전 수상화서穗狀花序를 내어 축 늘어저서 5~6개의 노랑꽃을 피운다. 열매는 9월경에 성숙되며 그 속에 광택이 있는 검은 씨앗을 간직한다. 도사층층나무보다 전체적으로 소형인 휴우가층층나무가 있다. 가지가 가늘게 잘 나뉘어저 있고 이것역시 뿌리부분에서 여러개의 줄기가 분립分立하여 성장한다. 3~4월 싹트기 전 도사층층나무보다 작은 총상화서를 내고 1~2개의 노란 꽃을 피운다.

• 특성

자생지는 석회암질의 토지임이 밝혀졌으나 일단 식재植栽로 길들여진 것은 토질 여하를 가리지 않고 잘 자란다.

가지는 그리 많이 뻗지 않으며 부정아不定牙의 발생도 적은 수종이므로 강한 전정은 피하는 것이 좋다. 한편 휴우층나무는 싹트는 힘이 왕성하므로 강한 전정에도 잘 견디는 성질이 있다.

번식은 씨뿌리기, 삽목, 높이떼기에 의한다.

• 관상

도사층층나무는 당당한 수형으로 다듬기는 어려우나 계절적인 꽃나무로써 사랑을 받기에는 부족함이 없다. 즉 이른봄 낡은 가지의 엽맥에서 옅은 노란색 총상화서를 길게늘어 뜨려 꽃이 핀 모습은 보기에 매우싱싱하여 마치 오는 봄을 예찬 하는 듯 하다 해도 과언이 아닐 정도로 아름답다. 그리고 어쩐지 이른봄의 전령사들인, 봄의 꽃은 도사층층나무, 풍년화, 개나리 등은 선명한 노랑색이 주축을 이룬다 하겠다.

**수상화서**穗狀花序: 무한 꽃차례의 하나로 한 개의 긴 꽃대의 둘레에 꽃 곡지가 없는 여러 개의 꽃이 촘촘히 붙어서 마치 이삭과 같은 모양으로 피는 꽃차례를 말한다.

## 등나무

콩과 / Wistaria floribunda Dc.

등나무 분재로는 보기 어려운 명품 분재이다.

### • 형태

나무는 야생인것도 있으나 민가 근처에서 흔히 자라는 낙엽성덩굴식물이다. 넓은 의미로는 콩과의 등나무속과 여름등나무속으로 분류되어 있는 수목을 총칭한 이름이다. 등나무속에 포함되어 있는데 중요한 것은 노다등나무와 산등나가 있다. 노다등나무는 덩굴을 다른 물질을 왼쪽으로 감아 올라가면서 성장하여, 30~60cm 정도의 긴 총상화서를 늘어 뜨리고 보라색의 꽃을 다수 피운다. 산등나무 역시 낙엽덩굴 식물이다. 이것역시 다른 물질을 왼쪽으로 감아 오르면서 성장하여 노다등나무보다 짧은 20cm내외의 총상화서를 늘어 뜨리고 보라색 꽃을 다수 피운다. 산등나무나 노다등나무로는, 꽃의 색갈과 화서의 길이가 다른 다수의 원예품종이 만들어지고 있으며 또한 야쓰부다등나무와 산등나무와 같은 왜성의 것도 있다. 분류학적으로 노다등나무와 산등나무는 별개의 것이며 여름등나무로 분류되어 있는것은 보라색 여름등나무가 있다. 보라색 여름등나무는 오끼나와, 대만 등 더운 곳에 자생하는 상록, 반상록의 덩굴식물이며 7~8월에 총상화서를 늘어 뜨리고 농자색의 꽃을 다수 피운다. 보라색 여름 등나무에는 화수가 적은 대만 보라색 여름등나무와 화수가 많은 사쓰바 보라색 여름등나무의 두 계통이 있다. 여름등나무는 7월경 20cm내외의 총상화서를 늘어 뜨리고 흰꽃이 다수 피기 때문에 도요 등나무라고도 불리운다. 이 등나무는 다른 물질의 오른쪽을 감아 오르면서 성장한다.

### • 특성

등나무속, 여름 등나무속 모두 기름지고 습기가있는 곳에 자생하므로 분재로 기르기할 때에는 비료와 수분을 넉넉히 주도록 한다. 특히 여름철은 물 주기를 잊지 않도록 하여야 한다. 분갈이할 때 잔 뿌리는 자르지말고 둘둘 말아서 묻어두면 꽃눈의 분화를 촉진 하게된다.

그리고 너무 자주 분갈이를 하면 꽃이 덜 피므로 주의해야 한다. 꽃눈은 등나무속에서는 새 가지끝의 줄기부분 2~3눈에 분화하여 이듬해 봄 이 꽃눈의 일부가 싹터서 개화한다. 새 가지는 꽃눈이 완전히 분화된 9~10월이 되기까지는 자르지 않도록 한다. 여름 등나무속에서는 새 가지끝에 꽃눈이 분화되어 그해중 개화 하므로 휴면기간중 전정은 어떤 위치에서 가지를 잘라도 다음 개화에 영향을 주지 않는다. 그리고 보라색 여름등나무는 난지성의 수종이므로 겨울철 방한에 유의해야 한다. 번식은 접붙이기, 높이떼기, 방법으로 한다. 접붙이기는 가지 접붙이기를 하는 것이 좋다.

• **관상**

등나무는 봄 등나무와 여름 등나무가 있다. 모두 화목분재로 각광을 받고 있다. 봄 등나무는 4월하순경 보라색의 첩형화를 다수 연결하여 늘어뜨린다. 그 모습은 참으로 우와하고 색다른 풍취를 느끼게 한다. 여름 등나무의 대표적 품종은 사쓰마 보라색 여름 등나무이다. 왜성 소엽이며 줄기의 굵어짐이 늦은 것이 결점이긴 하지만 그 고대자색의 꽃을 입방상으로 꽃피우는 모습은 독특한 아름다움을 자아낸다. 어느종류나 다 고목이 되면 분수로써 의연한 자태가 된다.

## 단풍나무　석부/단풍나무과 / Acer palmatum Thunb. var. dissectum Maxim.

• 형태

　단풍나무는 단풍나무과 단풍속으로 분류되어 있는 식물의 총칭명이며 분재계나 원예계에서는 일반적으로 산단풍나무나 이로하 단풍나무같이 잎의 들쑥 날쑥이 많고 또 그것이 깊은쪽을 모미지 단풍나무, 들쑥날쑥이 적고 얕은쪽을 가에다 단풍이라 한다. 일본에 자생하는 가에도속의 식물로서 모미지 단풍나무로 불리는 것에는 이하로 단풍나무, 오오단풍 나무 등이 있다. 또한 이하로 단풍나무에서 파생된 원예품종으로는 천염千染, 적지금赤地錦, 치상置霜 등. 그리고 산단풍나무에서 파생된 원예품종으로는 청희淸姬, 사자두獅子頭 등이 있으며 오오단풍나무에서 파생된 것은 야림, 대맹 등이 있다.

　이로하 단풍나무는 일본 한국 산야에 자생하는 낙엽성 교목으로 나무 껍질은 암갈색이며 매끈매끈하다. 가지는 가늘게 잘 분기하고 잎은 작은 당상當狀이며 5~7가닥으로 찢겨저 있고 가장자리에는 조그만한 톱니가 있다. 산단풍나무는 우리나라동해의 연안에 많이 분포하는 낙엽성 교목으로 가지는 가늘고 잘 분기한다. 잎은 7~8가닥으로 분열하고 잎이 이로하 단풍나무 보다 넓은 것이 특징이며 가장자리에 날카로운 겹 톱니가 있다. 그리고 오오 단풍나무는 낙엽성교목으로 잎이 이로하 단풍나무와 산 단풍 나무보다 대형이며 지름은 6~12cm정도이며 7~8가닥으로 갈라져 있다.

　단풍나무의 홍엽은 고래로 가을에 붉게 물드는 초목을 총칭한 명칭이라고 알려저 있다. 그러나 가을에 아름다운 홍엽현상을 나타내는 단풍나무만을 지칭하여 단풍나무라고 지금까지 부르고 있다

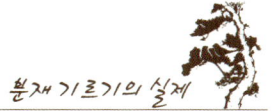

• **특성**

　단풍나무는 습기가 있는 반 그늘에서 많이 자생하기 때문에 한 여름의 직사광선으로 잎이건조하여 타는 일이 있다.그러므로 7~8월 상순까지는 대발등으로 보호하고 물주기를 잘 하여야 한다. 봄부터 자라는 새 싹은 그대로 놔두면 가지가 위세좋게 뻗어서 마디 사이가 길어지고 만다. 그러므로 단풍나무류의 눈 따기는 시기를 놓치는 일이 없도록 주의 하여야 한다. 싹이 트기 시작할 무렵에 핀센트 등으로 눈 끝을 집어서 따 주거나 중심의 싹이 약간 자랐을 때 기부에 1절만 남기고 따준다.

　수세가 왕성하여 가지가 도장하거나 잎이 대형화 하는 것은 5~6월경에 잎 자루의 일부를 남기고 잎 따기를 해주어 작은 가지의 분기를 촉구한다. 단풍나무류는 가지가 극히 꺾어지기 쉬우므로 철사걸이를 할 때에는 가지가 부러지지 않도록 주의 하여야 한다. 특히 완성 된 분재에서는 작은 가지에 감는 것으로 하여야 한다. 또 가지가 대생하므로 수형의 뼈대를 이루는 중요한 가지는 와생이 되도록 가지치기를 한다.그러나 작은 가지에 대해서는 대생을 고려하지 않아도 된다.

　번식은 씨뿌리기,삽목, 취목, 접붙이기에 의한다. 종자는 종이봉지 등에 넣어서 보존하며 파종은 이듬해 봄 3월에 한다. 삽목은 충실한 새 가지를 이용하여 6~7월의 장마철에 행하면 비교적 활착률이 높다.성장이 늦은 품종과 삽목이 어려운 것은 산 단풍나무에 접 붙이기를 하여 빨리 성장 시켜서 그것이 자란 후에 취목하는 것이 좋은 방법이다.

• **관상**

　단풍나무는 잎 모양이 온화하고 아름다운 잡목 분재이다. 봄의 싹틈의 여름의 푸른 잎 그리고 가을의 붉은 잎의 변화를 즐기기에 좋은 수종이다. 또한 분재로서 나무가세를 관상의 매력이 있다.

　뿌리 뻗음이 좋고 줄기는 곧고 가지끝은 가늘게 뻗는다. 잡목 분재의 전형적인 수형으로 가꾸어져 명목으로도 기르기에 부족함이 없는 수종이다. 아울러 나무의 질도 튼튼하고 수령이 더 할 수록 품격이 갖추어 진다. 관상시기는 전기 외에도 잎이 떨어진 겨울의 낙목한천도 일품이다.

## 장수매화
Chaenomeles speciosa Nakai C. V.

• **형태**

장수매화는 일본에 자생하는 자웅동수의 낙엽관목으로 가지는 옆으로 퍼지듯이 세장細長하며 성장하고 잘 분기한다. 짧은가지는 가시상으로 되었고 잎에는 난형의 탁엽이 있다. 4월경 흰색 또는 붉은색의 꽃이 피는데 4계절 피는 성질을 갖고있다. 길이3~5cm정도로 구상의 과실이 10월경 황록색으로 성숙한다. 과실속에는 자흑색의 종자가 다수 들어 있다. 나무전체가 왜화矮化한 것이다. 눈 수가 많고 가지가 잘 분기하고 좀처럼 수형이 문란해지지 않으므로 분재로서 많이 기르기 하고있다. 장수매화는 모과의 교잡종으로 파생되었다고 한다.

• **특성**

반 일음성으로 보편적으로 적윤한 토양을 좋아하며 생육하므로 분재로 기르기할 때는 물이 부족하지 않도록 하고 햇빛이 심한 여름에는 갈대발 밑에 보호하여 잎타는 것을 예방한다. 장수매화는 근두암종병에 걸리기 쉽다. 근두암종의 병원균은 따뜻한 봄이면 활동이 활발해서 분갈이시 잘린 뿌리의 벤자리 등에 침입하여 병을 발생 시킨다. 아울러 병에 걸리지 않도록 주의해야 한다. 병에 걸리면 흙을 전부 털어내고 병든곳에 히토마이싱을 도포한다. 그리고 병에걸린 분재를 심었던 화분및 분토는 다시 사용하지 않고 새로운 것을 사용한다. 수형만들기는 철사걸이는 작은 가지정도로 하고 전정으로 만들기를 한다 빈식은 씨뿌리기, 삽목, 취목, 포기나눔에 의하며 그 어느것도 용이하다.

**근두암종병** : 뿌리 밑동에 혹이 생겨 양분을 흡취 하여 그루를 약화시킨다.

• 관상

　4~5월경 꽃피는 것이 일반적인 소품분재에 적합한 꽃물 분재의 수종이다. 그리고 꽃이 4계절 피며 꽃과, 열매와 녹색잎이 분안에 가득 조화를 이루고 있는 모습은 언제 보아도 풍취가 있다. 수형 가꾸기로는 이 나무의 특성을 살려 포기세움이 어울린다. 또한 왜성의 수종으로 어느정도 수형이 잡히면 다음은 좀처럼 수형이 흐트러지지 않는 장점이 있다. 응접실 등에 놓는 것으로는 빼 놓을 수 없는 소품분재의 정수이다.

중급편

## 명자나무
장미과 / Chaenomeles speciosa Nakai

• 형태

　중국원산의 자웅동수의 낙엽성 낮은 키 나무이며 가지는 잘 분기分岐하며 주립상株立狀으로 생육生育한다. 짧은 가지의 선단은 가시형이며 잎에는 계란형의 탁엽이 발생한다. 기본종은 한겹의 홍화가 주이지만, 흰꽃, 홍백색꽃 등 많은 품종이 만들어 지고 있다. 그리고 봄에 꽃 피는 것을 봄 명자나무, 연말에서 초봄에 꽃피는 것을 겨울 명자나무라고 부르며 구별하고 있다.

　열매는 거의가 정원형을 한 5~7cm 정도의 황록색 열매가 달린다. 겨울명자나무는 동천홍, 구중금, 홍사, 흑광, 등이고 봄명자나무는 동양금, 경사, 금사자 등이다.

• 관상

　명자나무는 겨울철에 꽃피는 종류도 있지만, 주로 이른 봄의 꽃나무로 사랑을 받고 있다. 꽃은 야취가 밝고 화려하며 친근한 멋스러움이 명자나무의 특색이다.

　분재로 원예품종중 동양금이 대표적이다. 나무의 성질상 좋은 수형으로 만들기 어려운 결점이 있으나 없어서는 않되는 꽃나무이다.

• 특성

　반 나절의 그늘과 배수성및 습기가 알맞은 땅에 주로 생육한다. 분재로 기르기할 때는 수분을 많이 요구하므로 물이 부족하지 않도록 한다. 그리고 햇빛이 강한 여름철은 잎이 타지 않도록 7~9월상순까지는 대발 등으로 보호 하여야 한다. 명자나무는 근두병에 걸리기 쉬운 수종이다. 근두병의 원인은 봄이되어 따뜻해지면 활동이 활발해서 분갈이 할 때 자른 상처에 침입한다. 그러므로 분갈이는 병원균이 활동을 중지하고 있는 가을에 하는 것이 병을 예방할 수 있다. 이미 병에걸렸으면 흙을 털어내고 절담면에 히트마이신을 발라둔다. 명자나무는 주립상으로 기르는 것이 일반적이며 자연적인 수형을 즐기는 수종이므로 전정에 의해 수형을 가다듬고 철사감기는 작은 가지에 이용하는 정도로 한다. 왜냐하면 가지가 단단하여 꺾어지기 쉬우므로 철사의 사용은 많은 주의가 필요하다. 전정은 6월경에 지나치게 뻗어나는 새 가지끝을 절단하고 본격적인 전정은 휴면기간중에 꽃눈을 확인 해가며 가면서 하도록 한다.

　번식은 씨뿌리기, 삽목, 높이떼기, 포기나누기로 한다. 삽목은 봄 꽃이와 장마철 꽃이 등 모두 활착율이 좋다. 또한 명자나무는 정원수로 많이 심으니 취목을 이용하면 이상적인 분재수를 얻을 수 있다.

# 주목

주목과 / Taxus cuspidata Sieb et.

• **형태**

높은 산에서 자라는 상록교목常綠喬木으로 수피樹皮는 적갈색이며 수령이 많아도 아랫가지는 좀처럼 마르지 않는 성질을 갖고 있다. 가지는 강인해서 잘 꺾어지지 않으며 잔 가지에서는 침엽이 양쪽으로 2열로 서서 착생한다.

꽃은 4월경에 피고 열매는 9~10월경에 빨갛게 익으며 사람이 먹을 수 있다. 주목의 변종인 가라목은 주목은 교목인반면 가라목은 관목으로 지엽은 비교적 밀생한다. 잎은 주목보다도 약간 두껍고 주목처럼 잔 가지에 2열로 규칙적으로 줄저 있지않고 불규칙적으로 약간 밀생하는 것으로 구별이 가능하다.

• **특성**

침엽수 중에서는 신기할 만큼 내음성耐陰性이 강한 수종이므로 흙송, 적송, 등의 양수陽樹를 우선적으로 햇빛이 잘 닿는곳에 놓고 주목이 가라목은 이들 분재의 그늘이 되는 위치에 놓아도 생육하는데 지장은 없다. 고산의 한지寒地에 자생하므로 내음성이 아주 강한 성질을 갖고 있으나 여름의 강한 일사日射에는 약한 경향이 있으므로 7~8월 사이는 가능하면 갈대발 밑에서 관리를 하여야 한다. 또한 비교적 잔근성으로 자생지에서는 유기질이 많고 약간 습윤한 땅을 좋아 하므로 분재로 기르기할 경우도 비료분을 적게하여 주지말고 분토도 건조시키지 않도록 주의 하여야 한다.

주목, 가다목 모두 생장이 아주 더디고 가지의 1년간 생장함도 적은 수종이므로 한번 수형을 갖춘 것은 잘 변형되지 않는 성질을 갖고 있다. 생장이 늦다고는 하지만 싹트는 힘이 강하고 부정아도 잘 생긴다. 아울러 이식력은 별반 강하지 않으므로 분갈아 할 때는 필요 이상으로 뿌리를 자르지 않는 것이 중요하다.

번식은 씨뿌리기, 삽목, 높이떼기로 한다. 씨뿌리기를 할 때에는 열매를 채취 후 물에 씻은 뒤 씨를받고 씨가 건조해지지 않도록 흙속에 파묻어 보존한다. 경실硬實이기 때문에 발아까지는 수년이 걸리는 경우도 있다.

• **관상**

주목은 어디를 보아도 심산의 고목같은 아취를 풍기는 나무이다. 수피는 적갈색을 띠고 고목이되면 얕게 종열縱裂하여 정취를 느끼게 한다. 잎은 세장細長하며 다닥다닥 붙고 짙은 녹색으로 된 잎이 독특한 것이라 할 수 있다. 4계절을 통하여 관상이 가능하다. 싹 트는 모습도 아름답고 여름의 깊은 선線도 보기에 좋다. 그리고 주목이 그다운 풍취를 나타내는 것은 늦가을에서 겨울에 걸쳐서 이다. 특히 사리간의 고목은 겨울의 관상목으로 정취가 손색이 없는 수종이다.

**주목**朱木 / 나무나이 약950년 세계에서 가장 오래된 나무로써 〈약50억 평가〉

   식물학자들에 의하면, 송백류의 수명은 대략 천 여년이라고 한다. 이 주목의 나이가 천 여년에 이르고 있으니 가히 놀랄만한 일이다. 그리고 값이 가히 천문학적이다. 이처럼 한곳에 고정하여 있으면서 흙을 의지하고 공기와 물을 먹고 사는 주목의 삶이 참으로 경이롭기만 하다. 이러한 노거수老巨樹도 처음에는 실생인지, 취목인지 그리고 삽목인지는 알 수 없으나, 어린 나무일 때는 신장부伸長部는 녹색이다가 그것이 커가고 충실 해지면 차츰 갈색을 띠고 이윽고 목질화木質化 되어간다.

   많은 세월에 눈, 비, 바람을 맞으며 시달리는 것을 말하려는듯 줄기가 자연적으로 사리간舍利幹이 되어, 이 나무의 인고忍苦의 연륜年輪을 말 해주고 있는 듯하다.

중급편

# 모과나무

장미과 / *Pseudocydonia Sinensis Schneid*

### • 형태

중국 원산의 낙엽교목으로 수피는 대록갈색帶綠褐色으로 수령이 많아지면 수피가 운문상雲紋狀으로 변하여 광택을 내어 아름다운 모양으로 된다. 꽃은 담홍색으로 아름답게 피고 4월경 새 잎이 핌과 동시에 꽃이 핀다. 과실은 직경10cm 길이 15cm내외로 10월경에 노란색으로 물들고 방향성이 있다. 과실 가운데는 흑갈색의 종자가 많이 들어 있다.

### • 특성

모과나무는 지간이 아주 단단하고 수령이 오래 된 것은 철사걸이에 의한 교정은 어렵다. 그러므로 기본의 나무모양은 어린 나무일 때에 만들어 놓지 않으면 안 된다.

꽃눈은 짧은 가지의 정아에 분화하고 이 꽃눈이 이듬해 봄 약간 신장하여 개화하고 결실한다. 따라서 휴면기간중 전정을 할 때에는 짧은 가지는 남기고 꽃눈이 생기지 않고 길게 뻗은 가지를 잘라 수형을 정비한다.

비교적 수분을 많이 요구하는 수종으로 분토를 건조시키면 작은 가지가 마르던지 잎이 타는 경우가 있으니 주의 하여야 한다. 또한 결실기에 갈증을 일으키면 낙과의 원인이 되기도 한다. 모과나무는 열매분재 중에서도 대형의 과실이 열리는 수종이므로 결실 하였을 때는 그만큼 수체내의 영양이 많이 소비됨을 알아야 한다. 그러므로 결실 시키는 수가 많지 않도록 조절을 하여야 한다. 9~10월에 시비를 하여야 하는데 질소분을 주체로 즉 깻묵따위 등을 약간 많이 줄 것을 잊어서는 안 된다.

번식은 씨뿌리기, 높이떼기, 삽목, 접붙이기로 한다. 종자는 습기가 있는 모래등에 묻어 보존한다. 삽목을 하면 4~5년으로 꽃이피고 결실 하게된다. 대목은 모과나무의 실생묘를 이용한다.

### • 관상

모과나무는 튼튼하고 줄기도 잘 굵어져 수형을 다듬는데 비교적 단 기간에 이루어 진다. 대개 사간, 모양목 등이 수형으로 잘 어울린다. 모과나무의 볼 만한 것은 누가 뭐라 하여도 첫째가 열매가 노랗게 익어 열려있는 모습이다. 누운듯한 계란형으로 길이 10cm내외가 열매가 탐스러움 그 자체다. 또한 가을이 깊어가면 거기에 답해서 방향을 진하게 풍기며 소한 대한 추위를 이고 이듬해 봄까지 관상할 수 있는 나무이다. 더우기 봄 새 잎과 더불어 담홍색의 5승화가 피는데 이것 역시 아름답다 하겠다.

초봄에 꽃이 피었다

가을이 되어 잎이 붉게 물 들고 있다

· 모과 - 쌍간 니무높이〈38cm〉 · 수령 - 취목 후 305년 풍싱한 열매를 결실하였다.

　분재수로써 모과나무는 인기가 대단하다. 기르기 4~5년이 지나면 봄이면 풋풋한 새 잎과 함께 담홍색의 아름다운 5승화의 꽃이 피 고 여름이면 그 싱싱함을 자랑하다 가을이 되면 노랗게 익은 열매가 경이롭기까지 한다. 그리고 그 열매는 소한 대한 그 추위속에서도 달려 있다가 또 봄이면, 후진에게 자리를 내어주고 제 갈 길을 간다 하겠다.

**모과나무의 배양관리** - 모과나무는 근두암병에 걸리기 쉽기 때문에 봄에는 갈아심기를 않고 추분秋分경에 갈아심기 하는 것이 적기로 되어 있다. 단, 2월에서 3월 중순경에 뿌리자르기를 하지 않으면 봄에 하여도 병에 걸릴 염려는 없다. 횟수는 어린나무일 때는 매년 그리고 성목일 때는 격년이 좋다. 이때 묵은 흙은 2/1정도 털어내고 뿌리는 너무 필요없이 자란 긴 것만 자르고, 용토는 마사토8 적토2 또는 마사토7적토2 부엽토1을 혼합하여 갈아심기를 한다.

　모과나무는 물을 약간 좋아하므로 물을 약간 많이주되 마르지 않도록 관리 한다. 특히 새 순이 자라는 시기에는 물을 많이 주어야 한다. 여름에 물기가 마르면 잎이 시들고 꽃이 잘 피지 않으므로 주의 하여야 한다. 봄, 가을은 1일 1회 여름은 1일 2~3회 겨울은 1~2일에 한 번씩 준다.

　비료는 좋아 하므로 4~11월까지는 월 1회정도의 비료를 깻묵7, 골분3으로 준다. 단 장마철과 한 여름은 쉬고 갈아심은 나무는 3주일 정도의 간격으로 준다. 봄보다는 가을에 비료를 더 많이 주어야 한다.

**중급편**

소나무 - 뿌리올림

# 분재의 일상 관리란?

　분재기르기의 기본은 일상의 관리이다. 그러므로 분재를 그냥 내버려 두면 절대로 좋은 분재가 될 수 없다. 나무 한 그루 한 그루를 소중하게 여기고 그 상태를 관찰하고 나무의 성격을 이해하고 그에 맞는 손질만 해주면 분재수는 잘 자란다.

　그리고 나무 손질의 적당한 시기도 적기가 있다. 옮겨 심기나 순 따기 가지치기 등 그 나무의 상태에 가장 적합한 시기를 맞추지 않으면 안된다. 그러려면 평소의 관찰과 세심한 주의가 필요하다. 결코 적당한 타협은 용납될 수 없다. 일단 손질을 시작 하였으면 어중간 하게

철쭉 – 모양목

해서는 안된다. 가령 10의 작업이 필요한데 그 절반으로 마친다면 당장은 아무 이상이 없는 것 같아도 이듬해 손질에 차츰 무리가 생겨 수형을 버리거나 자연스럽지 못한 습벽이 붙어 버리는 결과가 된다.

작금에 분재기르기를 의욕적으로 하는 사람이 많은데 분재를 분신처럼 여기지 않으면 안된다. 또한 명목의 고목이 그 자태를 잃어가는 경우도 있는데 가능한 오래 유지하도록 해야하며 곰솔의 경우는 그 특성을 살려 새로운 수형으로 개작을 해보는 것도 분재기르기의 매력일 것이다. 초심자는 전문가의 도움이 필요하다.

성하成夏의 계절에 대표적인 잡목림이 푸르름을 뽐내고 있다.

## 상수리 나무

참나무과 / Quercus acutissima carruth.

분재 기르기의 가르침과 배움은 나무로부터 배운다. 축소된 자연을 작은 분안에 재현하는 것을 모토로 삼는 분재는, 산이나 들에 산재해 있는 모든 나무들이나 야생초는 살아 있는 교사이다. 그러므로 여행할 때에 자연의 이곳 저곳을 관찰하는 것도 분재 기르기의 안목을 넓힌 데 한 방법이다.

상수리 나무 잎이 노랗게 물 들어, 정든 가지를 떠나려 한다

　성하의 계절에 그 푸르렀던 모습은 간곳없고 세월의 흐름에 아니 계절의 변화에 어쩔 수 없이 말 할 수 없이 아름다운 단풍이 들어 정든 가지를 떠나려 하고 있다. 그런데 관엽수 중 유난히 참나무는 가지와의 이별을 싫어해 이듬해 봄까지 있다가 새싹에게 자리를 내주고 흙으로 돌아간다.

　분재는 실패하지 않는 것과 숙달은 다르다. 실패를 두려워 해서는 그만큼 숙달도 늦어진다. 아울러 어떠한 실패이든 그것은 분재 기르기의 귀중한 체험이다.

## 마삭줄 협죽도과 / Tracheloespermum asiaticum Nakai c.v.

• **형태**

우리나라 및 일본의 산야에 자생하는 상록 덩굴 식물로써 덩굴에서 부착근을 내서 나무나 바위등에 부착하여 신장한다. 지엽은 대생하고 농녹색으로 광택이 난다. 백색의 꽃이 5월경에 피는데 꽃물분재로서가 아니라 잡목분재로 취급하는 것이 일반적이다. 마삭줄의 원예 품종으로써는 잎에 반이 들어 있는 것 혹은 덩굴이 별로 뻗지않고 잎이 소형인 것도 있다. 분재로서는 마삭줄 보다는 백화등을 즐겨 배양하고 있다. 또한 마삭줄은 이전부터 재배되어 많은 사랑을 받았다 한다.

• **특성**

마삭줄은 잡목분재로 배양되는 수종중에서는 수가적은 상록수의 이다. 분재로만드는 수종중에서 줄기가 비대성장이 늦으며 태간으로 기르기는 오랜 세월을 요한다. 자연의 상태로 마삭줄은 덩굴의 직경이 5cm내외가 되는 것도 있으나 대부분은 덩굴이 10cm정도나 뻗어서 비대생장이 늦다. 그러므로 소품분재로 기르기가 적합한 수종이라고 말 할 수 있다. 그리고 발근력이 왕성하기 때문에 돌붙임 분재의 첨목(添木)에 많이 이용된다. 줄기의 비대생장을 촉진키 위해서는 비료를 많이주고 수분이 부족하지 않도록 관리한다. 분은 큰 것을 사용하여 새 가지는 1년간 신장하도록 그대로 놔두고 휴면기간중 잘라내는 관리를 반복하는게 좋다. 즉 생장 기간 중은 잎의 수를 잎의 수를 많게하여 동화양분을 증대 시키고 휴면기간중에 전정으로 수형 만들기를 하는 것이 일반적이다. 번식은 삽목, 뿌리꽂이, 취목으로 한다. 뿌리꽂이는 갈아심기 할 때에 잘라낸 뿌리를 이용하여 할 수 있다.

• 관상

조선때부터 즐겨 기르던 식물이다. 잎은 여름이 되면 대갈황색(帶葛黃色)을 띠고 가을이 되면 잎이 붉어진다. 잎의 일부분씩 물들어가는 점이 특색이 잇고 초 여름에 피어나는 백색오승화(白色五升花)에는 감미로운 향기가 있다. 좀 백화 등에는 가지가 지극히 밀생하여 아주 작은 잎이 된다. 그리고 표면에 축면상(縮緬狀)으로 되어 있다. 록엽종 이외 아름다운 반(斑)을 나타니는 것도 있다. 꽃은 분별 없이 피는 것이 아니어서 관엽분재(觀葉盆栽)라고는 할 수 없다.

## 소사나무

자작나무과 / Carpinus turczaninowii Honce.

• 형태

　우리나라 남부지방에 자생하는 자작나뭇과의 낙엽활엽 교목으로 키는 5m에 달하며 작은 가지에 밀모密毛가 있고 탁엽托葉은 선형線形이며 겨울철에도 달려 있다. 잎은 난상卵狀 타원형, 또는 넓은 난형이고 첨두尖頭이며 원저圓底, 예저銳底 또는 넓은 아심장저亞心臟底이고 길이 3~5cm로서 복거치復鋸齒가 있으며 측맥測脈은 10~20쌍이고 뒷면은 털이 많이 있다. 그러나 뒷면 맥 위에는 잔털이 있으며 맥액脈腋에 밀모가 있고 엽병葉柄은 길이 5~8mm로서 털이 있다.

　과수果穗는 길이 3~5cm이며 과경果梗은 길이 15~20cm로서 털이 있고 포苞는 8~16개이며 반난형半卵形이고 첨두尖頭 또는 둔두鈍頭이다. 그리고 그리고 한쪽에 이지러진 상의 톱니가 있으며 다른쪽에는 윗부분에 1~3개의 톱니가 있다. 소견과小堅果는 길이 4mm정도로서 선점이 있는 것도 있다. 꽃은 5월에 피며 열매는 10월에 익는다. 잎이 서어나무의 잎과 같고 과수는 길이15~30mm이며견과는 길이10mm정도로서 털이 있고 포苞는 난형이며 길이 1cm정도로서 첨두이고 전록前綠에 1~2개, 후록後綠에 3~5개의 톱니가 있으며 열매의 길이가 4mm정도 것을 좀산 서어나무라고 하며 금강산 및 함남지방에서 자란다.

• 특성

　가지가 섬세한 것은 소사나무, 개서어나무, 산서어나무로 곰서어는 다른것들에 비하여 가지가 약간 조잡하고 굵은 성질이 있다. 맹아력萌芽力에 있어서는 산서어나무가 가장 강하여 심한 눈 따기나 전정에도 잘 견디며 생장生長이 빠르고 잎이 소형小形이므로 분재로서는 가장 배양培養하기 쉬운 수종이라 할 수 있다. 새싹은 8~9월경까지 순차적으로 나는데 그때에 맞추어 눈따주기를 해준다. 소사나무류는 어느 것이나 햇빛이 잘 드는 적윤지適潤地에서는 잘 자란다.

　번식은 씨뿌리기, 삽목, 취목으로 한다.

• 관상

　소사나무는 우리 주변에 가까이 있어서 인간과 친하기 쉬운 나무이다. 나무가 눈에 탁 띄이는 특색은 없으나 부드러워 보이는 간모양幹模樣, 가느다란 가지 끝, 탄흙색炭黑色으로 갈라진 줄기사이 등 현인玄人이 즐기는 수형을 갖추고 있다. 특히 모아심기, 포기심기, 모양목 등으로 수형을 가꾸면 특색이 있는 분수盆樹가 되기에 부족함이 없을 것이다.

　관상 시기는 1년중이라고 해도 좋을만큼, 즉 봄의 눈트는모습, 여름의 록엽綠葉, 가을의 황홍엽黃紅葉, 겨울의 한수寒樹의 모습이 관상이 되기에 부족함이 없는 훌륭한 분재 수종이다.

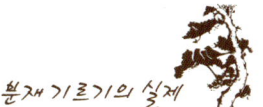

## 소사나무

**눈자르기-6월**  **철사감기-장마때**

철사감기 후

새순

잎이 달려서 튼튼해진 무렵에 가지의 세력을 보아, 원래의 잎을 2~3매 남기고 자른다

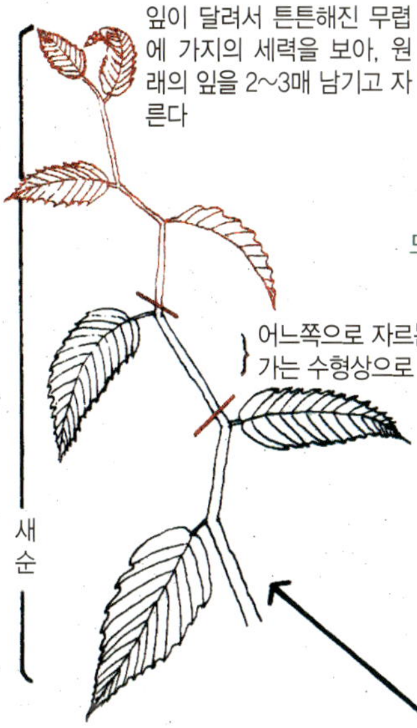

가지를 다듬기 힘든 것이 소사 나무이다. 종이 테잎을 감은 후 철사를 감는다. 성목인 경우는 거의 가위로 다듬고 철사로는 잔 가지의 모양을 고칠 정도이다. 직선으로 자란 잔 가지에 철사를 감아 주主 가지를 따라 모양을 잡는다.

모양을 잡은 후

어느쪽으로 자르는 가는 수형상으로 판단

새순

전정-낙엽 후, 눈 나오기 전

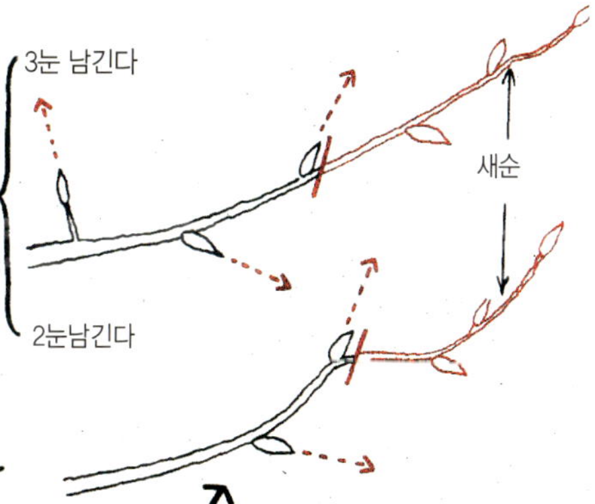

3눈 남긴다

2눈남긴다

새순

**불요눈 따기-수시로**

가지
불필요한 눈
줄기
← 핀셋트

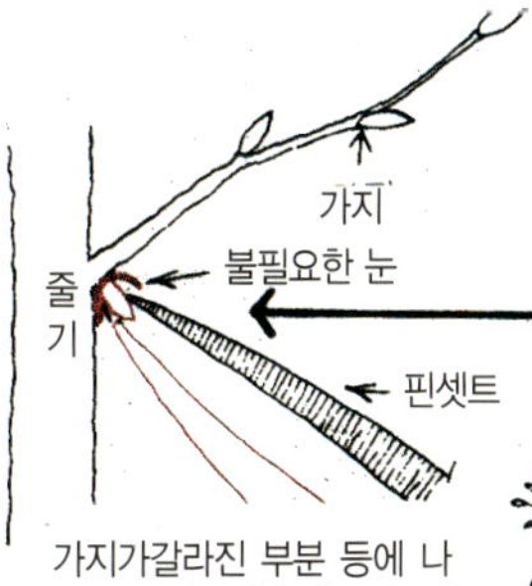

가지가갈라진 부분 등에 나오는 불필요한 눈을 보는데로 핀셋트로 따준다.

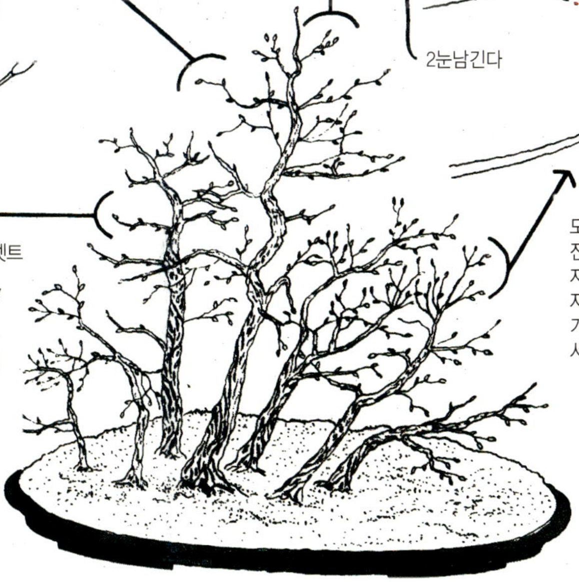

도장지나 불필요한 가지는 눈이 나오기 전 (갈아심을 때)이나 낙엽후에 자른다. 자르는 방법은 전체의 바란스를 보아 자르는데 대게는 바짝 잘라 버린다. 남기는 눈의 방향을 생각하여 2~3마디에서 자른다

**밀생가지 자르기수**
수시로

줄기

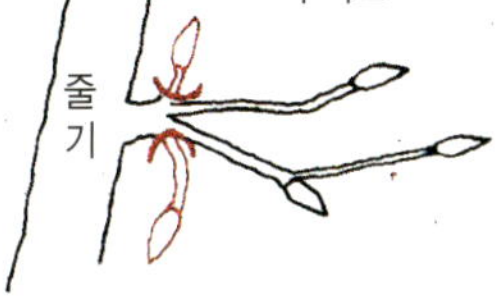

밀생한 가지는 남길 가지 방향을 생각하여 불필요한 가지를 바짝 자른다.

**소사나무, 모아심기 성목**

주간의 높이가 22cm, 분의 길이가 27cm, 넓이가 12cm, 주간의 밑 부분의 직경이 1.5cm인 소사나무의 7간 모아심기 이다. 이 모아심기는 전체의 바란스가 잘 잡혀 있으므로 소형 분재로서는 일품이다. 앞으로 전체의 모양이 흐트러지지 않도록 관리해 나간다.

중급편

## 삼나무
낙우송과 / Cryptomeria japonica D. Don.

### • 형태
일본특산의 상록교목으로서 높이40cm지름 1~2m에 달하며 일본 남부지방에서 많이 심고 자란다. 수피樹皮는 적갈색이고 서로 갈라지며 가지가 많이 나오고 위로 또는 수평으로 퍼진다.

잎은 침형針形이며 3~4모가지며 애첨두銳尖頭로 길이 12~25mm이지만 윗부분의 것은 짧으며 수지구樹脂溝가 중앙 가까이에 1개가 있다. 꽃은 1가화로서 웅화수는 가지끝에 짧은 수상화서처럼 달리고 타원형으로서 길이 10mm이며 포苞에 4~5개의 꽃밥이 달린다 자화수雌花穗는 구형으로서 끝에 1개씩 달리고 뾰쪽한 자록색 포가 있다. 삭과는 둥굴며 적갈색으로 지름 16~30mm이고 숙존성宿存性의 실편은 두꺼우며 끝에 몇개의 치아상齒牙狀 돌기突起가 있고 뒷면에도 젖혀진 돌기가 있다.

포는 밑부분에 붙어 있으며 뾰쪽하고 종자는 각 실편에 3~6개씩 들어 있는데 긴 타원형이고 길이 8mm 지름 2.5~3mm로 둘레에 좁은 날개가 있으며 지엽은 3개이다. 꽃은 3월에 피고 열매는 10월에 익는다.

### • 특성
삼나무는 일본의 북쪽과 남쪽에 걸쳐 자생하고 있다. 그러므로 내한성, 내서성 모두 강한 수종이다. 북쪽에 자생하는 나무는 겨울철에 수관이 눈에 덮혀서 건풍으로부터 보호 되고 있다. 따라서 분재로 배양할 경우 내한성이 강하다고 해서 겨울의 건풍을 맞으면 잎이나 작은 가지가 삭정이가 되기 쉬우므로 건풍이 닿지 않도록 관리 하여야 한다. 송백류중에서 노송과 화백나무와 더불어 수분과 양분을 비교적 많이 요구하는 수종이므로 비료성분이 부족하면 가끔에 수세가 쇠약 해지기 쉬우니 주의한다. 새싹은 8~9월경까지 순차적으로 신장하므로 그때마다 눈 자르기를 해준다. 이때에 새 싹의 기부를 약간 남기도록 엄지와 둘째손가락으로 새 싹을 잡고 잡아 빼듯이 눈따기를 해준다. 전정할 때에는 잎 사이에 가위의 날을 삽입하고 가지를 자르는 것이 중요하다.

번식은 씨뿌리기, 삽목, 높이떼기로 한다. 맹아력이 강한 수종이므로 다간으로 만들때는 줄기를 절단하여 가지를 많이 낸후 높이떼기取木를 한다.

### • 관상
하늘을 찌를듯 높이솟아 직립한 모습은 삼나무의 매력이다. 지엽도 잘 번성하여 엄숙한 자태를 나타낸다. 고목이 되면 수피가 갈라저 한층 더 풍취를 나타낸다. 그리고 여름의 푸르다 못해 청초함, 겨울의 고요가 우리 인간의 정서를 순화 해주는 나무이다.

**곰솔**黑松**반간**蟠幹
모양목 • 높이 : 56cm • 나이 : 약 140년

• **곰솔의 갈아심는 방법과 시기**

　나무가 분 안에서 수 십년 또는 수백년 수령樹齡을 거듭할 수 있는 비결은 분갈이 때문이다. 한정 된 분속에서 나무가 자라다 보면, 분 가득 뿌리가 뻗어 더 이상 뿌리가 뻗을 수 없다. 즉 분 밑구멍으로 하얀 뿌리가 나와서 보인다면 분갈이의 신호이다. 분갈이의 목적은 오래된 뿌리를 자르고 묵은 흙을 털어낸 다음 새로운 배양토를 넣어 신진대사를 촉진 하는데 있으며 그 방법은 나무에 따라서 다르다.

　분에심은 어린 나무일때는 10여년은 뿌리의 자람을 촉진키 위해서는 해마다 묵은 흙을 털어내는 것을 반복하여야 한다. 그 후부터는 묵은 뿌리와 흙을 3/1쯤 남긴다. 어린나무가 굵어지기를 바라는 시기에는 2~3년에 1회 성목이면 3~5년에 1회로 3월하순에서 4월 상순이다.

지방에 따라 다소 다를 수가 있으니 전문가의 자문이 필요하다. 용토는 마사토 적옥토 등 지방에 따라 다르므로 그 지방에 익숙한 흙을 쓰는 것이 중요하다. 반드시 배수가 잘 되는 보수성이 있는 것을 쓰도록 한다. 곰솔은 비료를 좋아한다. 장마철을 제외하고 매월 깻묵덩어리를 1회를 준다.

　이 흑송도 오랜 세월에 걸쳐 분재원 선반에서 배양 관리 하던것을, 보는 순간 마치 나무가 말을 걸어오는 것 같은 느낌을 받아 구입하여 기르고 있던중 분재 전문가 일본의 기무라선생이 보고 장래 멋진 나무가 될 것이라고 칭찬을 해주며, 그의 개작과 이식이 시행되어 힘이있는 흑송으로 재 탄생하게 되었다 한다. 소장자는 앞으로 흑송의 중품을 대표하는 미래의 명목이 되리라 확신하며 기르고 있다 한다.

## 중급편

**섬잣나무** 五葉松
뿌리이음 • 높이 : 76cm • 나이 : 약 50년

　섬잣나무의 뿌리이음으로 수형이 주간 두 그루의 옆을 애워싸고 한 가족처럼 보인다. 또한 나무들이 병풍처럼 둘러 있어 보는 사람으로 하여금 오감을 자극 하여 감흥을 불러 일으키기에 충분하다 하겠다. 흔히 자연수는 정면이 없지만 분재에는 정면이 있다. 자연수는 그 나무의 상태뿐만이 아니라 입지立地하고 있는 자연환경, 그 주변에 있는 나무들의 상태 등이 배경을 이루면서 그 나무의 모습이 주변 분위기에 어울린다. 하지만 분재는 스스로의 모습을 단 하나로 국한 시키면서 최소한으로 간략화 한 표현이기 때문에, 가장 아름답게 감상하는 시점視点이 필요하고 그것이 곧 정면이 되기 때문에 분재를 하는 사람이라면 먼저 정면을 정할 줄 알아야 한다.

### 섬잣나무 —三幹
• 높이 : 87cm  • 나이 : 약 48년

　섬잣나무로 삼간 수형으로 매우 보기드문 수형이다. 마치 원줄기에서 자손들을 분가시켜 함께 사는 것처럼 보인다. 이것이 분재 기르기의 묘미라고 하면 다소 무리일까? 분재기르기에 있어 전반적으로 겹가지, 서로 엇갈린 가지, 수레바퀴 줄기와 가지車枝, 그리고 아래로 처진가지河向枝, 선가立枝지 등을 제거 해 주어야 한다고 한다.

　하지만 이 나무의 경우는 그렇지 않다는 것을 잘 말해 주고 있다. 즉 수레바퀴 줄기와 선 줄기 셋을 잘 살려 매우 이상적인 삼간 수형을 만들었음 볼 수 있다.

　그러므로 분재 기르기에 있어 원론적인 이론을 꼭 따라야 한다는 법은 없다고 생각한다. 그것은 바둑의 정석을 적당히 변형하여 두듯이 말이다.

　다시 말하면, 추운 겨울에 집안 뜰에 흰눈이 나렸는데, 그것이 햇빛을 받아 녹는 것을 본 어린아이가 엄마 마당에 눈이 벗겨진다는 소리를 듣고 애야 눈이 녹는다고 하여야지 벗겨 진다고 하면 안 되는거야! 하듯이 분재에 대해서 자기의 잣대로 남의 작품을 보고 어디가 어떻느니 하는 것은 마치 어린아이의 창의력 있는 말을 트집 잡듯이 말이다. 예술의 다양성을 생각해야한다.

**중급편**

## 소나무〈적송〉 모양목
**뿌리이음 • 높이 : 90cm • 나이 : 약 100년**

　이 나무는 30여년전 산채하여 기르는 나무를 소장자가 700여만원에 구입하여 지금까지 기르기 하고 있다 한다. 참으로 보면 볼 수록 희귀한 명목중의 명목이라고 하여도 이의는 없겠다 하겠다. 또한 이것이 분재예술의 극치라고 말해도 누가 토를 달겠는가? 이 세상에 하나뿐인 분재수盆栽樹를…

## 소나무 현애수형 〈뿌리올림〉
뿌리이음 • 높이 : 69cm • 수폭 : 45cm

 분재수 즉 좋은 소재를 산야를 돌아다니며 채취하던 것은 옛날 이야기다. 그런데 이런 종목을 발견하였을때의 희열은 어떠하였을까? 그것은 기른 사람만이 알 일이다. 어쩌면 심마니가 산삼을 캐는 것 보다 더 하리라고 본다. 사람들은 왜 분재를 기른가? 답은 이 작품으로 대신한다.

중급편

### 소나무 赤松 〈현애〉
• 높이 : 상, 하 60cm  • 나이 약 110년

　적송은 그 엽성과 모습이 우아한 풍정이 있는 모습 때문에 여송이라고도 한다. 우리나라와 일본 전토에 자생하고 있는 수종으로 일본에서 일찍부터 산채를 하여 분재기르기를 하고 있으며 지금까지 사랑을 받아 오고 있는 분재수 이다. 특히 적송이 분재인들에게 인기가 있는 것은 그 우아함 때문에 문인 분재에 있어서 없어서는 안 되는 수종이다. 문인목이란 일반적으로 가는 줄기로써 최소한의 가지 수로 만들어진 수형으로 일본 에도시대 문인들이 소탈하고 고담한 맛을 좋아 하는데서 유래 되었다고 한다. 적송이 현재는 문인목만이 아니고 다양한 수형 표현으로 송백분재로 인기리에 기르기 하고 있다.

## 개나리

물푸레나무과 / Forsythia koreana Nakai

- **형태상의 특징** : 관목류의 관화식물로 우리나라 봄 4월을 화려하게 장식 해주는 낙엽화목이다. 잎은 긴 타원형으로 양 끝은 뾰쪽하며 잎 가에는 거치가 있거나 없고 더러는 3갈래로 갈라져 있다. 꽃은 종모양 4갈래로 꽃잎이 갈라저 있으며 황색이다. 암술은 수술보다 짧고 과실은 삭과로 난형이며 끝이 날카롭고 10월에 성숙한다. 높은 지대에 심으면 줄기는 아래로 처지고 낮은곳에 심으면 줄기가 위로 곧게 자라는 성질이 있다. 번식은 삽목과 씨뿌리기로 한다.

## 철쭉나무 쌍간수형

〈진달래과〉 / Rhododendron schlippenbachii Max.

철쭉나무는 키 2~5m정도 자라는 낙엽 관목으로 수피樹皮는 황갈색이 난다. 어린가지는 회갈색이 나고 잎은 도란형으로 호생하며 가지 끝에 5장씩 총생한다. 꽃의 직경은 5~7cm로 연분홍색이나며 꽃과 잎이 함께 5월에 핀다. 철쭉의 특색은 어느종류보다도 수수한 느낌이 들면서 꽃색이 홍색, 홍자색, 복숭아색, 진복숭아색, 백색에 반잎이 나 쭈굴쭈굴하며 복합된 것 등 그 어느 것이라도 풍부하고 화려함이 관상의 가치가 있다.

이 분재수는 아이가진 어미나무로서, 분재의 뿌리는 지표地表에 나와있고 사방으로 힘있게 뻗어 있어 고태감古態感과 안정감이 있는 명목중의 명목이다. 수령이 70여년 된다고 한다. 이 분재수는 국내외적으로 매우 희귀한 것이다. 나무 수형 즉 자태가 그렇다는 것이다. 이 분재의 소장자는 주일날 교회앞에서 신자들을 환영하며 서 있다가 교인들의 사랑을 받는다고 한다. 나는 아이가진 이 쌍간 나무를 촬영하고 얼마나 기뻤는지 모른다. 그래서 이렇게 게재하여 많은 분재인들이 감상할 수 있는 것은 참으로 보람된 일이라고 생각한다.

## 사과 장미과 / Apple <Malus> pumila Mill. var.dulcissima Koidz.

 동부아시아 유럽원산의 낙엽성 큰키 나무로 현재 많은 원예품종이 만들어 지고 있다. 기본종은 꽃이 흰색에서 담홍색으로 열매는 지름이 4~5cm안팍이며 홍색, 그리고 원예품종의 황록색과 황색등 여러가지가 있다.
 홍색을 성숙하는 열매를 즐기기 위해 분재 가꾸기를 한다. 꽃눈은 짧은 가지에 분화하여 이듬해 봄에 이 꽃눈이 겨우 싹이 터서 새 가지가 발생하고 그 끝에 개화하고 결실한다. 따라서 봄부터 자라는 가지 중 세력이 좋은것은 그 순을 따서 성장을 억제하고 짧은 가지의 발생을 촉구한다. 번식은 씨뿌리기, 접붙이기로 한다.

## 중급편

### 섬잣나무 모양목

나무별명 : 관음觀音 • 높이 : 72cm • 나이 : 약 190년

분재의 완성목표 즉 최종적인 나무의 크기에 따라서 서로 다르므로 어느것이 정도正道라고 딱히 말할 수는 없지만, 조건이 너무 좋아도 나무에 풍미가 없는 경향이 있다. 노지에 심는 것이 오로지 나무를 굵게 만들기 위하여 행해진다면 자연의 정취를 나타낼 수 있는가는 의문이다. 아울러 분에 심어 몇해동안 나무를 힘들게 하여 수형을 만들어 다시 땅에 심는다는 식으로, 나무를 굵게 할 뿐만 아니라 그 나무가 가진 운치를 나타내게 하는 연구와 노력이 절대적으로 필요한 일이다.

어찌되었건 앞으로 우리나라에서는 산캐기로 수백년의 소재를 입수 할 수가 없으므로 꾸준히 공들이고 연구노력하여 5년 아니 10여년의 목표를 세우고 한 걸음씩 분재수의 자태姿態를 만들어 나가지 않으면 안된다. 현재와 미래의 즐거움을 나무 기르기에 맡기는 것도 여가선용에 도움이 될 것이다.

아울러 섬잣나무의 수형 만들기는 너무 서둘러서는 안된다. 이 나무의 매력은 짧고 촘촘한 잎의 섬세함과 우아한 모습에 있으며 다소 거칠듯한 줄기의 껍질과 잘 조화되어 독특한 아취를 자아 내는데 있다. 또한 어떻한 수형으로 만들건 자연미가 있다는 것이다. 말하자면 섬잣나무의 모습에는 "천변만화千變萬化"의 정취가 있다. 여기서 중요한 것은 수형만들기를 결코 서둘러서는 안된다는 것이다. 빨리 광상할 수 있는 나무를 만들고 싶은 것은 이해가 가나 인간의 경우도 조숙형, 만성형이 있듯이 나무의 개성이 나타나지 않을 때 억지로 수형을 만드는 것은 옳지않다. 그러나 일단 수형만들기를 시작 하였으면 어중간 하게 만들어서는 안된다.

수형만들기의 계획이 확립되면 이것 저것 망설임 없이 솜씨를 발휘하여 긴 안목으로 분재수의 성장을 지켜보는 것도 즐거움이다.

나무의 별명에서 보듯 세월을 뒤로 하면서 온갖 풍상을 격었는지 나무등걸 안은 텅 비어있고 겉만 남아있다.

인간이 살면서 몸에 병이 들듯이, 나무역시 세월의 흐름을 어찌 하지 못해 몸의 일부가 병이 들었는지 노쇄의 결과인지는 모르지만, 아무튼 보는 마음은 조금은 애잔함이 든다 하겠다. 현재 이 분재는 일본 제일의 명목분재로 평가를 받고 있다 한다.

나무의 별명이 왜 관음일까? 관음이란, 관세움보살이다. 아미타불 즉 부처님 원편에서 보살이 교화를 돕는 것을 말함인데,중생들이 괴로을 때 대자대비하신 부처의이름을 외우면 곧 구제를 받는다 한다. 아마 작가는 이렇게 힘들어도 신께 열심히 기도하여 내일의 희망을 갖고 살아가라는 뜻으로 관음이라 하였을까? 그것은 독자들이 생각하고 판단할 몫이라 생각한다.

## 섬잣나무 모양목
• 높이 : 좌우 120cm • 나이 : 약 170년

### • 섬잣나무五葉松 수형만들기와 관상점

섬잣나무는 말할 것도 없이 분재계를 대표하는 수종이다. 환경애 대한 적응력이 우수하여 거의 초심자나 숙달 된 전문분재 기르기 하는 사람도 널리 배양들을 하고 있는 것이 현실이다. 섬잣나무는 매우 튼튼하여 수형 만들기가 쉬우며, 아울러 별 무리無理가 없기 때문에 어떻한 수형을 말들건 부자연스러운 느낌을 주지 않는다는 장점이 많은 수종이다. 그리고 초심자들에게도 친밀감을 주며 수형 만들기도 쉬울 뿐 아니라 시간이 가도 실증이 나지 않은가 하면 심오한 맛을 보게 되기도 한다. 그러므로 이 나무가 갖고 있는 여러가지 정취가 있어 매우 흥미가 있는 분재수盆栽樹라고 생각한다. 섬잣나무의 수형만들기에 있어서는, 자생지에서의 모습을 염두에 두어야 한다. "오엽백태五葉百態"라는 말이 있듯이 자연속에는 분재수에서는 볼 수 없는 여러가지의 모습들의 수형들을 볼 수가 있다. 작금에 있어서 섬잣나무는 매우 평범한 분재 소재로써 구입 할 수 있지만, 원래는 생육환경이 험준한 고산지대에서 자생하는 나무라는 것을 자칫 간과하기 쉽다. 문제는 높은산의 자연환경의 냉엄함과 가열苛烈함을 견디면서 살아가는 섬잣나무의 자태를 생각 하면서 수형 만들기를 하는 것이 정석이다.

### 실생實生소재에 자연의 풍취를

지난날에는 소재를 산캐기 한 것을 가지고 기르기 할 때는 어느정도 자연에서의 풍취의 표현이 가능 하였다. 그것은 소재가 갖고 있는 개성을 살려서 줄기 모양에 가지를 이용한 수형을 만들면 되었다. 그러나 과거에는 산캐기가 가능 하였지만, 지금은 녹화사업과 자연보호로 법의 저촉을 받기 때문에 산캐기는 어려우니 실생으로 양성 된 소재에 의존할 수 밖에 없다.

실생 소재는 자연수에서 배우는 것 이상으로 만드는 사람의 기술이 따라야 한다. 그만큼 창작의 범위가 넓고 어렵기도 하지만, 한편으로는 자연의 풍취를 만든다는 것이 쉽지 않다. 초심자들은 성급히 완성목으로 만들려고 어린나무를 강제로 굵게 만든다거나 지나치게 유행을 따르는 수형을 만들거나 하면 반드시 어딘가 부자연스러움이 있게 마련이다. 실생소재를 배양 하는데는 노지에 심던지 분에 심던지의 두 가지 방법밖에 없다.

## 벚나무 장미과 / Prunus Serrulata Var. Spontanea (MAX) Wils

• 형태

벚나무란 분류상으로는 장미가 벚나무속 벚나무아속에 포함되는 많은 종류를 총칭한 이름이다. 우리나라에도 각종 벚나무가 자생되거나 재배되고 있다. 분재로 가장 많이 배양되고 있는 것은 작은 가지가 잘 분기한 잎 그리고 꽃과 더불어 소형인 후지 벚나무이다. 기타 산 벚나무와 시월 벚나무 등도 비교적 많이 기르기 하고 있다.

• 특성

수분을 비교적 많이 요구하는 수종으로 하기에 수분이 부족하면 잎이 타버리는 피해가 생겨 흑색으로 변하는 수가 있다. 맹아력은 있으나 나무가 부패하기 쉬우므로 줄기나 굵은 가지를 전정 하였을 때 벤자리에 반드시 응합촉진제를 도포 하여 주어야 한다. 꽃눈은 짧은 새 가지의 엽맥에 분화하고 다음해 봄 그 위치에서 개화한다. 따라서 휴면기간중의 전정으로는 긴 가지를 잘라 정지한다. 번식은 씨뿌리기, 삽목, 접붙이기, 눈 붙이로 한다. 후지벚나무와 산 벚나무는 삽목이 잘 된다.

• 관상

벚나무는 봄의 낭만을 아름답게 채색하는 주역이다. 그 모습은 화려하며 또한 청초하기 까지한다. 아울러 분재기르기에 적합 한 것은 산 벚나무와 개 벚나무가 어울린다. 꽃이나 잎이 비교적 소형으로 분재 그리기가 쉽다. 또한 벚나무는 난지暖地에서는 3월에서 4월에 피고 보통은 4월 하순이 화기의 절정기 이다. 아울러 벚나무는 꽃이 피는 시기가 관상 가치가 높고 그 후는 배양기이다. 고목이 되면 줄기 사이에 풍취가 생긴다.

## 풍년화 조록나무과 / Hamamelis Japonica S. et Z.

일본에 자생하는 낙엽 소관목으로 나무 껍질은 회백색이다. 잎은 마름모꼴에 가까운 타원형이며 엽맥이 뚜렷하다. 2~3월경에 네 잎 노란꽃잎의 아름다운 꽃이 둘둘말리면서 무리지어 착생한다. 간혹 붉은색 꽃이피는 변종도 있다. 9월경 딱딱한 열매가 성숙되고 이것이 벌어지면서 흑갈색의 종자를 방출한다. 이른봄에 개화하는 꽃을 보려고 기르기를 한다. 가지의 분기는 별로 많지 않으므로 가꾸면서 작은 가지들을 분기시킨다. 꽃눈은 새로 생긴 짧은 가지에 분화하여 이듬해 봄에 그 위치에서 꽃을 피운다. 따라서 휴면기간중의 가지치기에서는 짧은 가지를 남기도록 하고 꽃이 진 뒤에 가지를 짧게 자른다. 번식은 씨뿌리기, 삽목, 취목으로 한다.

중급편

## 소나무
소나무과 / Pinus densiflora sieb. et Zucc.

　소나무의 형태상의 특징은 높이 20~30m정도 자라는 상록 침엽 교목으로 온대기후 지역에서 자생한다. 줄기의 수피는 적갈색으로 오래된 줄기는 두꺼운 껍질을 가지고 있으며 상층부는 적색으로 매끄럽다. 소나무는 백목百木의 왕이라고 불리는 것처럼 상록으로 다른 나무에서 볼 수 없는 수형에 품격이 있고 가지모양이나 잎달림이 섬세하고 아름답다. 소나무는 식물학상의 종류에 의한 분별과 생장단계 즉 형태에 의한 분류로 말한다. 식물학상의 종류에는 암솔이라고 말하는 아름다운 가지모양의 적송, 힘찬 모양의 흑송, 잎이 잎이 묶어져 모양이 작은 분재용으로 사랑받는 삼광송三光松, 잎에 반점이 들어있는 노랑무늬 곰솔, 외국산으로 잎이 긴 대왕송大王松 등이 있다. 생장단계에 의한 분류방법으로는 주로 어린나무인 약송若松, 어린나무이면서 해안 등에서 비 바람을 맞아 가지가 단단해진 소나무를 뿌리체 뽑은 근인송根引松, 노송老松은 문자 그대로 고목, 그리고 강가 등에서 습기를 받아 이끼가 낀 이끼 소나무 등이 있다.

　흔히 분재수 기르기에 나무가 자라는데로 도와 주기만 하라고 한다. 그러나 이 나무는 밑 줄기는 말로 형용할 수 없을 정도인데, 가지들이 빈약하여 접 붙이기로 수형의 묘미를 살렸다. 언뜻 보면 모르겠지만, 재 멋대로 구부러진 왼쪽 줄기에 접을 붙여 새봄을 맞아 싱싱한 자태로 순이 나고 있다. 참으로 이 나무의 줄기의 형태가 기기묘묘奇奇妙妙하다. 그리고 이렇한 수형을 발견

하고 나무에 접을 붙여 새 생명으로 거듭나게 한 작자의 노력과 안목이 대단하다고 입이 마르도록 칭찬하여도 부족함이 없다 하겠다. 그리고 이것이 분재가 갖고 있는 매력 즉 분재예술의 묘미라고 하면 어떨까 싶다.

새소리 바람소리만이 들리는 잔디에 앉아 소나무 분재수 밑둥에 새가 앉기 좋은 곳이있어 행여나 새들이 분재수에 앉는 모습을 촬영할 수 있을까하고 기다렸지만, 새들은 무정하게 앉지를 안았다. 만일 분재위에 앉은 새를 촬영 하였으면 횡재 중에 횡재를 하였을 텐데 말이다.

많은 분재수들을 촬영하면서 대충 기르는 이의 솜씨를 알 수 있다. 나무의 정면, 높이, 가지의 차례枝順, 가지의 간격, 가지의 방향과 굵기, 깊이 등을 보면 제각기 철학이 있다. 그런데 이 분재수는 도무지 글을 쓸 수 없을 정도로 완벽미가 있다. 첫째 줄기의 곡 그리고 가지의 섬세함과 분의 조화, 그것을 받쳐준 돌 장식대 등 어디하나 흠 잡을 때 없는 균형미의 예술이다. 그리고 분재다. 인정과 사랑이 메마른 도심의 찌든 일상에서 벗어나 비록 짧은 시간이지만, 이것이 나에게는 얼마나 행복에 가까운 것인지 가늠키 어려웠다. 정말 보람이 있는 분재수 촬영이었다.

**중급편**

### 심산해당화 나무별명 "봉황鳳凰" / 〈분재수 앞면〉

　심산 해당화의 개화한 모습이 마치 봉황처럼 금방이라도 날으려는 듯한 수형이다. 작가는 이 심산해당화를 분재애호가에게서 양도를 받은 것은 1978년 9월이라고 한다.
　아울러 역대의 소장자들에게 부끄러움이 없는 계승자가 되려고 열과 성의로 기르기를 계속 하고 있다. 한다.

　그리고 1984년에 제58회 국풍 분재전에 출품을 하였다 한다. 소장자는 그동안 국풍전에 출품 된 작품들을 보면 거의 대부분 낙엽 진 나목裸木들이 출품 된 것을 볼 수 있었다 한다. 왜냐하면 국풍전이 개최되는 시기가 2월이기 때문에 실제의 모습을 볼 수 없었던 것이다.
　소장자는 국풍상을 목표로 하고, 열매식물 분재로써

분재수 봉황의 뒷모습

새롭게 조건을 맞추어 열매를 열리게 하여 그 모습을 화려한 무대에 올리려고 마음먹었다 한다. 처음 소장자는 작은 꽃이 선향불꽃과 같은 풍정을 느끼고 강렬한 인상을 받기도 하였다. 그리하여 실제모습대로 국풍전에 출품의 준비를 전년의 봄부터 하였다고 한다.

소장자가 이렇게 좋은 분수를 가꿀 수 있었던 것은 스스로 개발한 그린킹 덕분이라고 한다.

이렇게 소장자의 연구 애정어린 기르기로 연속 국풍상의 영광을 않았다 한다.(일본 국풍전은 세계 최고의 분재 전시회이다.)

# 꽃식물의 분재
### 변해 가는 계절의 화려함을 연출한다.

잡목분재 중에서 꽃의 감상 가치가 있는 것을 꽃 식물 분재라고 한다. 아름다운 꽃을 피게하는 분재는 애호가들 뿐 아니라 많은 사람들을 매료 시킨다.

분재 기르기의 베테랑과 초보자에 이르기 까지 즐길 수 있는 분야 이다. 철쭉, 등나무, 매화, 벚꽃 등의 수종은, 꽃을 관상 하기에 제일이다. 이 밖에도 모과, 동백, 진달래, 황매화…

식물은 제 각각 모두 결실을 하기 위하여 꽃을 피우므로, 꽃 분재의 종류는 실로 다양 하다 하겠다. 이 분재 소장자는 매화 기르기를 제일 좋아 한다고 한다. 자기가 태어난 고향 마을이 매화의 명산지여서 그에대한 어린 시절의 많은 추억들이 서려 있기 때문이라고 한다.

매화의 특성은 뿌리가 얕게 묻히는 수종이여서 공기를 매우 좋아 한다. 또한 재배의 포인트는 통기성, 배수성, 보비성의 토양이 최적지 이다.

**홍매화 문인목** 나무높이-70cm 나무나이-약 75년

곰 버들 모양목 / • 수고 : 76cm • 수령 : 약 90년 (첨가)목판과 참새

## 나무가 말라 죽어가는 원인은?

1. 뿌리가 썩기 때문이다.〈물을 너무 많이 주었거나 부족할 때 그리고 비료를 과다過多하게 주었을 때와 여러해 동안 분갈이를 해주지 않아 토질이 굳어져 산성이 되어 산소공급이 원활하지 않을 때이다.
2. 병충해나 풍해風害를 잘 모르고 방치 하였을 때.
3. 분을 놓아둔 장소가 적합치 않았거나 월동越冬준비가 충분치 못하여 동해를 입었을 경우.
4. 시기時期를 맞추어 손질을 않했거나 철사감기 등 무리한 교정矯正을 하였을 때이다.

중급편

## 곰솔黑松 70년 성장과정을 궤적軌跡
### —분재는 취미생활과 재財테크로도 바람직—

흑송직간 소나무로써, 당시 5만엔의 거금을 주고 산 분재를. 분재 전문가 다사로씨는 줄기가 곧게 선 나무는 싫증이 빨리 나 버린다고 하였다 한다.

다사로씨가 장래의 나무모양을 그려서 기념으로 애벌구이 접시를 선물 하여 주었다

산에서 채집한 흑송에 새 싹을 접목하여 화분에 심은 흑송분재를 2만5천엔에 구입 하였다. 당시의 분재의 인기는 일본 전역에 대단했다. 그때에 분재에 새 싹 하나를 접 붙여주고 천엔을 받기도 하였다. 그무렵 분재 연구가 다사로씨를 만나 분재를 잘 모르는 나에게 많은 조언과 지도를 해 준 고마운 분이셨다.

그리고 5만엔에 구입한 분재보다 2만5천엔에 구입한 분재를 칭찬해 주며 앞으로 접목의 소재로써 장래에 좋은 분재가 될 것이라고 까지 하였다. 그러나 다사로씨의 말에 반신 반의 하였다. 왜냐하면 가격도 비싸고 자신이 자랑스럽게 여기고 있는 흑송의 분재가 비판을 받았기 때문이기도 하였다. 소장자는 5만엔을 주고 구입한 흑송직간 분재를 자랑스럽게 다사로씨에게 의기 양양하게 보였는데 다사로씨는 "줄기가 곧게 선 나무는 대부분 싫증이 빨리 나버려요."라고 말을 하여서 소장자는 울컥 화가 나며 불쾌한 반응을 보이니까. 다사로씨는 줄기에 1요(구부러짐) 2요가 있는 나무가 훨씬 싫증도 안나고 좋으며 구부러짐은 평생 없어지지 않는 평생의 보물이야 라고 말 하였다.

결국 5만엔의 흑송 직간보다 2만 5천엔의 흑송의 분재가 장래가 기대 된다고 하였다. 소장자는 지금은 이 개성이야 말로 보물이고 값진 것이라고 생각 하는 사고방식은, 비단 분재만이 아니고 모든것에 통한다고 이해 하지만, 당시로서는 소장자가 그 말에 납득이 되지 않았다고 한다. 다사로시는 손으로 만든 애벌구이 도자기 접시에 친절하게도 장래의 분재수의 모양을 그려 주었다. 그것은 지금의 나무 모습으로는 있을 수 없을 것 같은 장래의 나무 모습이었다. 또한 소장자에게 그것이 현실이 되리라고 도저히 믿을 수 없었고, 그렇게 되리라는 생각 자체가 하나의 꿈일 것이라고 생각 하였던 것이 소장자의 본심이었다. 소장자는 결국 다사로씨가 칭찬한 2만 5천엔의 흑송 분재를 약 50여 년동안의 세월에 걸쳐서 소중히 관리하고 수형 만들기에 전념해 왔다. 지금은 다사로씨의 유품이 되어버린 그 그림접시와 현재의 수형 모습을 비교해 보면, 대단히 감개무량 한 것이다. 왜냐하면 다사로씨의 장래의 분재수 그림과 현재의 분재수와 너무도 닮아 있기 때문이다.

소장자는 현재 이 분재를 200만엔에 양도 해 주라면 팔아 넘길 마음이 추호도 없다한다. 오랜 세월을 분재 기르기에 전념하면 접시에 수목 모습을 예견하여 그린 것과 같은 모습의 분재를 감상할 수 있으리라 확신하며 그림접시와 흑송 분재는 돈으로 사고 팔 수 없는 소장자의 귀중한 보물이라고 한다.

**궤적軌跡** : 수레바퀴가 지나간 자리, 바퀴자국.

흑송분재 1968년

흑송분재 1972년

흑송분재 1969년

흑송분재 1976년

흑송분재 1977년

흑송분재 1971년

흑송분재 1981년

**중급편**

**야생의 매화나무**〈野梅〉 모양목 별명〈鶴舞〉 • 높이 : 82cm • 나이 : 약 225년 일본 제62회국풍분재전 출품 수상.

일본 분재계에서 매화는 백화의 선구자 라고 부를만큼 유명하다. 소한 대한 그 추운 겨울을 이겨내고 봄이 오는 길초에서 드문 드문 피어나는 매화는 봄 소식을 제일 먼저 알려 준다. 또한 일본에서는 매화꽃을 꾀꼬리 라고도 한다. 일본에서 꽃 놀이라고 하면 벚꽃이라고 생각 하지만, 헤이안 시대 이전에는 꽃이라고 하면 매화꽃을 지칭하는 일이 많을 정도로 사랑을 받아 온 꽃 이다. 매화는 장미과의 낙엽교목으로써 중국 장강 유역이 원산지이고 우리나라와 일본에는 8세기경 전해 젓다고 한다. 매화의 어원은 중국어의 梅(마이 혹은 메이)라고 한다. 그때문인지 겨울이 끝날 무렵부터 초봄에 해당되는 2월 중순부터 3월초 꽃 가루를 매개하는 곤충이 거의 없는데도 신기하게 꽃이 피고 열매가 맺는다.

설날 일본인들은 실내에 분매(분재매화)를 장식 한다한다. 뭐니 뭐니 해도 설날 장식은 우리나라와 일본에서 인기가 있는 분재는[송죽매]가 가장 인기가 있다고 한다. 그것은 장수하고 번영을 뜻 하기 때문이라고 한다. 매화는 세월이 흘러 고목이 되어 쓰러저도 뿌리를 내고 줄기가 일어 서는 모습과 흡사하다 하여 와룡이라고도 한다고 한다. 그렇게 생긴 명목이 일본에는 두 서너개가 있는 것중의 하나가 이분재이다. 고목에 이끼가 끼어 한 송이 두 송이 꽃을 늠름하게 피워 그 고곡과의 대비가 말로 형용키 어렵게 아름답다 하겠다. 매화나무는 상록수인 소나무와 대 나무에 필적 한다 한다. 어쩐지 불가사의한 강인한 생명력을 느끼게 해 주는, 분재로써 대단히 인기가 있는 명품이다.

홍매 모양목 나무별명〈雅〉 • 높이 : 112cm • 나이 : 약 232년

## 매화나무 배양관리

• **갈아심는 시기와 방법** : 꽃이 진 후 잎이 피기전인 3월중순~하순경이 적기이다. 회수는 어린나무는 매년 반복하고 성목은 격년이여도 무방하다. 파낸 후 묵은 흙은 3/2정도 털어 버리고 뿌리는 2/1정도 자른다. 가을로 접어들면서 잎이떨어지면 흙이 산성화 된 경우이다. 이때 낙엽이 진 후 10월에 묵은 흙은 모두 털어내고 마사토8, 적토2 또는 마사토7, 적토2, 부엽토1의 혼합토를 사용하여 갈아 심는다.

• **물주기와 비료주기** : 수세樹勢가 강하고 생육이 왕성한 나무이기 때문에 물을 약간 많이 준다. 봄, 가을엔 1일 1회 여름에는 2~3회 준다. 겨울은 뿌리가 건조하지 않도록 2~3일에 1회씩 주어야 한다.

비료는 새 순이 충실해지는 4월중순~5월 하순경에는 계속 비료를 주어야 한다. 가을에는 9월상순에서 10월 상순에 준다. 깻묵8, 골분2의 혼합의 비료가 좋다.

중급편

### 심산 유곡의 해당화 봉황 모양목 • 높이 : 72cm • 나이 : 약223년

서기 1984년 2월 제58회 일본 국풍분재 전시회에 출품 국풍상 수상.作

심산유곡의 해당화는 가지끝의 풍정이 마치 선향 불꽃과 같아 이것을 보노라면 어린시절의 추억이 되 살아나게 하는 우아함과 품위가 있다. 일본 제일의 아니 세계제일의 명목 분재를 1981년 2월에 우에노 그린 클럽에 갔을 때에 향초원의 분재 장식 제일 상단에 있는 봉황에 반하여 스키씨에게 부탁하여 어렵게 양도 받아서 지금껏 기르고 있다. 지금은 고인이 된 존경하는 사이치 옹의 분재를 한 그루라도 더 많이 애장하고 싶다고 항상 염원하고 있었다. 사이치옹의 분재 선반에는 언제나 많은 명목 분재들이 진열 되어 있었다. 일본분재계에서 존경받는 사이치 옹에게 외람되게 분재의 값을 물을 수 도 없고 하여 늘 방문하여 분재에대한 교시를 받고 배우기를 하면서도 그의 명목 분재들을 구입할 수 가 없었다. 더구나 사이치씨는 명목도 사람을 고른다는 지론을 가지고 있어서 돈만 지불학고 구입을 할 수가 없었다.

명목에 표리란 없다는 말이 있다 그 말을 실증하는, 심산유곡의 해당화가 그러하다.
가끔 정면이 바뀌고 있으나, 어느쪽의 분재수의 모습이 우열을 가리기가 어렵다.

 명품 분재를 고르는 것도 자신이지만, 나무에게 선택 받는 것도 자신인 것이다. 이 심산유곡의 분재는 3년여의 사이치 옹을 찾아다니며 설득한 결과로 구입하여 소장하게 되어 가슴 뿌듯 하다고 한다. 열매식물로 분재의 명목은 누가 뭐라고 하여도 심산 해당화가 첫번째로 손 꼽일 것이다. 이 명품 분재는 대동아전쟁이 한창일 때 아이치 현의 분재 애호가 마토마즈꼬쇼씨가 사이치 옹에게 전화로 명품분재가 전란으로 소실 되는 것을 안탑게 여겨 의논을 해와, 사이치 옹이 전란의 참화를 피해 지금까지 길러 오게 되었다고 한다. 전쟁의 참화를 사이치 옹의 각고의 노력 끝에 지금까지 이 명품 분재의 품위를 지키고 있다고 한다. 그리고 소장자는 자기 생전에는 누가 아무리 많은 돈을 지불 한다 하여도 이 세계제일의 명품 분재를 양도할 생각이 추호도 없다 한다.

중급편

## 소나무 접목 학명 Pinus densiflora Sieb. et Zucc.

　소나무 등의 접목은 같은 수종이나 비슷한 수종穗木에 접가지를 붙이고 유착시켜 별도의 개체個體를 만드는 것을 접목이라고 한다. 송백류의 경우는 우수한 품종이나 진귀하고 희귀한 수종을 접으로 새로운 수형樹形으로 만들거나 보완 하는 것이다.

　이 소나무의 경우는 꼭대기樹冠部의 빈약한 가지들을 보완하는 푸른 가지접이다. 즉 꼭대기접은 새로운 우듬지를 접하여 정목正木을 얻기위한 방법으로 취목取木이 전제가 되는 것인데, 이 소나무는 밑둥은 좋은데 수관이 빈약하여 그것을 보완하기 위한 방법이기 때문에 취목은 할 필요가 없다. 아무튼 좋은 분재수盆栽樹를 만들기 위해서는 작가의 많은 노력이 따른다 하겠다.

**소나무 접목2**    이 분재의 소재는 처음 해송에 금송錦松을 접 붙여 배양하다가 금송의 특징인 황피성에, 잎이 짧은 〈지구보〉란 품종의 황금 오엽송을 중심부에 접 붙여 이색적인 분재소재로 실험 배양중이다.

처음 해송에다 취설금 오엽송을 접을붙여 4년여를 배양 한 다음 중심부에 구중九重 오엽송을 접붙여 분재의 소재로써 시험 배양중이다.

**궤적軌跡** : 수레바퀴가 지나간 자리, 바퀴자국. 0183 식해食害~해충, 쥐 등이 식물의 잎이나 줄기 따위를 먹어 해치는 것을 말한다. 185 흡즙~해충이 식물의 대나 줄기에서 진액을 빨아 먹는 것을 말한다.

**배롱나무** 부처꽃과 / Lagerstroemia indica / •원산지 : 아시아 동남부, 오스테일리아, 필리핀, 뉴기니아

    높이 3~7m의 낙엽 교목으로 또는 관목으로 줄기는 약간 경사지게 구부러 지면서 자라고 가지는 옆으로 퍼져서 불균형한 부정형 수형을 이룬다. 수세는 강하고 밑동에서는 이곳 저곳에서 여러개의 싹들이 잘 나는 성질이 있다. 밑등치의 굵은 줄기는 적갈색 바탕에 흰 색의 점무늬가 얼룩 달룩하게 있어 특이하다. 잎은 도란형으로 거치가 없으며 호생한다. 꽃은 다화성으로 7월 하순부터 가을까지 아래부터 위로 올라가면서 가지끝에 모여 약 100여일 꽃이피고 지고 한다. 꽃이 백일동안 핀다 하여 목백일홍이라고도 한다.

 좌측에 배롱나무의 특성이 좋지 않아서 보다 우수한 특성을 가진 수종의 수형으로 만들고자 접接을 붙이는 모습이다. 즉 분재작품으로서 우수한 특성을 가진 품종의 가지를 삽목하여 2년여 길러 줄기가 굵어지면 그 줄기의 형성층 부위를 갈라 접수와 대목의 형성층을 서로 맞대여 결속을 시킨다음 서로 붙으면 포트의 뿌리를 자르고 포트도 제거한다. 이것을 부름접 또는 호접呼接이라고 한다.

 호접의 경우 접수의 접착률이 다른 접들 보다 높아 호접을 선호한다.

## 윤노리나무 장미과 / *Pourthiaea villosa* Decne.

온대지방 산야에 자생하는 낙엽성 작은키 나무로 작은 가지가 잘 분기分枝 하며 길게자라는 습성이 있다. 이 가지는 강하면서도 유연하고 질기어 잘 부러지지 않아 연장자루 만드는데 이용되어, "겸병鎌柄-낫자루"의 별명이 붙었다 한다.

4~5월경 새 가지끝에 산방화서散房花序를 내고 흰꽃이 다수 피고 광택이 있는 홍색의 열매가 10월경에 성숙한다. 홍색의 아름다운 열매와 가을의 단풍을 즐기려고 분재로 기른다. 가시는 가늘고 비교적 잘 분기하므로 수형을 만들기 쉬운 수종이다.

반 그늘진 곳에 많이 자생하므로 햇빛이 강한 여름철은 대발 등으로 보호 하여 주어야 한다. 휴면 기간 중의 가지치기는 솎음질 가지 치기를 주로 한다.

번식은 씨 뿌리기로 한다.(나무가지가 단단하고 유연하여 윷을 만들기에 적합하다 하여 윤노리나무라는 이름이 지어졌다 한다.)

### 철쭉 분재에서 배우는 강좌  본격적인 수형표현기법

다음장부터 철쭉분재 기르기의 기초를, 사진과 함께 도해하여 자세히 누구나 이해하기 쉽게 설명 하려 한다. 많은 분재의 애호가들이 과연 분재의 매력은 무엇이냐의 의문과 함께 기르기에 대한 의문들 또한 많을 것이다. 그리고 분재란, 단순하게 자연의 모습을 분에 심어 재현한 것 만이 아닌 여러가지 미묘한것 즉 표현키 어려려운 것들의 새로운 기법들이 있다는 것을 알 것이다. 그래서 사람들은 분재를 볼 때, 굳셈과, 대범함, 오래됨, 마른 분위기, 엄숙함, 계절감, 스케일 감, 정경 등을 보고 느끼며 분재기르기에 매력을 느끼고 관심을 갖는 것은 아닐까?

만약 아무리 수근이 좋은 나무라도, 굳센 힘과 대범함, 고태미古態美 등이 표현되어 있지 않았다면, 멋도 없는 무미건조한 분재가 되어 버릴 것이다. 그러므로 여기에 수형樹形 만들기와 기르기 쉬운 철쭉나무를 통하여, 그 모든 것 들을 표현 하기위한 중심이 되는 기법들을 소개 한다. 근년의 전시회에서 높은 평가를 받은 작품들을 예로, 어떤 기법으로 무엇을 어떻게 표현 하였는가를 작품을 감상 하면서 여러분도 철쭉 분재기르기에 도전 하여 생의 환희가 넘치는 작품들을 만들어 보는 것도 퍽 의미가 있으며, 여가선용에도 최고가 될 것이다. 아무튼 이 철쭉기르기 강좌가 감상을 위해서도 나무 만들기를 위해서도, 철쭉분재 기르기 한 사람들에게 많은 참고와 도움이 되는 것만은 틀림이 없음을 밝힌다. 철쭉은 학명상으로는 낙엽, 관목 관화식물이라고 되어 있지만 지금은 품종개량으로 두 서너종만 제외하고 사철푸르므로 즉, 상록수라고 하여도 틀린말은 아니다.

### 초심자에게는, 철쭉 기르기가 바람직하다.

분재盆栽 기르기를 처음 시작한 초심자에게는, 철쭉이 관리와 기르기가 쉬운 수종이다. 이유는 모든 분재에 있어서는, 맨 아랫가지 즉 첫째 가지가 가장 중요하므로 신경을 많이 쓰게 되는데, 철쭉은 이 맨 아랫가지가 잘 자

라는 특성이 있다. 또한 소재의 줄기마을 남겨 두어도 모든 가지가 잘 분지하며 어쩌다가 실수를 하여 중요한 가지에 심한 상처를 입히는 일이 있어도 쉽게 죽지않고 잘 자란다. 그리고 철쭉은 철사감기와 수형의 모든 정형을 연습 하는데 가장 좋은 수종이다. 특히 줄기와 뿌리가 잘 굵어지므로 잎과 꽃의 수형을 즐길수 있어 분재기르기 초심자에게는 더 없이 좋은 수종이다. 지금까지 우리나라는 철쭉이라고 하면 진달래가 피어, 지고 난 다음에 피는 개 진달래를 철쭉이라고 불러왔다. 이것은 꽃이 찐득 찐득한 액이 나온다. 이것을 일본에서 3000여종의 품종을 개량하여 우리나라에 들어와 왜철쭉으로 지금까지 불리어 지고 있는데, 이번에 언제까지나 왜철쭉으로 부를 수 없는 것이여서. 이제부터서는 우리나라 정체성을 살리고자 하여 철쭉으로 통일 명명 하여 부르기로 하였다. 참고로 우리나라 철쭉은 지리산에 많이 자생하며, 전북 남원시에서 철쭉과 허브축제를 꽃이 피는 5월에 범 세계적인 규모로 행사를 하고있다.

## 철쭉나무

진달래과 / Rhododendron sechlippenbachii Maxim

### • 형태

원산지는 한국, 중국, 일본, 내몽고로 낙엽 관목 관화 식물이다. 분류상 진달래과 진달래속으로, 일반적인 상록성으로 3~5월을 전후에 개화한다. 먼저 꽃피는 것을 진달래, 늦게 피는 것을 개꽃 즉 철쭉이라고 부른다. 철쭉의 야생종은 우리나라 전역에 분포하고 홍자색의 꽃이 기본이나, 진달래과는 교배가 용이하여 일본에서 품종이 개량되어 3000여 종에 이르고 있는 것이 지금의 현실이다.

### • 특성

철쭉은 세근성細根性으로 수분을 좋아하고 가뭄을 싫어 한다. 꽃눈은 새 가지끝에 6~7월 경에 분화하므로 꽃이 진 직후에 전정하여 충실한 두 번째 꽃눈을 분화分化 시킨다. 가지는 차지상車枝狀으로 신장 하므로 한군데에 두 가닥만 남긴다. 남긴 가지도 기부基部에 2~3눈을 남기고 갈라 정자整姿 한다. 두 번째 눈에 꽃눈을 분화 시키기 위해서는 이 작업이 6월경까지 완료 되어야 한다. 휴면기간중休眠期間中의 전정으로 가지 끝을 자르면 꽃눈을 잘라내게 되므로 가지가 지나치게 뻗어서 수형樹形을 망가 뜨리는 것만 전정 하는 것이 원칙이다.

철쭉은 화용花容이 관상觀賞의 포인트 이므로 꽃 한송이 한송이가 아름답게 피도록 잔가지에 한 꽃의 비율료 달리 하는 것이 기본이 된다. 왜냐하면 한번에 많은 꽃을 피우면 동화양분同化養分이 많이 소진되어 수세가 약해지기 때문이다. 또한 결실시킴과 마찬가지의 결과가 되므로 꽃이 진 후에는 바로 자방子房을 잘라주고 결실 시키도록 한다.

철쭉류는 세근이 많이 나므로 2~3년마다 갈아심기를 않하면 분 속에 뿌리가 감겨버려 배수성排水性이 나빠져서 노화老化한 뿌리가 많아지고 그 결과 뿌리가 부패하여 수세가 나빠지는 원인이 된다. 보수성을 높이기 위해서는 적옥토보다 보수성이 좋은 녹소토와 같은 용토를 사용하는 것이 좋다.

번식은 씨뿌리기, 삽목, 취목으로, 접붙이기로 한다. 철쭉은 가지를 여러가지 형태로 변화 시키기가 용이한 수종으로 가지 바꾸기가 목적일 때는 삽목의 방법이 유리하다.

### • 관상

철쭉은 화목분재花木盆栽의 대표라고 하여도 그 누구도 이의를 재기再記할 수 없을 정도다. 또한 철쭉은 튼튼하여 수형의 변화를 꾀 하기가 쉽고 꽃 또한 아름다울 뿐만 아니라 품종이 다양하므로 자기가 좋아하는 품종을 선택하여 기르기가 용이하다. 철쭉은 처음에는 꽃이 인기가 있었으나 현재는 분재로서 나무 만들기가 발전하여 목자木姿를 관상하는 추세에 와 있다. 5~6월의 꽃 피는 시기가 관상의 적기라는 것은 두 말할 것도 없다 하겠다.

## 철쭉의 어원語源과 기르기와 관리

### 철쭉의 어원語源

철쭉의 원명은 일본어인 '사쯔기'이다. 세밀하게 구분을 하자면 품종을 개량하여 약 3천여종에 달하는 수종이 있으며 그 이름도 모두가 일본어로 되어있다. 이 나무들의 자생지가 원래 일본이었기 때문에 붙여진 이름이라 한다. 그러나 자생지가 일본이라는 것은 의문이 있다고 본다. 우리나라의 산간지에서 흔히 볼 수 있는 진달래와 물철쭉과 같은 과科에 속한 식물로서 영어로는 Royal Azulea라고 부른다. 우리나라에서는 '철쭉'이라는 말 이외에 달리 부르는 식물명이 없고, 또 그와 같은 식물도 없다. 그와 비슷한 식물은 진달래와 물철쭉(일명 개진달래). 백진달래, 산철쭉 등의 몇종류가 있으나 그중에서 철쭉과 가장 비슷한 수종은 거의 같은 시기에 꽃이 피는 물철쭉이 있을 뿐이다. 우리나라 사람들이 더러 영산홍暎山紅이라고 부르기도 하지만 그것은 잘못된 것이다.

영산홍은 일명 고려영산홍이라고도 부르고 있는데, 이 영산홍에 대하여 뚜렷하게 정설을 세우고 있는 문헌은 아직 없다. 우리나라에서 철쭉이 처음 발견된 것으로는 호남지방 야산지대에서 채취되어 번식되었다는설이 있지만, 이는 아직 정확한 학설로 증명되지는 않고 있다. 일본의 문헌에서 보면, 철쭉이 우리나라에 처음 들어온 것이 이조李朝 초기에 들어와 왜철쭉이라고 부르고 있다. 그러나 이것 역시 확실한 근거는 없으므로 연구가 필요하다고 본다. 앞으로 우리나라는 철쭉으로 부르는것이 맞다고 본다.

어찌됐든 현재 국내에 있는 철쭉의 품종과 나무의 크기를 살펴보건대, 철쭉이 우리나라에 들어온 역사가 꽤 오래된다는 것은 짐작할 수가 있다. 역사 이야기가 나왔으니 한마디 덧붙이자면, 현재 일본에서도 오래된 수종은 구화旧花라고 부르고 그렇지 않은 것은 신화新花라고 구분하여 부르기도 한다. 일본 뿐만 아니라, 현재는 우리나라 분재애호가들 사이에서도 철쭉이 대단히 인기가 있어 작품만들기가 성행하고 있다. 그러나 수종의 이름을 부르는데에는 많은 혼란을 일으키고 있다. 일부 사람들이 왜철쭉, 혹은 사쯔기, 혹은 영산홍, 혹은 키리시마 등으로 부르기 때문에, 특히 초심자들은 무엇이 무엇인지 혼란스러워 갈피를 잡지 못할 지경이다. 앞으로는 위에서 언급 하였듯이 철쭉으로 통일하여 명명하여 부르는것이 옳을것으로 본다.

우리나라는 남원시에서 5월경 지리산 철쭉제를 하고 있다. 철쭉은 진달랫과의 낙엽활엽 관목으로써 봄에 진달래꽃 비슷한 깔때기 모양의 연분홍 꽃이 피는데, 끈끈한 액이 있어 진달래와 달리 먹지 못한다. 이 품종이 여러가지로 개량되어 분재 기르기를 하고있다.

〈참고로 철쭉이 일본에서 우리나라로 전래되었다고 하는데 이것은 옳지 않다고 본다. 일본사람들이 식물도감을 만들면서 자기들 마음데로 써 놓은것을 우리나라에서 그대로 연구도 없이 받아 들인다는 것은 매우 유감이라고 생각한다〉

| 특징 \ 종별 | 철쭉(쯔쯔지) | 철쭉(사쯔기) |
|---|---|---|
| 개화기 | 4~5월경 | 6~7월경 |
| 개화기의 새 순 상태 | 새 순이 아직 나오지 않고 있다. | 새 순이 이미 다 나와 있다. |
| 개화기의 잎의 상태 | 잎의 낙엽이 된 상태이거나 묵은 잎만 남아 있다. | 묵은 잎위에 신록의 잎이 생기고 있다. |
| 꽃술의 수 | 6~10가닥이 된 것이 많다. | 대개 5가닥이다. |
| 잎의 크기 | 작은 것도 있지만 크고 얇다. | 대부분이 작고 두터우며 녹색이 많이 보인다. |
| 가지 모양 | 대개 가지의 수가 적고 드문드문 생긴다. | 대개 많이 밀생한다. |
| 가지 뻗음 | 역으로 뻗는 것도 있지만 위로 곧은 것이 많다. | 거의가 다 옆으로 자란다. |
| 뿌리 발달 | 약간 미약하다. | 좌우로 많은 각도로 뿌리의 발달이 잘 된다. |

## 철쭉의 삽목挿木 번식 365일

### 철쭉 삽목의 번식이 좋은점

철쭉은 일명 영산홍이라고도 부르는 진달래과에 속하는 식물이다. 현재 우리나라 곳곳에 산재해 있는 품종인 대배(大盃)는 오래 전에 일본에서 건너온 것으로, 겨울나기(월동)에도 비교적 강한 품종이다. 그 외에도 근래에 수백종의 품종이 일본에서 들어와 화예와 분재 애호가들에 의해 재배되고 있다. 철쭉에 대해서, 분재 초심자가 알아 두어야 할 몇가지를 열거하면 다음과 같이 요약 할 수 있다. 첫째, 철쭉과 기리시마 계통을 혼동하는 사람이 의외로 많다는 사실이다. 사실 이 두 품종은 잎과 꽃이 매우 흡사하여, 꽃이 피기 전에는 초심자들 중엔 이를 잘 구분하지 못하고 영산홍 또는 철쭉으로 함께 혼동하여 부르는 것을 자주 보게 된다. 기리시마와 철쭉을 쉽게 구분하는 방법은, 기리시마는 4월 중순에 꽃이 피기 시작하여 5월 중순까지 거의 꽃이 떨어지고 꽃이 나무에서 시든채 매달리는 품종이 많다. 이 나무는 비교적 철쭉에 비하여 가지가 강한 편이다. 또한 뿌리 부분의 발달 역시 좀 뒤지는 편이다. 꽃이 필 때에는 잎보다 꽃이 먼저 피며 잎은 꽃이 진후에 나온다. 철쭉(사쯔기)은 5월 중순경부터 꽃이 피기 시작하여 6월 중순경까지 지속되는데 꽃이 한꺼번에 모두 피는것이 아니라 피고지고 하며, 특색은 꽃이 피기 전에 잎이 먼저 나온다는 점이다. 그런데 관리소홀로 그늘에 오래두거나 영양 부족으로 꽃눈이 잎눈으로 변하는 경우가 허다하다. 이때는 새로 나오는 잎 눈을 제거하여 꽃눈을 충실히 키워 나가야 한다. 또한 철쭉은 기리시마에 비하여 직립성이 아니고 수명도 길 뿐더러 뿌리의 발달도 좋다. 철쭉은 기리시마에 비하여 월동기가 길어서 약한 품종이 많다. 또한 꽃이떨어질 때 품종의 대부분이 나무에 꽃이 매달리지 않고 싱싱한 그 자체로써, 사람들에게 자기의 추한 모습을 보이지 않으려는듯 깨끗하게 꽃이 진다. 철쭉이 분재의 소재로서 좋은 수종이라고 느끼는 점은, 특히 초심자에게 유용한 좋은 수종이라 생각한다. 그 이유는 수종 자체가 꽃눈이 터지기를 잘하고 수형을 가다듬을때에 약간 끊어져도 잘 죽지 않기 때문이다. 그래서 원하는 곳에 필요한 가지를 키울 수 있으며 또한 여러가지 수형을 표현할 수 있는 수종이라고 하겠다. 그리고 돌붙임을 시도할 때에도 땅에서 바로 올릴 수 있을 뿐 아니라, 비교적 건조 상태에서도 잘 견디는 수종이라고 본다. 소재를 구입 하는데도 자연 보호에 역행하지 않고 농장이나 화원에서 손쉽게 구할 수 있으며, 또 오래된 정원의 돌 사이에서도 썩 좋은 소재를 얻는 수도 많이 있다.

철쭉의 장점을 몇가지 더 들어본다면,
첫째. 아무리 작은 소품이라도 꽃을 즐길수 있다는 것이다. 그 이유는 삽목挿木한 바로그 해에도 꽃봉오리가 생긴다. 둘째. 수형樹形을 가다듬을 때 실수하여 상처가 낫어도 잘 죽지 않고 회복이 매우 빠르며, 혹 부러져도 그 장소에서 다음 가지를 기대할 수 있다는 점이다. 셋째. 다른 수종에 비하여 팔방성八方性인 아름다운 뿌리가 쉽게 굵어진다. 넷째. 늦은 봄과 초여름에 아름다운 여러가지 색깔의 꽃을 즐길 수 있으며, 겨울철에도 낙엽이 지지 않아 그 우아함을 감상할 수가 있다. 다섯째. 다른 나무의 소재와는 달리, 자연보호에 역행하는 산캐기를 하지 않아도 좋은 소재를 쉽게 구할 수가 있다. 여섯째. 땅에서 분에 옮겨 심고자 할 때, 시기에 구애받지 않고 언제든지 작업을 할 수 있다. 일곱째. 아무데서나 눈 트기가 잘 되어 자신이 구상하고 있는 수형만들기의 목적을 달성할 수 있다.

대략 이상과 같은 좋은 점이 있다고 보겠으며, 이 외에도 좋은 점이 많이 있다. 그러면 삽목 으로 배양을 어떻게 하는것인지 설명코저 한다.

## 철쭉의 삽목 번식법

### 삽목이 발근發根이 잘되는 이유

식물은 그 일부가 손상을 입었을 경우 상처 부분에 세포분열이 생기는 것을 카루스 현상이라고 하는데, 이것이 바로 손상된 상처를 보호하고 원형原形으로 복구하려는 최선의 방법이다. 또 이러한 과정을 재생이라고도 한다. 어미나무에서 분리되면 부분의 세포가 손상을 받아서 원형질 분해를 일으켜 그 자극이 점차 세포에 전달되어 저장 양분의 호르몬 합성을 촉진하여, 세포분열이 활발 해져서 자른 부분에 막이 생겨 상처를 보호하고 이에 따라 세포분열은 유상조직(카루스)을 형성한다.

카루스형성의 정도는 수목樹木의 종류에 따라 조금씩 다르지만 상처에 병원균의 침입을 방지하고 절단부분의 면적을 넓게 함으로써, 수분의 흡수를 원활하게 하여 가지 잎의 고사枯死(시들어 죽음)을 방지한다. 한편 잎과 눈도 성분의 변화가 발생하여 합성된 호르몬 물질을 아래로 이동시켜 상처 부분의 물질대사를 높이고, 또 세포분열을 왕성하게 함으로써 근원체 형성이나 발달을 촉진 시킨다. 그러나 상처가 예리한 물체에 의하여 깨끗하게 나왔을 때와 무딘 물체에 의해 받은 상처는 유상조직이 생기는데, 여기에는 상당히 많은 차이가 난다. 그러므로 삽목을 할 때 꽂이순挿穗은 잘 드는 칼이나 전정剪定 가위로 잘라야 한다. 그러나 철쭉에 한해서는 어미나무로부터 꽂이순을 떼어 낼 때 〈그림1 참조〉그 해에 자란 부분을 손톱으로 받치고서 순간적으로 당겨 떼어 낸다. 이 경우 칼질을 하지 않고 삽목을 해도 발근發根이 잘 된다. 그 이유는 철쭉은 자른 부분보다 흙에 닿는 부분에서 뿌리가 아주잘 나기 때문이다〈그림2 참조〉.

〈그림 1〉
손톱을 대고 빠른 속도로 잡아 당긴다

〈그림 2〉
자른 부분과 몸통에서도 많은 뿌리가 나온다

## 삽목挿木의 종류

철쭉의 삽목은 녹지삽목綠池挿木 (1년가지인 푸른 가지의 꺾꽂이)과 숙지삽목 (1년가지로서 굳어진 가지의 꺾꽂이)으로 나눌 수가 있다. 녹지삽목은 그 해에 나온 가지가 아직 굳어지지 않은 상태인 6월 초순경의 것이며, 숙지삽목은 그 해에 자란 가지가 목질화木質化된 8월 중의 것을 말한다. 그런데 삽목 후 그 성적에 있어서는 녹지삽목은 아직 굳어지지 않은 것을 꽂기 때문에 시일은 빠르지만 성적이 좋지 않으며, 숙지삽목은 시일이걸리지만 성적은 아주 좋은 편이다. 그러므로 가급적 녹지삽목 보다는 숙지삽목을 하는 것이 바람직하다.

### 꽃이 순挿穗만들기

삽수〈꽃이순〉는 첫째 어미나무에서 채취할 때부터 건강하고 병충해가 전혀 없는 것을 선택해야 한다. 그리고 어미나무로부터 분리된 후 건조를 막는 것이 우선이다. 철쭉의 꽃이 순 채취시간은 아침 일찍 이슬이 가시기전인 8시 이전에 채취 하여야 하는데, 이슬이 마르지 않도록 하기 위하여 굴속 같은 곳에 넣든지 얼음 없는 아이스박스에 보관을 하든지 넓은 플라스틱 물통에 담아서 두꺼운 천을 물에 추겨덮은 다음 바람이 통하지 않고 그늘진 곳에 둔다. 이것을 조금씩 꺼내어 작업을 하는 것이 최상이다. 삽목은 봄이나 여름에 하는 것이 좋으며, 가을 삽목은 특수장치가 없는 한 피하는 것이좋다. 꽃이순의 길이는 7cm 내외가 이상적이며, 그 길이의 3분의 1정도까지 잎을 제거하고(꽃봉오리도 제거) 녹지삽목을 할 경우에도 생장점을 제거하는 것이 이상적이다〈그림3참조〉. 삽목 할 경우 흙 속으로 들어가는 길이는 전체 길이의 3분의 1선이 들어가게 되는데, 잎을 제거한 부분을 삽목상자挿床에 꽃을 때 보통은 45도로 기울여 꽃지만 그렇지 않고 똑바로 꽃아도 무방하다.

그리고 꽃이 순이 너무 헛자라나서徒長 아주 길어졌을 경우에는 윗부분에서 7cm 정도를 사용하는 것이 좋으며, 아랫부분에 잎이 있는 것을 사용하면 성적이 좋지 않다. 삽목하는 간격은 사방 3cm 간격이면 적당하다.

### 용토用土에 대하여

풍화된 화강암의 모래흙을 사용하는것이 적당하며, 이것이 없을 경우에는 가는 모래를 사용해도 무방하다. 모래흙을 사용할 때는 아주 가는 흙을 체로 쳐 내고 난 굵은 알갱이를 사용하는 것이 좋다. 그 이유는 물빠짐이 잘 되어야 하기 때문이다. 특히 유의 해야 할 일은 모래흙의 물빠짐이 좋아야함은 물론 유기물질이 섞이지 않은 깨끗한 것이라야 병균의 해를 방지할수가 있다.

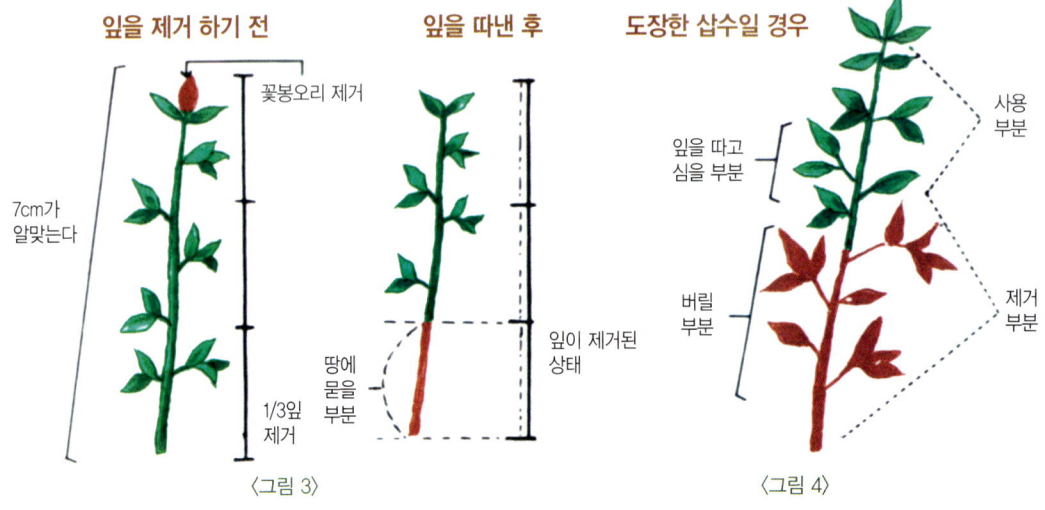

〈그림 3〉  〈그림 4〉

**수관樹冠** : 많은 가지와 잎이 무수히 달려 마치 갓 모양을 이루는 나무줄기의 윗부분 이다. 잎이 충분한 빛을 받지 못하면 가지가 말라 죽으므로 수관의 발달 상태는 햇빛과 밀접한 관계가 있는 것으로 따로 서 있는 나무는 수관이 길며 숲속에 있는 나무의 수관은 매

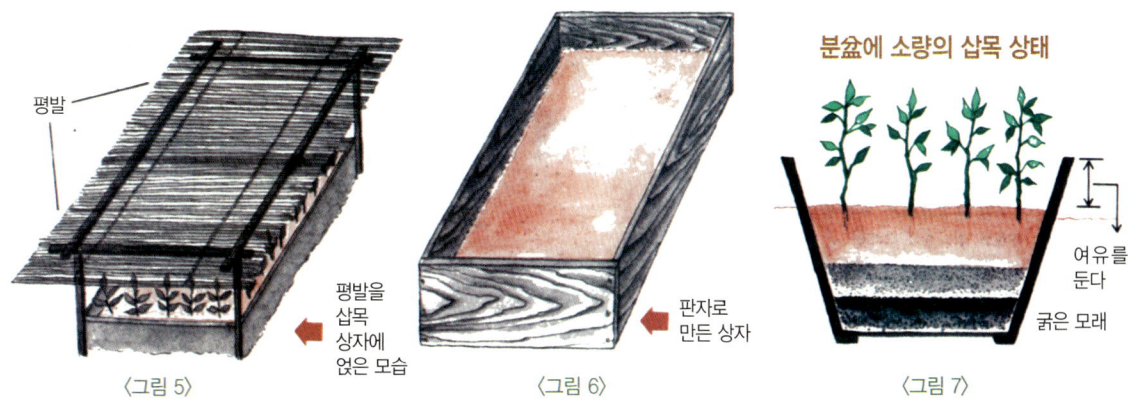

〈그림 5〉 평발, 평발을 삽목 상자에 얹은 모습
〈그림 6〉 판자로 만든 상자
〈그림 7〉 분盆에 소량의 삽목 상태, 여유를 둔다, 굵은 모래

### 삽목상자揷木床 및 용기

삽목을 하기 위해서는 용기가 필요하다. 적은 분량을 꽂을 경우에는 얕은 분盆이나 나무 상자를 이용 하는데, 맨 아래에 굵은모래를 넣고 그 위에 가는 삽토를 채운다. 이 때에는 일반 분재를 심을 때와 마찬가지로, 분의 맨 윗부분까지 삽토를 채우지 말고 2cm 정도의 위쪽 운두를 남겨 놓고 채우는 것이 좋다. 많은 분량의 삽목을 할 경우에는 지면에 삽목 상자를 만들어 직접 꽂는데, 폭 1m, 길이는 적당량을 가감한다. 이때, 나무에 가장 나쁜 지렁이니 두지지의 피해를 막기 위해선 삽목상자 맨 아래에 모기장이나 철망을 깔아 주면 피해를 최소한으로 막을 수 있다. 뿐만 아니라, 발근發根 후의 작업을 할 때에도 삽이 없이도 손쉽게 캐 낼 수가 있다.〈그림5, 6, 7 참조〉

움직여서 좋지 않으므로 가능한 일정한 장소에 두고 발을 쳐 주어 관리하는 것이 좋다. 발은 꽃이순의 끝 부분에서 30cm정도의 간격을 두고 쳐야 하며, 이때 발은 갈대발을 사용보다는 평발을 치는 것이 좋다〈그림 5참조〉. 그리고 오후 7시 경에는 발을 걷어내어 꽃이순이 밤이슬을 맞을 수 있게 해야 한다. 오전 중(9-10시)에 햇빛을 충분히 받도록 해주는 것이 발근의 시기를 단축시킨다.

### 삽목후의 관리

삽목 후에는 적당한 햇빛과 통풍 그리고 수분 등 세심한 관리가 무엇보다도 중요하다. 분盆이나 나무상자에 삽목을 하였을 경우에는 그늘에 옮겨 놓을 수 있으나, 그렇지 않은 경우에는 발을 사용하여 햇빛을 막아 주어야 한다. 또한 분이나 나무 상자에 삽목 한 것을 자주 옮기면, 나무가

우 작다. 바늘 잎 나무의 수관은 원추형 비슷한 모양을 하고 있으며 넓은 잎 나무의 수관은 반구형이나 부채모양을 하고 있다. 그리고 수관이 모여서 임관林冠을 이룬다.

중급편

## 철쭉 삽목揷木 심기의 이론과 실제

① 삽목한지 1년 후 필름으로 감아준다.

② 필름으로 감아준지 3~4년 지나 분에 옮겨 심는다. 그리고 봄에 심은 후 가을에 필름을 벗긴다. 그러면 잔 뿌리들이 나와있는 것을 볼 수 있다.

③ 필름을 벗기고 철사거리로 수형을 만든다. 그리고 나무가 혼자 서 있지를 못할 경우가 있다. 그러면 지주대를 세워서 고정시켜준다. (7년 정도 생육)

④ 삽목 후 23~24년 생장

## 철쭉의 수분水分의 관리

모든 수종이 마찬가지겠지만, 특히 철쭉은 삽목 후에 물주기를 충분히 하여 건조를 방지하는 것이 무엇보다도 중요하다. 더우기 여름철에 삽목을 하였을 때에는, 2일에 1회씩 충분한 양의 물을 주어야 하는데 이때 절대로 비닐을 씌워서는 안된다. 개중에는 삽목상자에 비를 맞히지 않기 위하여 비닐을 씌우는 사람이 더러 있는데, 그러한 경우는 성적이 많이 뒤 떨어진다.

실험결과 삽목 상자에 비를 맞힌 것과 비를 전혀 맞히지 않은 것과를 비교해 본 결과, 약50%에 가까운 엄청난 성적의 차이를 여러해 동안 체험하였기 때문에 이 점만은 절대로 강조하고 싶다. 그리고 3월중에 삽목을 할 경우에는 지난해의 가지로 삽목을 하게 되는데, 아직은 밖의 기온이 쌀쌀한 때라 삽목상자를 밀폐하기 때문에 물은 줄 필요는 없다.

위에서 이야기한 완전 밀폐란 삽목 상자에 비닐을 덮어 밖의 찬공기가 들어가지 못하게 한 다음, 그 위에 갈대발을치는 것을 말한다. 약 50일이 지나면 뿌리가 돋기 시작하는데, 그 기간동안 비닐에 조금씩 구멍을 내어 바깥 공기와의 접근을 서서히 시도해야 한다. 비닐에 구멍을 낼 때는 3일 간격으로 뚫어주고, 약 20일 후에는 비닐을 걷어내고 여름철의 관리와 같은 방법으로 하면 된다.

## 철쭉의 실생과 파종법

실생實生과 파종은 일명 유성 번식이라고도 하는데, 교배를 하지 않고 파종하였을 경우에는 모체母體로부터 원형原形質을 거의 그대로 이어 받을 수가 없다. 그리고 품종을 개량한다는 것은, A꽃과 B꽃을 서로 교배시켜 새로운 품종을 얻는 번식방법을 말함인데 이러한 품종개량은 파종에서 꽃이필 때까지는 적어도 4~5년이라는 긴 세월이 지나야만 비로소 꽃의 모양이나 색깔을 알 수 있게 된다.

예를 들면 단독 수정된 A꽃의 종자를 파종하였을 경우에, A꽃의 원형질은 불과 0.5%에 지나지 않는 아주 적은 비율이 나오고 다른 색깔을 띤 저질의 꽃이 피게 되는 것이다. 앞에서도 이야기 한 바와 같이 A형의 꽃과

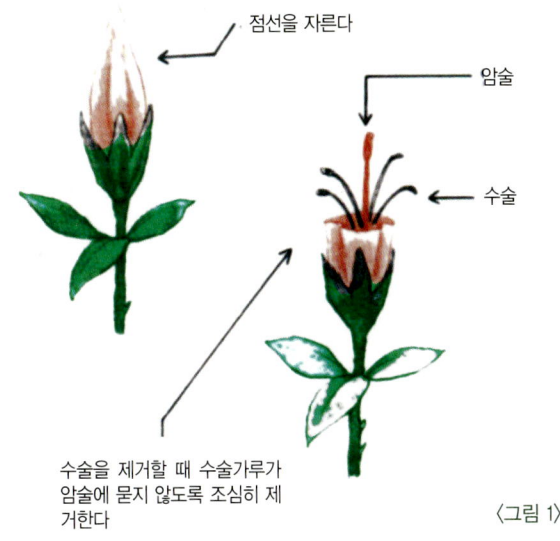

〈그림 1〉

B형의 꽃을 교배 하였을 경우에, 어떠한 색깔의 꽃과 어떠한 모양의 꽃이 나올 것인지는 몇 년을 기다려야 품종의 결과를 알 수 있게 되는 것이며, 그런 다음에 비로소 새 품종의 이름도 붙일수 있게 되는 것이다. 단일 품종의 종자를 파종하여도 여러가지의 꽃이 나오듯이, 교배한 종자를 파종하였을 경우에도 여러가지 색깔의 꽃이 나오는 수가 많다.

이런 경우에는 양질良質의 꽃만을 남기고 그 나머지는 태워버리는 것이 바람직하다. 필자도 실상 전문적인 지식이나 시설이 없는 상태에서는 품종의 개량이란 매우 어려운 일이다. 그렇다고 이웃나라 일본에서 수입한 품종만을 무턱대고 좋은 나무라고 생각한 나머지, 국내에서는 품종개량에 대한 연구와 노력을 소홀히 하는 것을 볼 때 실로 안타까움을 금할 수가 없다. 이제라도 모든 분재 애호가는 물론이고 화훼를 전문으로 하는 관계자들은 품종개량을 할수 있는 시설이 설치되어 있는 곳에서 이에 관한 집중적인 연구와 노력을 기울였으면 하는 마음 간절하다. 필자는 금년에 세 가지의 품종을 교배시켜 여러 개의 새로운 종자를 채취하였다. 이 새로운 종자에서 5년 후에 어떠한 모양과 색깔을 지닌 꽃이 피게 될지 자못 궁금하면서도 기대에 부풀어 있다.

### 철쭉의 교배법交配法

A형의 품종과 B형의 품종을 같은 장소에서 교배하고자 할 경우는, 이를 1년 전에 이식하여 정상적인 관리를 한 다음에 A품종의 꽃이 피기 직전에 꽃 윗부분의 3분의 1 정도를 가로로 자른다. 이때 꽃 속에 있는 꽃술을 다치지 않도록 조심스럽게 잘라야 하며, 암술은 남겨두고 수술만을 제거한 다음에 이를 3-4일 편지 봉투로 싸 두면 암술에서 약간의 액체가 흐르게 된다. 이 시기에 묘 품종의 수술 꽃가루를 핀셋으로 따서 A품종의 암술에 발라 놓으면 결실을 맺게 된다. 이때 주의할 것은 수술을 제거할때 그 암술에 수술의 꽃가루가 묻지 않도록 해야 하며, 또 꽃의 윗부분을 자른 다음 봉투에 싸 둔 암술에 교배를 할 때에도 점액이 흐르지 않으면 중단하는것이 좋다. 교배할 수 있는 모든 조건이 양호할 경우에라도, 밝은 날이나 구름이 낀 날은 좋으나 비가 오는 날은 피하는 것이 바람직하다.〈그림1,2,3참조〉교배한 후 약 3-4 개월이 지나면 완전히 자라게 되는데, 종자를 따서 그늘에서 말린 다음 종자를 골라내면 담배 종자보다 더 작은 갈색을띤 둥근 종자를 얻게 된다. 이와같은 종자 원둥치 1개에는 수십개에 달하는 종자가 들어있다. 이렇게 해서 얻은 종자는 이듬해 봄 3월에 파종해야 되므로 보관을 잘 해 둬야 싹이 트는데 지장이 없다. 종자의 보관방법은 문종이 (한지)로 봉투를 만들어 그 속에 넣어서, 쥐가 먹지 않도록 벽이나 다락에 매달아 두는 것이 아주 좋다. 이때 종자를 보관하는 장소의 온도가 너무 덥지 않아야한다.

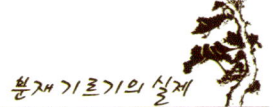

## 철쭉의 파종播種

철쭉은 주로 가는 모래나 굵고 거친 모래를 빼낸 마사토(화강암이 풍화된 모래알)을 채운 나무상자에 파종을 한다. 그리고 마사토위에 소독을 하여 가루로 만든 산태(산이끼)를 약 2mm정도의 두께로 깔고, 그 위에 아주 가는 모래와 100:1의 비율로 섞은 종자를 뿌리는데 흙은 덮지 않아야 한다.

파종 후에 물주기를 할 때는 분무기를 사용하는데, 이때 분무기를 나무상자에 너무 가까이 하여 물을 주면 종자가 흩어지거나 날아갈 염려가 있으므로 1m 이상의 높이에서 가볍게 뿌려주는 것이 좋다. 또한 비가 올 때는 비를 막아주는 시설을 하고, 낮에는 삽목 하였을 때와 마찬가지로 평발(대발)을 쳐 주어야 한다〈그림 4〉.

그 이유는 비를 맞히면, 종자가 너무 작은 관계로 흙 속에 깊이 묻혀버리거나 나무상자 밖으로 유실될 염려가 크기 때문이다. 파종 후 약 15-20일이 지나면 새 싹이 나오는데, 이때 다이젠으로 소독을 해 주어야 한다.

소독방법은 다이젠을 1천배정도 희석하여 1주일 1회씩 3회 정도 반복하여 뿌려 준 다음 잠시 쉬었다가 15일 정도 후에 다시 뿌려주는 것이 좋다.

특히 종자의 싹이 돋아날 무렵과 싹이 돋아나올 때는, 너무 연하여 잎고병의 발생이 아주 심하므로 매일 세심하게 관찰할 필요가 있다. 파종 후 1개월쯤 되면 약 1cm 정도 새 싹이 자라게 된다. 이때에도 역시 물주기에 신경을 써서 묘목이 쓰러지는 일이 없도록 조심하여 물을 주어야 한다. 또한 월동준비는 삽목한 묘목과 같은 방법으로 관리하면 된다.

그리고 파종한 이듬해인 4월 초순경에 다시 묘판이나 땅에 이식을 하는데, 나무상자인 경우는 물빠짐이 좋아야 한다. 2년째 부터도 역시 삽목한 묘목과 똑같은 방법으로 관리하면 되는데, 반드시 묘목에 정확한 명패를 달아 두어야 한다. 한편 비료는 깻묵의 액비를 연하게 주든지, 덩이비료液肥를 주어도 좋다.

다른 품종의 수술을 핀셋으로 따서 원 품종의 암술에 충분히 발라준 다음 봉지를 씌우고 4`~5일이 경과한 후 다시 벗겨낸다.

나무상자나 분에 종자를 파종하여 키운다. 맨 아래에 굵은 모래를 깔고 배수를 돕는다.

맨 위에 산 이끼 가루를 2mm정도 깐다.

## 철쭉 삽목상자의 월동

7월이나 8월에 삽목한 묘목은 10월초가 되면 50~70%정도 뿌리가 돋아난다. 미처 뿌리가 돋아나지 않는것은 겨울을 난후 이듬 해 봄에 새 잎이 돋아남과 동시에 뿌리가 돋는 경우가 많기 때문에, 겨울철의 삽목 상자관리를 철저히 해야 한다.

나무상자나 분에 삽목한 것은 온실이나 프레임에서 겨울을 지내는 것이 좋으나, 온실이 없을 경우와 땅에 다량으로 삽목을 하였을 경우에는 최대한으로 방한시설을 해 주어야 한다.

또한 월동준비를 할 때 주의할 것은 햇빛과 보온을 고려하여 겨울을 맞이해야 한다. 뿌리가 돋은 묘목이 햇빛을 받지 못하면 낙엽이 져서 죽을 염려가 있으며, 아직 뿌리가 돋지않은 묘목이라도 역시 말라죽기 쉽다. 이는 곧 이듬해 봄에 뿌리가 돋느냐 돋지 않느냐를 좌우한다. 겨울관리를 위한 비닐하우스는 소형의 터널식과 대형 하우스 등 두 가지로 만들 수가 있다. 소형은 비용이 적게 들고 겨울철 관리가 편한 잇점이 있으나 성적이 약간 뒤떨어지고, 대형은 비용도 많이 들고 겨울철 관리에 일거리가 많아지기는 하지만 소형에 비하여 묘목이 빨리 잘 자라고 뿌리가 돋는 상태도 좋다.

삽목 상자의 가장 안전한 월동준비 요령은, 시설을 이중으로 만드는 것이다. 다시 말하면 대형의 하우스를 만든 다음 그 속에 다시 소형 터널을 설치하는 것이다. 이때 대형 하우스는 비닐만 씌우고 대형 하우스 속에 있는 소형엔 비닐을 씌운 위에 가마니나 하우스용 담요를 덮어준다. 그리고 낮에는 햇빛을 쪼이게 하기 위하며 오전 10시경에 가마니나 담요를 걷어냈다가 오후 4시경에 다시 덮어주는 일을 매일 반복해야 한다. 그렇게 해야만 최소한의 온도와 채광을 유지할 수 있으며, 이러한 방법은 따뜻한 남쪽지방 보다는 날씨가 추운 북쪽지방 일수록 더욱 유의하여 실시해야 한다.

대형의 비닐하우스에서는 보통 15일에 1회정도 물주기를 해야 되는데, 물은 언재든지 오전10시경에 주는 것이 가장 좋다. 저녁 때에 물주기를 하면 삽목상자가 얼 염려가 있으므로, 절대적으로 오전중에 물을 주어 저녁

때 물이 고여 있는 일이 없도록 해야 한다. 물기가 너무 많으면 밤중에 기온이 급강하 하면서 서릿발이 서릴 성도로 삽목 상자가 얼어 동해(冬害)를 입게 된다.

소형 터널의 관리는 지면에 직접 삽목한 것은 그 위에 그냥 비닐하우스를 설치하면 되지만, 나무상자나 분에 삽목한 것은 그것을 땅에 묻어준 다음에 소형 터널을 설치해야 한다. 소형터널은 주로 8번선 철사나 대나무로 계대를 만드는데, 반달형으로 구부려 눈(雪)이 많이 덮이더라도 넘어지지 않도록 기둥을 튼튼하게 세워야 한다.

비닐을 씌운 다음 햇빛이 어느 정도비칠 수 있도록 갈대발이나 가마니 따위를 덮어주고 그 위에 다시 비닐을 덮어주면 좋다. 또한 겨울철의 강풍에 비닐이 흩날리지 않도록 단단히 고정시키는 것도 잊어서는 안된다〈그림 5. 6참조〉. 이때 특히 주의해야 할 것은 비닐을 씌우기 전에 삽목 상자에 물주기를 충분히 하여야 한다는 것이다. 일단 비닐을 한번 씌우면 이듬해 봄 3월까지는 물주기를 해서는 안된다. 그 이유는 완전히 밀폐하였기 때문에 수분의 증발이 거의 없으므로 물주기를 할 필요가 없는 것이다.

이듬해 봄 3월 중순부터 터널 양쪽을 열어서 외기(外氣)와의 접촉을 서서히 시도하고, 4월 중순경에는 밭만을 덮어주고 비닐을 완전히 걷어낸 다음 처음 삽목 했을 때와 마찬가지로 관리를 해야 한다.

**수세**樹勢 : 나무가 세차게 자라나는 힘.

대형 비닐하우스위에 밤에만 가마니로 덮어준다.

8번철사나 대나무를 이용하여 1차로 비닐을 씌우고 2차로 햇빛이 들어갈 수 있는 가마니나 발을 덮고 3차에는 다시 발을 씌워주면 매우좋다.

앞쪽에 문을 만들어 통풍을 자주 시킨다.
〈그림 5〉

그림과 같이 나무상자나 분을 땅에 묻는다.
〈그림 6〉

삽목할 때에 꽃 봉오리를 제거했더라도 간혹 남아서 꽃이 피는 수가 있는데, 이러한 때에는 뿌리가 뽑히지 않도록 조심하여 꽃을 따 주어야 묘목의 성장에 지장을 주지 않고 잘 자랄 수 있도록 하여야 한다.

2년째는 이 그림과 같이 이랑을 만들어서 심는다
〈그림 7〉

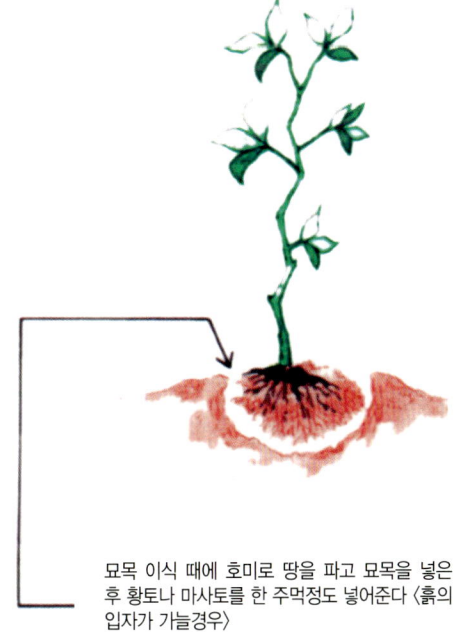

묘목 이식 때에 호미로 땅을 파고 묘목을 넣은 후 황토나 마사토를 한 주먹정도 넣어준다 〈흙의 입자가 가늘경우〉
〈그림 8〉

## 삽목한 묘목 옮겨심기(據積)

묘목을 5월 중순경에는 옮겨심어야 하는데, 각 지방에 따라 기후가 약간씩 차이가 나므로 옮겨심기는 새 순이 나와서 굳어진 상태가 가장 적합한 시기이다. 옮겨심기에 적합한 시기를 5월 중순이라 하는 것은, 이 때가 평균적으로 볼때 새 순이 굳어지는 시기이기 때문이다. 일반적으로 분이나 정원에 심어진 나무는 새 순이나와 채 굳어지지 않은 시기이지만, 비닐하우스나 터널에서 자라는 묘목은 빨리 새 순이 나오기 때문에 5월 중순을 약 10여일 전후하여 각지방의 날씨에 맞춰 옮겨심기를 할 수가 있다.

옮겨심기를 할 때 1년째는 보통 땅에다 심는것이 원칙이지만, 분재의 소재로 이용하고자 할 때는 소품분재 小品盆栽, 대품분재 大品盆栽 등 어떤 형의 소재로 사용할 것인가에 따라 결정된다. 그러나 보통 소품분재의 소재로 사용하는 것을 제외하고는 직접 땅에 심어서 묘목이 잘 자라도록 해주는 것이 좋으며, 특히 분재의 소재로 사용할 묘목은 땅에 옮겨심기를 할 때부터 뿌리의 발달을 도와 주어야 한다. 1년째에는 보통 뿌리 발달을 도와주고, 2년째부터는 이랑을 만들어서 이랑 위에 심어 뿌리 근처의 흙이 서서히 흘러내려 뿌리가 노출되도록 도와주면 뿌리가 햇빛을 받게 되어 훨씬 빨리 굵어지게 되고 수형도 멋스러워 보인다.

특히 철쭉의 뿌리는 다른 어느 수종의 뿌리와도 비교할 수 없을 정도로 아주 아름답고 절묘하게 생긴 것이 많다〈그림7참조〉. 옮겨심기를 1년째에 할 때 황토흙일 경우는 별로 상관이 없으나, 검은 밭이나 논 흙땅의 경우에는 땅을 파고 묘목을 놓은 다음 마사토나 황토흙을 한주먹 정도씩 놓아주는 것이 옮겨심은 후에 묘목이 자라는데 큰 도움이 된다〈그림8〉. 또한 분에 옮겨 심을 경우에는 마사토에 부엽토를 약20% 정도 혼합하여 심은 다음 물주기를 충분히 하여야 한다.

이때 다른 수종의 경우에는 해갈이가 필요하지만, 철쭉에 한해서는 뿌리만 건실하면 해갈이를 할 필요가 없으며 대신 옮겨심은 후에 절대적으로 물주기를 충분히 해야한다. 그리고 표토表土의 건조를 방지하기 위하여 흙이 보이지 않을 정도로 왕겨를 고루 덮어주면, 건조도

애월 • 나무높이 : 상하 52cm • 나무둘레 : 8cm 나를

방지할 뿐 아니라 제초작업도 훨씬 적게 할 수가 있어 묘목을 효과적으로 보호할 수 있다.

## 비료주기

비료는 옮겨심은지 약 1개월후부터 주기 시작하는데, 5월에 옮겨심었을 경우에는 6월 경에 깻묵가루를 표토 위에 조금씩 뿌려주며 비료를 준 후에는 흙을 파헤쳐서는 안된다.

개중에는 비료를 준 후에 비료가 흙 속으로 고루 잘 들어가게 한다고 나무주위를 파헤치는 수가 있는데, 이는 잘못하여 뿌리 근처의 흙이 파여져 건조될 경우 잔뿌리가 말라버려 나무를 죽이는 수가 많으므로 삼가해야 한다. 표토 위에 비료를 놓아두어도 비가 올 경우 서서히 녹아서 흙 속으로 스며들게 되어 있으므로 염려할 필요가 없다.

## 철쭉의 소재목素材木 정리

철쭉은 일반 가정의 정원이나 농장 같은데서 오래 묵은 소재를 그렇게 힘들이지 않고도 구할 수가 있다. 철쭉의 가장 큰 특징은, 나무가 크든 작든 3년생 이상만 되면 뿌리의 발달이 좋아서 계절에 관계없이 작품만들기를 할 수 있다는 점이다. 그리고 초심자들도 큰 경험이나 기술이 없이도 손쉽게 가꿀 수 있는 수종이다.

철쭉도 옮겨심기에 적합한 시기는 다른 수종과 마찬가지로 3, 4월이 좋다. 특별한 경우이기는 하지만 그 시기를 놓치고 꽃이 진 다음에야 작업을 시도하여 별다른 지장을 받지 않고 성공을 한 예도 있기는 하다.

그러나 옮겨심기에는 초심자들이 꼭 알아두어야 할 몇가지 사항이 있다. 옮겨심기를 할 때는 뿌리에 붙어있는 흙을 모두 털어내고 분으로 옮겨야 하는 것이 원칙이며 봄에 이 작업을 하였을 때는 아무 문제가 없이 잘 산다. 그런데 여름철에 이와 같은 작업을 하였을 경우는 뿌리의 흙을 전부 털어내지 말고 굵은 뿌리에 붙어있는 자체의 흙을 약간만 남겨서 분으로 옮겨야 싹눈이 잘 나오고 건강하게 자란다. 만약 여름철에 옮겨심기를 하며 흙을 모두 털어낼 경우에는 새 싹눈이 나오는데 오랜 시일이 걸린다.

그리고 그렇게 옮겨심기를 하였을 때는 약 1개월 동안 발을 쳐서 해가림을 잘 해 주어야만 한다. 그렇게 하면 옮겨심은지 약 15일 후부터 전체 가지나 몸통에서 서릿발 같은 싹눈이 나오기 시작한다. 철쭉의 특이한 점은 가지다듬기를 하는데 있어서 꽃눈 분화가 7월 중순까지 되기 때문에, 꽃을 보기 위한 가지의 정리를 늦어도 7월 초순까지는 해야 된다. 이른 봄철 4월 초순에 정리를 하여 가지가 헛자랐을 경우에는 헛자란 가지를 7월 초순경에 그 끝을 정리하면, 헛자란 가지에서 다시 싹눈이 나와 꽃눈 분화가 이뤄져 충실한 꽃눈이 생겨나며 이듬해 초여름에는 아름다운 꽃을 보게 된다.

## 뿌리의 흙 제거법

철쭉을 노지에서 파 올려 분재의 소재로 사용할 경우는 흙을 제거할 때 뿌리에 상처가 나지 않도록 주의 하여야 한다. 그러므로 대나무 젓가락으로 서서히 흙을 제거해 주어야 한다. 흙은 세수대야 같은 곳에 물을 담아서 그 속에 넣고 흙을 씻어내는 수도 있으나, 이것은 너무 번거로운 방법이기 때문에 나무 젓가락을 사용하여 흙을 제거한 다음 맨 나중에 주전자나 물조리개 등을 이용하여 나머지 흙을 털어내는것이 좋다.

물이 서서히 흘러 내리도록 부우면서 플라스틱으로 만든 부러쉬를 이용하여 뿌리 부분의 흙을 조심스럽게 털어 내면 기대했던 좋은 뿌리가 깨끗하게 노출되어 나올 것이다.

흙이 완전히 제거되면 잘 드는 가위로 겹친 뿌리나 엉킨 뿌리 등을 잘라내면서 각 줄기의 불필요한 가지도 수형에 따라 적당히 정리해야 한다. 특히 철쭉은 뿌리의 흙이 대체로 잘 안털리는데, 진흙땅의 노지露地에서 재배한 것은 더욱 잘 안 털리므로 뿌리가 심하게 상하지 않도록 조심해야 한다〈그림 2, 3, 4 참조〉. 각 줄기의 불필요한 가지를 자를 때는 원 나무둥치에서 바짝잘라 주어야 된다〈그림 5 참조〉. 다른 수종은 원둥치에서 약 1cm 정도 여유를두고 자르는데, 철쭉은 반드시 잘 드는 가위를 이용하여 바짝 자른 다음 상처를 보호하는 약제를 발라주면 상처가 깨끗하게 아물게 된다.

또한 자른 자국에 헝겊을 대고 가는 철사나 노끈으로 매주면 상처가 아주 깨끗하게 아물게 된다. 가지를 자를 때 여유를 두고 자르면, 자른 부분이 들어가지 않은 채 새 싹눈이 나와서 수형이 산만하게 보이게 된다.

또한 구리철사나 알루미늄 철사를 이용하여 가지를 유인해야 되는데 다른 수종의 경우로 보아서는 작업 후에 즉시 철사감기를 하면 안되는것으로 되어 있으나, 10여년 동안 경험한 바에 의하면 뿌리의 흙을 털어낸 직후에 철사로 유인할 것은 대강 하여 재배분에 옮겨 심어 훨씬 좋은 결과를 보았던 경험이 있었음을 밝힌다.

철사감기를 할 때에는 반드시 철사에 문종이나 시중에 나와 있는 플라워테이프를 감아서 사용해야 껍질을 보호할 수가 있다.

특히 여름철의 작업시에 철사를 감고 가지를 유인할 때 환상박피(껍질이 둥글게 돌아가며 벗겨짐)가 될 염려가 크므로 절대 주의해야 한다.

모든 나무의 생리는 가지가 똑바로 서 있을 경우에는

싹눈의 수량이 적게 나올 뿐만 아니라 또 나오는 기간도 늦어지는 것이다〈그림 6참조〉. 각 가지를 직각이나 둔각으로 교정했을 경우에 많은 싹눈이 빠른 시일 안에 나오게 된다. 앞에서도 밝혔지만, 철쭉을 철사로 수형다듬기를 할 때 실수로 인하여 가지가 3분의 2정도 끊어지더라도 절대 실망하지 말고 상처 부위에 문종이나 플라워 테이프를 감아주면 회복이 아주 잘되므로 약 1년은 그대로 둔채 보호 하면 된다.

자르면 점선 부분에서 새로운 싹 눈이 나온다

〈그림 1〉

〈그림 2〉

〈그림 3〉

〈그림 4〉

## 철쭉 분에 옮겨심기

뿌리의 흙을 털고 정리된 소재는 분에 옮겨심게 되는데, 이때 철쭉은 다른 수종에 비하여 뿌리가 아주 작은 잔뿌리이기 때문에 단단히 고정시켜 주어서 약 15일 정도는 발을 친 반 그늘상태에서 관리를 하는것이 바람직하다. 특히 분에 심을 때 뿌리가 흔들리지 않도록 고정시킬 때에는 분 밑구멍 양쪽을 통하여 철사를 넣고 끌어올려서 잘 고정시킨다〈그림 7 참조〉. 구멍이 하나일 경우는 8번선 정도의 철사 토막이나 못을 이용하여 그림과 같은 방법으로 감은 뒤, 분 아래 구멍에서 위를 향하여 철사를 넣은 다음 고정시키는 것이 좋다〈그림 7 참조〉. 그리고 다 심은 후는 노끈으로 잘 고정시키고 충분히 물주기를 해야 된다〈그림 8 참조〉.

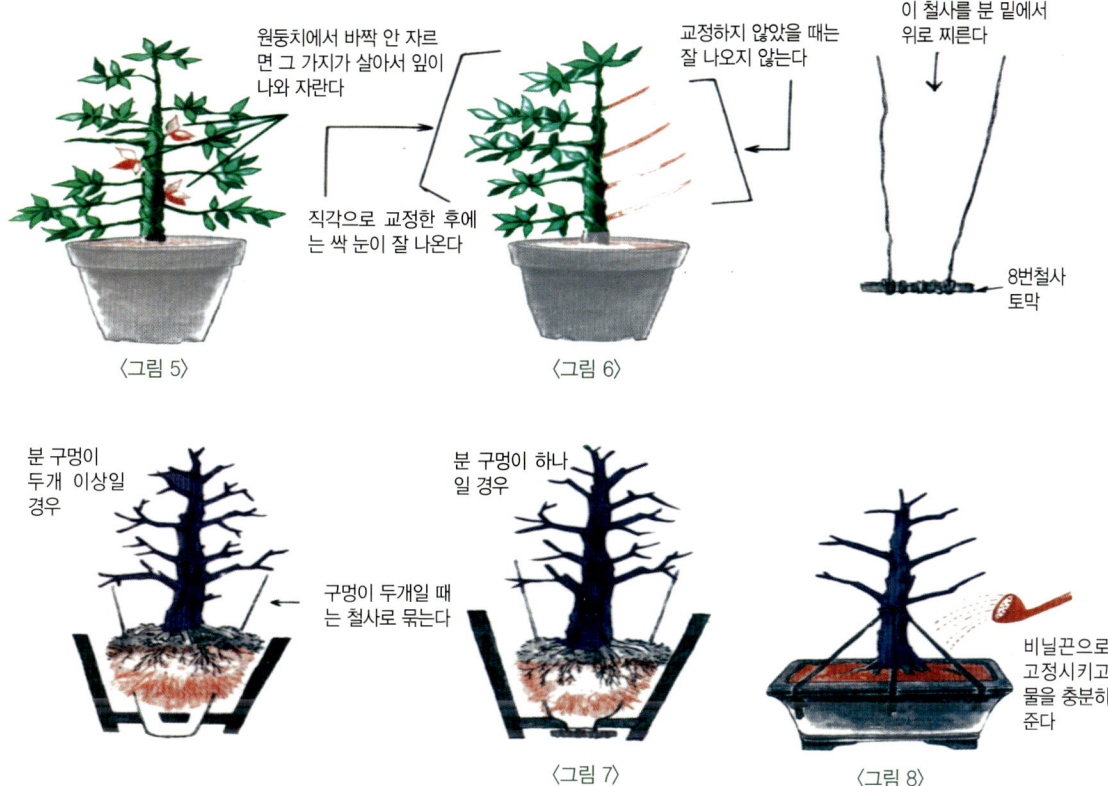

## 토양의 선택

다른 수종의 분재도 토양의 선택이 중요한 일이겠지만, 철쭉분재 역시 최대한으로 나무가 잘 자랄 수 있도록 알맞는 용토를 갖추어 주어어야 된다. 철쭉은 비교적 옮겨심기에 강한수종이기 때문에, 다소 토양이 좋지 않더라도 분에 옮겨심은 후 새로운 뿌리가 나오지 않은 상태에서 새 잎도 약하게 나오고 꽃도 피는 일이 많은데 이것은 나무가 갖고 있는 자체의 영양과 약간의 영양흡수로서 유지되는 것이다. 그러나 토양이 좋지 않은 상태에서의 철쭉은 대개 뿌리가 일부 부패되고 오그라들기 때문에, 잎이 황색으로 변하며 나무가 죽어가기 시작하는데 이러한 현상은 대개 1-2년 정도 걸리는 수가 많다.

이러한 현상을 사전에 방지하려면 철쭉을 분에 심을 때 첫째 조건은, 앞에서도 말한 바와같이 밭 흙을 잘 털어낸 후 물에 씻어내고 나서 뿌리가 뭉치는 일이 없도록 하는 일이다. 둘째는, 토양을 잘 골라서 사용해야 되는 것이다. 토양의 혼합 과정에서도 철쭉은 뿌리가 잘고 가늘기 때문에 토양이 0. 8nnn 이상 2. 5nim 이하가 가장 적합하다고 하겠으나 토양은 적옥토나 녹소토가 가장 이상적이다. 그외의 토양으로는 마사토에 산이끼(山꼼)를, 토양의 20% 가량 햇볕에 말려서 손으로 비벼 쓰던가 가위로 잘게 썰어서 마사토에 섞어 쓰면좋다.

이것은 철쭉이 비교적 수분(물)을 좋아하는수종이기 때문에 수분을 공급하기에 아주 좋은 용토가 된다는 뜻이며, 또한 산이끼가 비료의 역할도 한다는 뜻도 되는 것이다.

## 중급편

### 철쭉 다시 땅에 옮겨 심는법

땅에서 파올려 흙을 제거하고 나서 이를 다시 땅에 옮겨 심는다고 하면 이해가 잘 가지 않을지 모르겠으나. 역시 흙을 털어내고 뿌리를 잘 정리 한 다음 다시 땅에 옮긴 소재는 뿌리가 정리 되었기 대문에 언제든지 분에 옮겨 심을 수가 있으며 아울러 아름다운 뿌리도 감상할 수 있다. 철쭉은 거의 노지에서 배양하여 어느정도 작품이 만들어 젓을때 분에 옮겨 심는것이 일반적이다. 흙을 털어낸 소재를 다시 땅에 심을때는 뿌리를 정리하고 나서 노출된 뿌리의 윗 부분이 흙속으로 묻히지 않도록 심어야 한다. 그 이유는 뿌리가 햇빛을 받을 경우 흙속에 묻혀 있을때보다 배는 빠른 속도로 굵어지기 때문이다. 이렇게 육성 된것을 분에 옮기면, 뿌리가 노출되어 안정감과 신비스러움이 표출된다.

소재를 땅에 다시 심었을 경우에는 겨울철 동해를 대비하여 보호시설을 해주어야하고 약 1개월동안은 비료주기를 피하고 불필요한 가지의 등치에서 나오는 싹 눈은 수시로 제거하여 영양 손실을 방지하며 수형 만들기에 힘을 들여야야 좋은 분재수를 얻고 감상의 즐거움을 맛 볼 수 있다.

### 소재의 구입방법

하루 빨리 관상할 수 있는 모습의 분재를 가꾸고자 하는 것은 누구나 다 같은 심정이나, 그렇게 하려면 종자파종한 소재를 구입하는 것이 가장 빠른 방법이다. 삽목 10년생 이상의 소재면 분에 올리고 몇해만 가꾸면 완성된다. 구입할 때 주의할 점은 초심자는 줄기에 모양을 만들기 어렵기 때문에 자연적으로 잘 굽은 묘미가 있는 것을 선택해야 한다. 또한 가능하면 뿌리상태(뿌리 뻗음할 윗 뿌리가 있는지 없는지)도 조사를 하여야 하고 수세가 쇠퇴한 나무는 피해야 한다. 품종에 대해서도 되도록 순트기의 상태가 양호한 품종을 골라야 한다. 소재의 도움 가지는 아무래도 줄기의 굵기에 대해 억세지기 쉬우므로 나중에 트는 순을 이용해서 가지만들기를 하는 경우가 많다. 순트기의 상태가 좋은 품종을 든다면 화보 華室, 영관梁冠, 대배大盃 등이 있다.

소재를 구입하는 시기는 3월 중순~4월 상순이 좋고 구입하는 즉시 개작하여 분에 올릴 수가 있으며 장마철이라도 별 문제는 없다.

**액엽腋燁** : 겨드랑이에 나는 싹눈

## 분에 올리는 방법

뿌리 씻기를 끝낸 나무는 일단 물속에 뿌리를 담구어 분에 옮길 준비를 한다. 토기로된 가꾸기 분을 준비하고 분 밑바닥에 약간 굵은 흙을 깔고 용토를 넣는다. 용토는 마사토나 적옥토 또는 녹소토 중 한가지나 산이끼를 1~2할 정도 혼합한것이 적당하며 분 중앙을 두툼하게 해야한다. 그리고 나무를 용토 위에 얹고 약간 흔드는듯 하며 누른다.

뿌리사이에 용토가 잘 들어가게 하기 위해서다. 다시 용토를 넣고 대 젓가락으로 주위에 용토를 고루넣어 채우고 산이끼를 깔아 뿌리를 보호해 준다.

이것으로 심기는 완성 하였으나 뿌리를 깊게 잘랐기 때문에 끈으로 묶어서 고정 시켜야 한다. 심은후 햇빛이 들어오는 실내에 들여놓고 물은 너무 많이 주지 않도록 해야하며 특히 분무기로 물을 자주 뿌려 주어야 한다. 이것은 줄기의 눈을 촉진하는 효과가 있다.

용토를 봉긋하게 쌓아 올리고 그 위에 나무를 눌러 부친다

**1 나일론그물〈망〉로 고정 시키는 법**

철사를 그림과 같이 구부려 분의 바닥에서 부터 끌어올려 그물과 연결 고정 시킨다

용토는 찰 흙을 쓰되 분의 바닥에서 부터 반 가량은 마사토로 채운다

**2 나무를 고정 시키는 법**

고정 시킨 상태

분의 바닥에서 본 상태

나무가 단단하게 고정되어 있다는 것은 배양하는데 큰 잇점이 있다. 가꾸기 분의 바닥에 있는 홈 3군데를 이용하면 한 줄의 끈으로도 고정할 수가 있다.

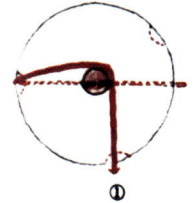

분의 가운데 구멍을 통하여 1의 방향으로

분의 바닥을 건너가는 2, 3의 끈을 끌어당기며 출발점의 끈을 3에서 묶는다

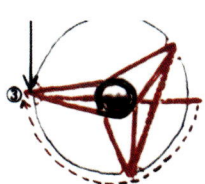

## 새 나무 기르기

새 나무 기르기의 적기는 3월 중순~4월 중순이나 또는 5월 중순~하순경이 좋으며 그 사이인 4월 하순~5월 상순은 적당 하지는 않지만 큰 지장은 없다.

즉, 칼집을 내면 수액이 흘러서 수세가 현저히 떨어지게 될 수도 있기 때문이다. 왜 이시기에만 수액이 나오는지 이론상의 근거는 없다. 하지만, 물 오름이 가장 왕성한 시기이기 때문에 그렇지 않은가 추론될 뿐이다. 즉 지리산 고로쇠 물도 봄 한철 나오듯이, 철쭉도 그렇다고 추론해 본다.

**중급편**

# 철쭉의 철사감기

## 철사감기의 목적과 시기 그리고 요령

철쭉의 철사감는 시기는 10월 하순부터 11월이 좋으며, 약 10개월가량 감아두는 것이 적당하다. 그러나 꽃이 핀 다음 가지치기나 가지 다듬기를 할 때에 철사감기를 같이 해도 무방하다. 철사를 감는 것은 가지나 줄기를 구부리는 것과 또 구부러진 것을 곧게 펴려는 두 가지의 목적을 위해서 이다. 구부리는 것은 주로 모양목이나 현애 수형을 만드는 경우이고, 곧게 펴는 것은 직간直幹. 사간斜幹. 쌍간雙幹 등을 만들 때 한다.

줄기나 가지 부분에 감는 철사는 구리철사나 알루미늄 철사를 주로 쓴다. 철사의 길이는 감으려고 하는 줄기나 가지의 길이의 약 3배 정도를 준비해야 하며, 철사의 굵기는 적당히 선택한다. 눈짐작으로 굵은 줄기나 굵은 가지일 경우에는 10번선을 쓰고, 아주 가는 가지에는 22번선을 사용한다. 철사는 10번선에서부터 22번선까지 있는데, 중간치인 12, 14, 16, 18, 20번선도 준비해 두는 것이 좋다. 철사의 굵기는 10번선이 직경 3.2mm, 22번선이 0.7mm라는 것을 알아두면 좋다.

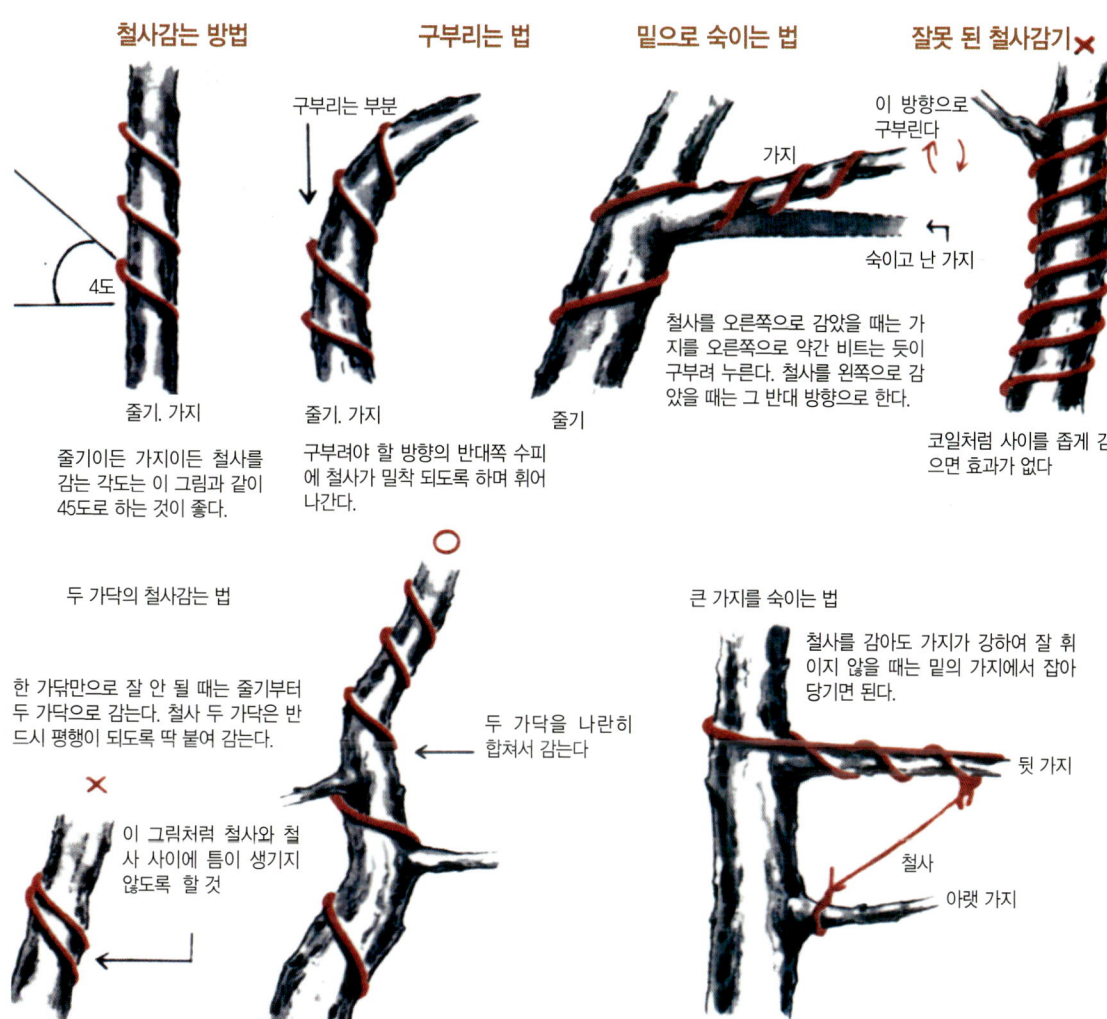

## 줄기의 철사감기

줄기를 구부릴 때는 우선 뿌리부분을 분(盆)에 단단하게 고정시켜 줄기가 심하게 휘어도 움직이지 않도록 해야 한다. 줄기감기용 알루미늄철사 8번선을 써서, 분의 바닥에서부터 나무끝까지의 높이를 측정하여 그 높이에 5~10cm를 더 보탠 길이로 철사를 잘라 둔다. 이 길이는 많이 구부려야 할수록 길게 잡고, 굴곡이 적을 때는 짧아도 좋다. 철사를 감는 순서는 분토(盆土)에 찔러넣고 밑에서부터 윗쪽으로, 좌우 어느 방향으로 감아도 된다.

그러나 어느 한 방향을 정한 다음에는 철사를 감아 올리는 각도는 45도로 해야 한다. 그리고 감아 나갈 방향의 바깥쪽 나무껍질에 철사가 밀착 되도록 감아야 한다.

감기를 마친 철사의 끝부분은 두겹으로 감거나, 또는 꺾어서 구부려 풀어지지 않도록 고정을 시킨 다음 남는 부분은 잘라낸다. 철사감기 작업이 끝난 후에는 한 손으로 뿌리부분을 누르고, 나무에 너무 무리가 가지 않도록 조심스럽게 원하는 방향으로 곡선을 잡아 나간다.

## 줄기를 구부리기 위한 감기법

### 줄기에 철사감기의 필요성

자기가 원하는 수형(樹形)을 만들기 위하여, 철사를 이용하여 줄기를 구부리는 경우가 많다. 직간(直幹) 수형을 만들 때는 줄기가 약간만 구부러져 있어도 안되며, 모양목을 만들려면 곧고 바르게 생긴것도 구부리지 않으면 안된다. 또한 전체의 키가 너무 커버린 나무는 줄기의 곳곳에 다양한 곡선을 만들어 수형의 멋을 내지 않으면 안된다.

설사 곡선으로 되어있는 나무라 해도 그것이 자연스럽지 못할 때는 그 곡선을 교정하는 경우가 많이 있다. 쌍간(雙幹) 나무의 경우에는 원줄기와 곁줄기가 갈라지는 분기점의 각도가 보기에 흉한 경우가 많다. 양쪽을 끌어다 붙이거나 간격을 더 넓히는 수도 있고, 취류(醉流)라든가 뿌리이음 등을 만들 때는 줄기를 뿌리 근처에서 심한 각도로 구부려야 할 경우도 생긴다. 이와같은 경우에는 철사를 이용하여 줄기를 감고 곡선을 만들기 마련이지만, 가지를 원하는 방향으로 갑자기 구부리려 들면 자

연히 무리가 따르기 마련이어서 부러지거나 갈라지기도 하고 껍질이 벗겨지곤 한다. 특히 그 구부려지는 각도가 클 때는 실패하기 쉽고, 또 나무 전체가 고사(枯死)하기 쉽다. 크게 나누어 말하자면, 이러한 위험도는 고목일수록 더 많고 젊은 나무일 경우에는 적다고 하겠다.

### 줄기에 철사 감기를 하는 법

그러한 위험을 방지하고, 철사감기의 효과를 높이려면 구부려야 할 줄기에 철사감기를 한다. 이때는 철사에 한지(韓紙)나 테이프·삼베 등을 감아서 사용한다. 이 방법에는 몇가지의 방식이 있는데, 성목인 경우에는 다음과 같은 방법이 있다.

**한겹감기** : 구부리려고 하는 줄기의 곡선부분에 한지를 밑에서부터 위로 향해서 감고, 그 종이의 끝을 풀어지지 않게 매듭을 짓는다. 이 한지를 감는법은 철사를 감는 방식과는 반대로 오른쪽 감기를 한다. 왜냐하면 한지와 철사를 같은 방향으로 감는 것은 가지가 더 강하게 조이는 것을 방지하기 위해서이다. 나무가 젊었을 때는 이와같은 한겹 감기로 목적을 이룰 수가 있다.

**두겹감기** : 한겹감기만으로 좋은 효과를 얻지 못했을 때는 두겹 감기를 한다. 이 방법은 줄기를 더 강하게 구부리고자 할 때에 한다. 그 방법은 한겹 감기를 할 때와는 달리, 먼저 한지를 나무에 붙여 감싸듯이 감고난 다음에 다시 한겹 감기와 같은 요령으로 감는다.

이 경우에도 강한 곡선부에는 고무타이어 조각 같은 것을 끼워 넣어서 교정을 한다.

첫째, 구부러진 것을 곧게 펴려고 하는 경우는 두 손에 힘을 주고 구부러진 곳을 몇차례고 반복하여 펴본다. 그렇게 하다보면 어느정도의 탄력이 있는가 판단이 선다. 그래서 곡선을 펴서 철사감기를 하였을 때, 튕겨지거나 끊어질 우려가 없을 만큼의 굵은 구리철사를 선택하여 줄기의 밑부분부터 윗쪽의 가지로 감아 올라간다. 그때, 줄기감기를 하지 않았던 부분은 구리 철사에 한지를 감아서 사용한다. 결론적으로 말해서 줄기감기의 기본은, 소재의 장점을 살려서 나무가 가진 결점을 보강하여 보다 멋스러운 모습으로 만들기 위하여 철사를 이용 감기를 하는 것이다.

엽병(葉柄) : 잎자루

## 줄기에 철사 거는 법

**분 안에서의 기점이 되는 위치**

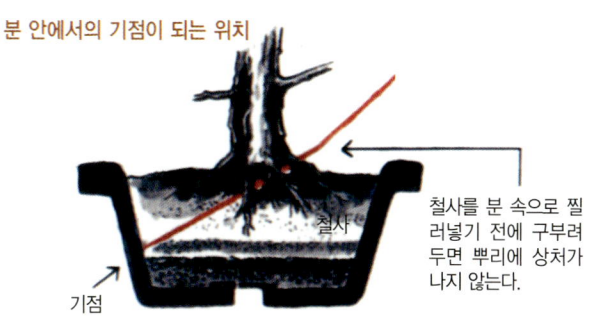

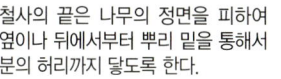

기점

철사를 분 속으로 찔러넣기 전에 구부려 두면 뿌리에 상처가 나지 않는다.

철사의 끝은 나무의 정면을 피하여 옆이나 뒤에서부터 뿌리 밑을 통해서 분의 허리까지 닿도록 한다.

**철사의 길이와 감는 법**

나무높이보다 5~10cm 더 길게 자른다

구리철사나 알미늄 철사 8번선이 적당하다

고정시키 위한 비닐 끈

• 가지에 감는 법

**두 가지에 감는 법**

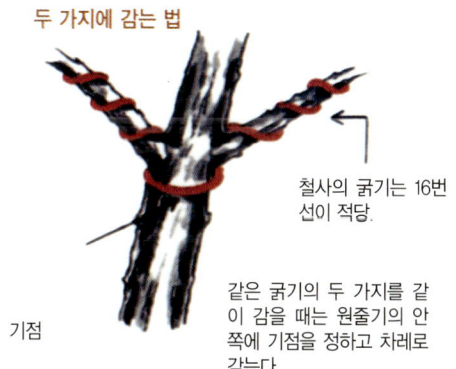

기점

철사의 굵기는 16번 선이 적당.

같은 굵기의 두 가지를 같이 감을 때는 원줄기의 안쪽에 기점을 정하고 차례로 감는다.

**외 가지에 감는 법**

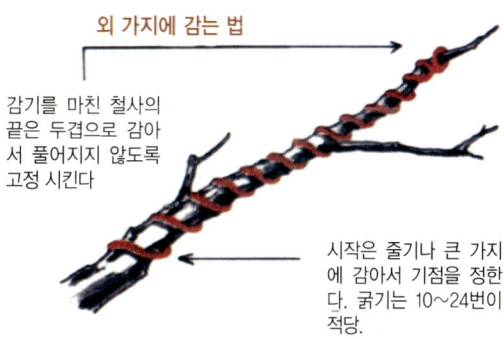

감기를 마친 철사의 끝은 두겹으로 감아서 풀어지지 않도록 고정 시킨다

시작은 줄기나 큰 가지에 감아서 기점을 정한다. 굵기는 10~24번이 적당.

**편지〈片枝〉감는 법 1**

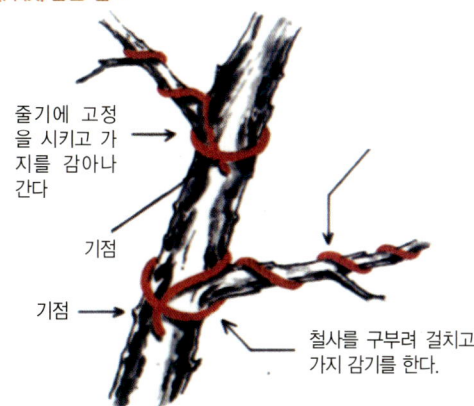

줄기에 고정을 시키고 가지를 감아나 간다

기점

기점

철사를 구부려 걸치고 가지 감기를 한다.

기점은 줄기의 뒷쪽에 에 정한다

**편지〈片枝〉감는 법 2**

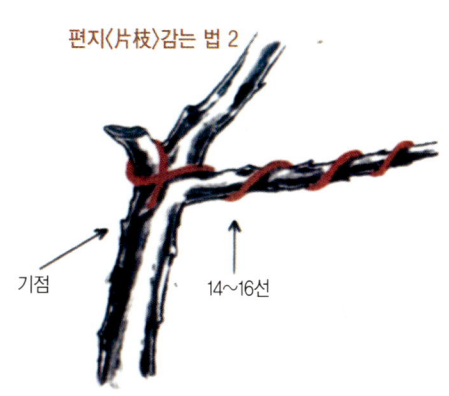

기점

14~16선

줄기의 뒷쪽에 기점을 정한다.

## 중급편

### 한겹감기

끝이 풀어지지 않도록 마무리 한다

한지
밑에서 부터 위로 오른쪽 감기로 감아 올라가서 그 끝부분이 풀어 지지 않도록 한다

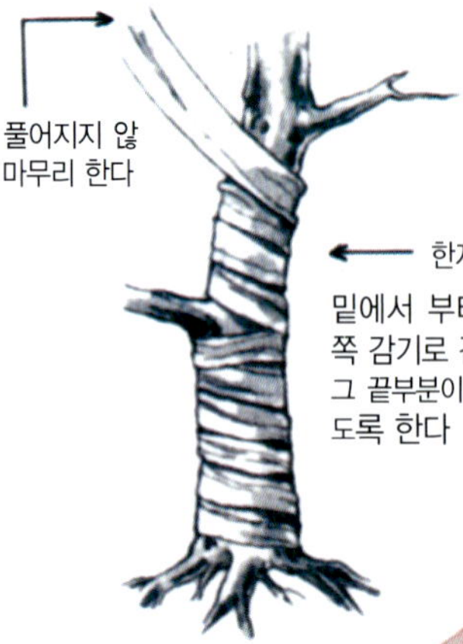

### 두겹감기

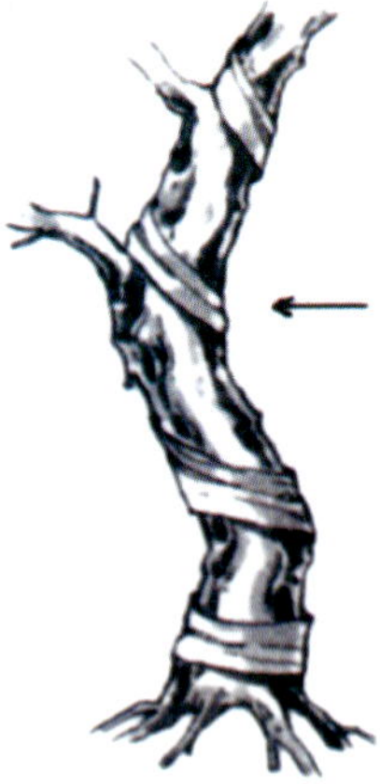

### 두겹감기-고무타이어 대기

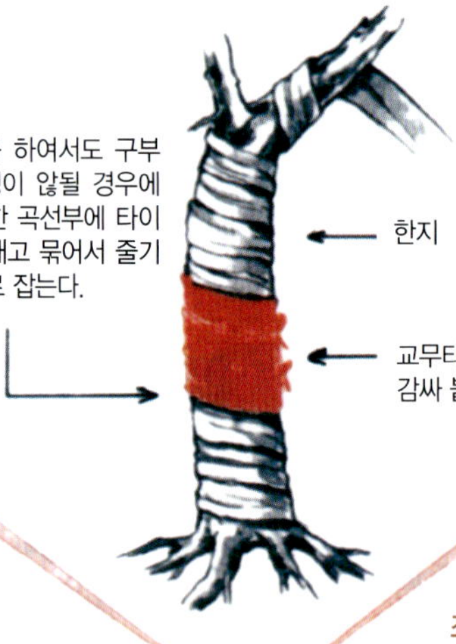

두겹 감기를 하여서도 구부러짐의 교정이 않될 경우에는 가장 강한 곡선부에 타이어 조각을 대고 묶어서 줄기를 곧게 바로 잡는다.

한지

교무타이야를 감싸 붙인다.

### 높이가 큰 나무의 줄기 구부리기

곡선을 만든 부분

이런 나무에는 줄기 곳곳에 다양한 곡선을 만든다

### 좌우의 가지로 감는 방향을 바꿈

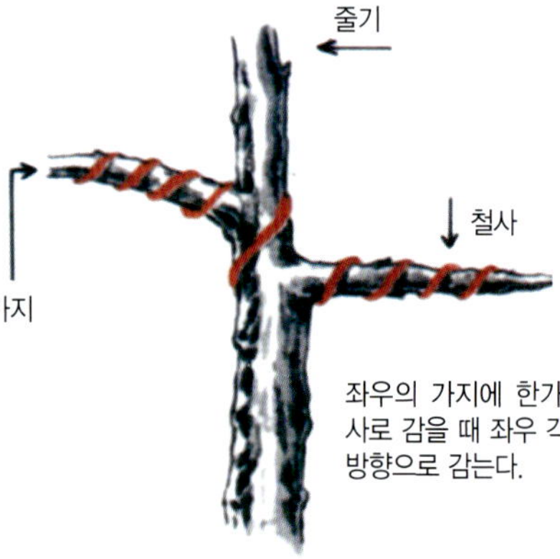

줄기

철사

가지

가지

좌우의 가지에 한가닥의 철사로 감을 때 좌우 각기 다른 방향으로 감는다.

# 수형 만들기와 가지가꾸기

## 수형만들기와 개작방법

철쭉분재를 감상하는 포인트는 크게 나누면, 뿌리뻗음, 밑둥의 뿌리 뻗음이 위로 향한 모습, 줄기껍질(수피)의 관록, 모양(곡선)의 조화, 가지의 유연한 뻗음새, 잔가지의 균형미, 조화 등이라 할수 있다. 철쭉 자체는 키가 작은 저목(低木)으로서 포기 자람의 형상으로 자라는 성질을 가지고 있으며, 가지에서 잔가지로 다시 새끼 가지로 이어지듯 나중에 움터나오는 순의 성장이 빠르고 왕성한 성질을 갖고 있다. 관상의 포인트로 볼 때는 단간(單幹)이나 쌍간(雙幹), 또는 여러 그루의 포기자람·뿌리이음등의 작품도 있지만, 압도적으로 많은 것은 단간의 모양목이 주류를 이루고 있다.

철쭉의 경우 품종을 증식하는데는 새 순트기가 왕성하다는 점을 감안해서 눈접을하여 거기에서 자라나는 묘목을 기르고, 어느정도의 키로 자랐을 때 거기에 모양목을 붙여보면 재미가 있다. 최근에는 알루미늄 철사가 많이 보급되어 그러한 방식이 꽤나 많이 권장, 소개되고는 있지만, 대체적으로 이와같은 방법은 이미 하나의 정석처럼 자리를 굳히고 있다고 생각해도 된다. 철쭉은 일정하게 정해진 고유한 모습을 가지고 있는 것이 아니기 때문에, 보다 자유스럽게 창의적인 수형만들기를 즐길 수가 있는 장점이 있다.

줄기 철사감기의 방법은 앞에서 이야기한바 있으니 생략하기로 하고, 뿌리의 뻗음새에서 줄기의 밑둥이 형성되어 뻗기 시작하는 형상은 펑퍼짐한 뿌리통을 굳게 딛고 일어서면서 약간의 용트림을 하는듯한 모양이 가장 이상적이다. 곡선은 정면에서 보아 앞쪽을 향하지 않도록 하고 줄기의 끝 즉 수봉 부분에 가서는 앞을 보도록 하는것이 좋다. 그리고 모양은 작은 모양들의 연속으로 큰 모양이 그것들을 감싸서 포용하게 하는 것이 운치를 내는 하나의 방법이다.

**중급편**

## 개작의 소재 ①

나무높이 : 90cm

삽목 10년생 소재. 밭에서 길러온 것이기 때문에 손질이 전혀 안 되어 있다.

밑둥에서 부터 심의 우듬지 까지의 자연스러움을 그대로 살린 셈이다. 조그만 잔 가지만 남기고 굵은 가지는 모조리 잘라서 모양목으로 기를 예정이다.

위로 뜬 뿌리는 자른다.

뿌리지름 35cm

**가지** : 기본적으로 생각할 때, 가지는 곡선을 만들고 있는 부분의 어깨쭉지에서 나오도록 해야 한다. 그러나 모양목 가운데에는 곡선의 중간에서 나와 있는 가지도 있기 마련이다. 그나무의 중요한 가지는 곡선의 어깨에서부터 정면을 향하여 옆이나 혹은 정면을 약간 빗겨간 부분에서 나온 것이 이상적이다. 밑등에서부터 시작하여 1~2가지를 넘어선 부분에서는 크게 신경을 쓰지 말고 관대하게 넘어가는 것도 괜찮다. 철쭉분재라고 하면, 먼저 떠오르는 것이 밑가지가 잘 뻗은 삼각형의 수형을 상상하기 마련이다. 그러나 2번가지나 길게 뻗어나간 가지의 길고 짧음에 신경을 써서 만든 작품도 묘미가 있다. 가지는 밑가지가 아무래도 잘 자라므로 가지의 길이가 너무 균일하게 되지 않도록 연구를 해야한다. 또 수봉에서 부터 바로 밑 부분의 가지가 다른 윗 부분의 가지보다 쉽게 굵어지기 때문에 가지 다듬기나 가지 치기를 할 때 신경을써서 다듬어 주어야 한다.

### 작은 가지 만들기

기본적으로 가지의 모양은 손바닥을 펼친것과 같은 형태나 가지의 끝이 반원형을 그린 것처럼 만들지 말고, 평면적으로 보아서 한가닥의 가지라도 한그루의 나무처럼 생각하고 만들어야 한다. 위로부터 내려다 보아서 1번가지, 2번가지, 3번가지의 순으로, 수봉 부분은 그 가지의 끝이 되고 가지 부분에도 모양이 있어야 한다. 또 세월이 흐르면 가지의 끝이 굵어지기 때문에,그 가지에 대해서도 가지 다듬기와 가지치기를 할 때부터 미리 계산에 넣어서 손질을 해 두어야 한다.

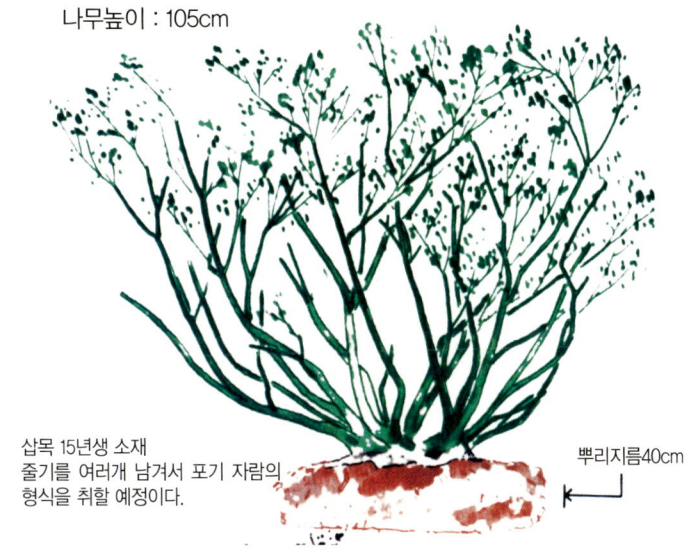

**개작의 소재 ③**
나무높이 : 105cm

삽목 15년생 소재
줄기를 여러개 남겨서 포기 자람의 형식을 취할 예정이다.

뿌리지름40cm

**개작의 소재 ④**
나무높이 : 75cm
삽목 : 10년생 소재재

삽목 이후 손질이 전혀 안되어 있다. 줄기의 생김새를 그대로 살리는 수형을 만들 셈이다. 몇개의 잔 가지만 남기고 굵은 가지는 모두 제거 하려고 한다.

뿌리지름 35cm

**중급편**

## 가지다듬기와 만들기 (모양 그림)

**모양목**

- 수봉부
- 뒷 가지
- 3번 가지
- 2번 가지
- 1번 가지
- 줄기
- 평면도

줄기는 좌우 어느쪽으로든 구부리고 가지는 그 곡선의 어깨에서 나오게 한다.

**직간**

- 수봉부
- 뒷가지
- 3번가지
- 2번가지
- 1번가지

줄기는 곧게 뻗어 올라가고 앞 뒤의 가지로서 입체감을 살린다

**문인목**

- 수봉부
- 3번가지
- 2번 가지
- 1번가지

줄기는 완만하게 큰 곡선으로 뻗어 오르고 2번 가지를 대담하게 처지도록 한다

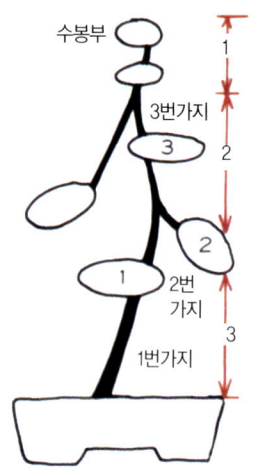

## 가지다듬기와 만들기 (모양 그림)

**가지치기**

**구부린 후**

**가지치기 후**  수봉부

**수봉부 만들기**
가지 / 자른다 / 자른다

철사를 감아서 가지를 밑으로 처지게한 후 수봉부는 오지로 만든다.

## 가지치기와 개작의 방법

아랫 가지부터 시작하여 차례차례 밑둥부터 잘라낸다. 아랫가지의 중간가지에 대해서는 줄기가 굵어져 바깥쪽에 나와 있는 잔가지(1년가지) 이외에는 전부 잘라 버려도 좋다. 철쭉의 경우는 3년가지 이상은 대개 철사에 의해 교정할 수가 없으므로 도움가지役枝는 줄기의 순을 이용해서 개작할 필요가 있다. 중간 부분에서 심芯에 걸쳐서는, 1년가지 정도의 잔가지는 되도록이면 남기고 그 이외는 밑둥부터 잘라낸다.

단, 철쭉나무의 정수리부분은 현저하게 수세가 약하기 때문에 심 부분은 잔가지를 되도록 많이 남겨야만 한다. 또한 굵은 가지는 톱 등을 사용하여 밑둥부터 잘라낸다. 자귀로 자를 경우는 반드시 가지가 붙은 아랫쪽에서 잘라내야 한다. 윗쪽을 자르면 그 기세로 줄기에 상처를 입히기 쉽다. 잘라낸 후 예리한 칼로 다시 깎아 다듬고 유합제를 발라 새 살 돋음을 촉잔 시켜야 한다.

다음은 개작의 방법인데, 보통은 뿌리뻗음의 상태를 보고 정면을 결정하고 나서 가지치기에 착수하는데 사용할 소재가 노지에 깊이 심어져 있던 것이므로 철저하게 뿌리를 씻어야만 한다. 가지는 줄기에 비하여 억세어서 거의 새로 트는 순으로 개작하여야 한다는것 등을 고려, 줄기의 모양을 우선적으로 하여 정면을 결정하고 먼저 가지치기부터 실시한다. 분에 올릴 때에 정면을 바꾸어도 지장은 없으며, 뿌리를 씻을 때도 작업하기가 쉬워진다.

## 가지치기와 뿌리씻음을 끝마친 상태

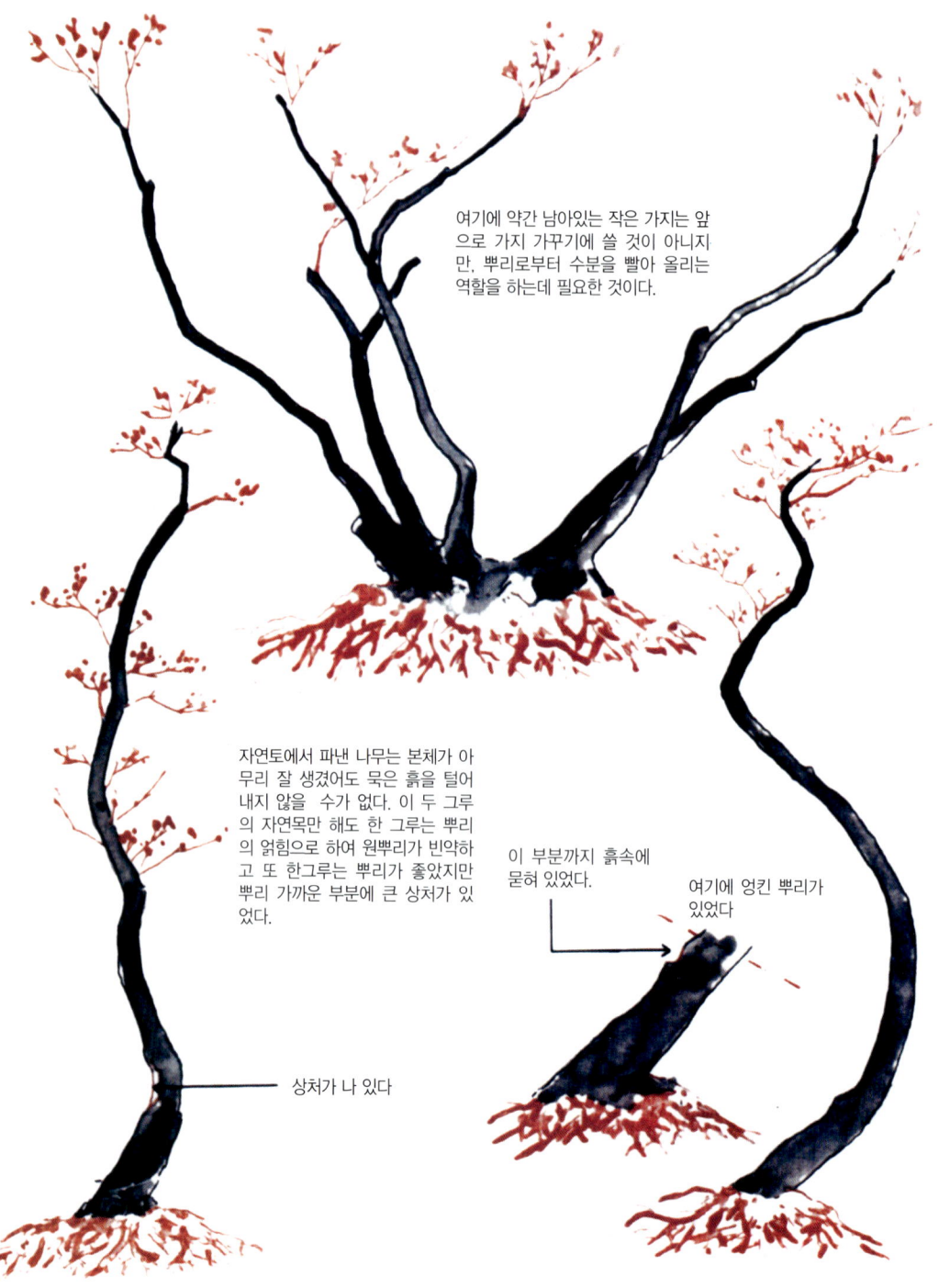

여기에 약간 남아있는 작은 가지는 앞으로 가지 가꾸기에 쓸 것이 아니지만, 뿌리로부터 수분을 빨아 올리는 역할을 하는데 필요한 것이다.

자연토에서 파낸 나무는 본체가 아무리 잘 생겼어도 묵은 흙을 털어내지 않을 수가 없다. 이 두 그루의 자연목만 해도 한 그루는 뿌리의 얽힘으로 하여 원뿌리가 빈약하고 또 한그루는 뿌리가 좋았지만 뿌리 가까운 부분에 큰 상처가 있었다.

이 부분까지 흙속에 묻혀 있었다.

여기에 엉킨 뿌리가 있었다

상처가 나 있다

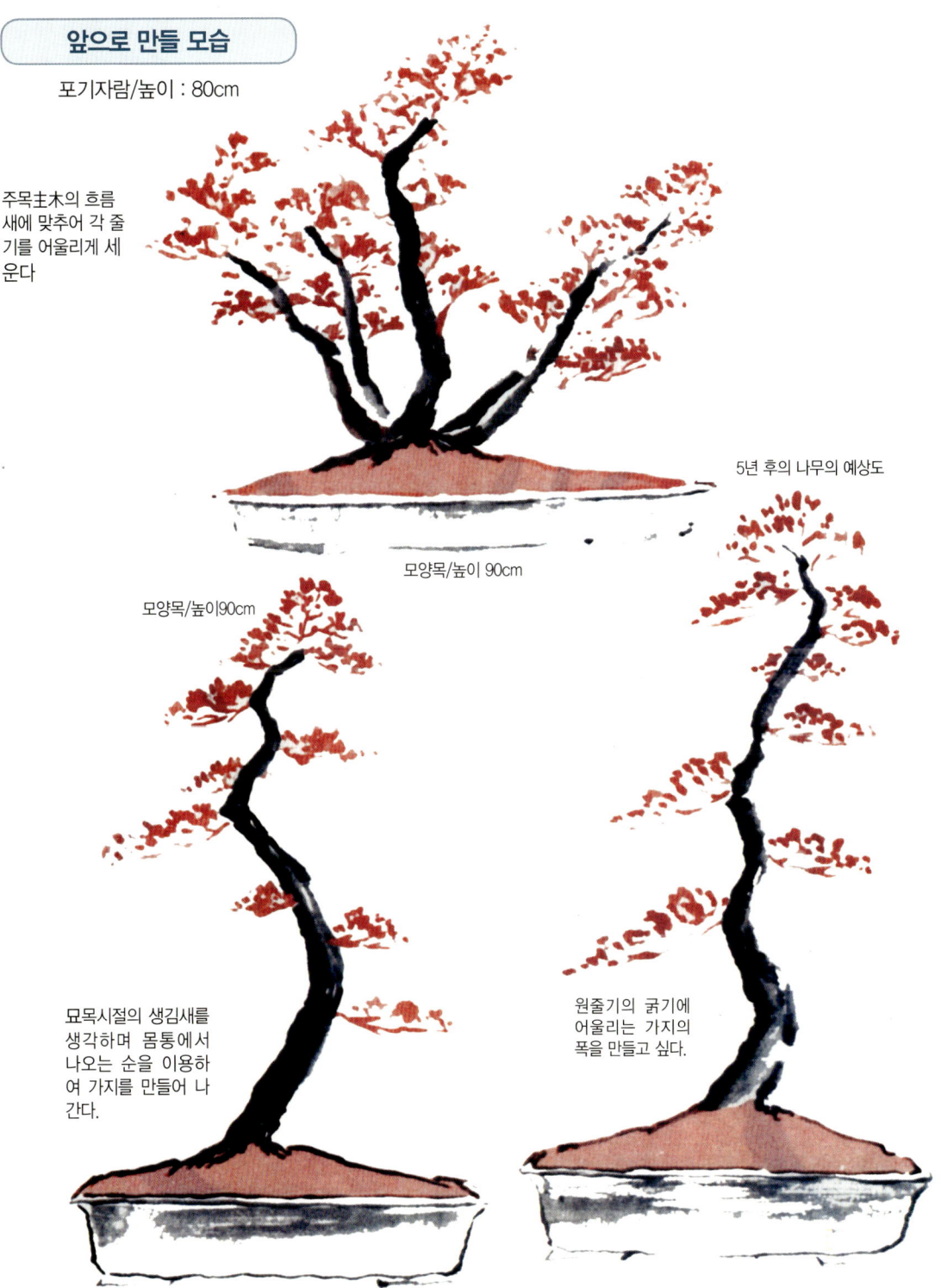

**앞으로 만들 모습**

포기자람/높이 : 80cm

주목主木의 흐름새에 맞추어 각 줄기를 어울리게 세운다

5년 후의 나무의 예상도

모양목/높이 90cm

모양목/높이 90cm

묘목시절의 생김새를 생각하며 몸통에서 나오는 순을 이용하여 가지를 만들어 나간다.

원줄기의 굵기에 어울리는 가지의 폭을 만들고 싶다.

## 심 만들기와 세우기

**심(芯)만들기의 포인트** : 분재의 심이란, 줄기의 맨 윗끝에 있는 생장점(生長点)이 곧 심(芯)이다. 모든 분재의 심은 원줄기의 끝을 수심으로 삼을 경우, 나무의 키가 해마다 높아지기 때문에 전체의 균형미가 허물어져 버린다. 분재에서는 전체적인 수세나 가지의 뻗음새를 잘 살펴보고 심으로 삼아서 가장 적당하다고 판단되는 줄기의 일부를 자르고 그 자른 부분의 밑가지를 심으로 정할 경우도 있고, 자른 상처에서 새 순이 트게 하여 그 순을 길러서 심으로 만드는 수도 있다. 철쭉분재의 수심도 일반 분재 가꾸기에 준하여 가지다듬기를 하여 수봉부의 심을 천위(天位)라고 하며, 그 다음 가지에 지위(地位), 인위(人位) 등이라고 하며 만든다.

### 수형과 수심(樹芯)

심은 곧 수형의 기본으로 소재의 장점과 단점을 살리기도 하고, 또 결점을 보완하여 보다 아름다운 모습으로 만들기도 한다. 소재를 구입하는 즉시 가지치기를 한다든가 철사감기를 하는 것은 별로 바람직하지 못하다. 나무에도 각기 개성이 있다. 뿌리·줄기 가지의 모양 등을 잘 관찰한 다음, 앞으로 만들어 나갈 수형에 별 무리가 가지 않는 범위 안에서 그 나무의 개성을 충분하게 파악하여 심을 세우지 않으면 안된다.

### 심(芯)은 나무의 성장에 따라 변한다

심만들기는 단 한번으로 완성되는 것이 아니다. 그러므로 나무가 성장하는 데에 따라 완성이 될 때까지는 심에 대하여 너무 집착하지 말고, 적당히 예비로 쓸 가지를 남겨 두어 가며 연구해야 한다.

**직간이나 모양목 수형의 정면과 심** : 분을 회전시키며 전후좌우를 잘 살펴본다. 그때 각 부분의 생김새를 잘 관찰하며 그 나무의 특성을 쉽게 알 수 있게 되며, 그 중에서 가장아름다운 각도를 나무의 정면(正面)으로 정한다. 심을 만들 경우는 그 점을 잘 감안하여 만들도록 해야 한다.

**쌍간수형의 심만들기** : 쌍간수형은 뿌리 밑둥부터 두개의 줄기가 뻗어 선 수형으로, 부부 또는 어미와 아들(子)로 부르기도 한다. 이 수형은 뿌리 뻗음새의 박력감과 두줄기의 조화, 그리고 서로가 서로를 도와주는 듯한 다정한 분위기가 감도는 하나의 정취를 만드는데에 있다. 원줄기와 곁줄기의 구분은 예각적(銳角的)으로 되며, 곁줄기의 위치는 낮을수록 좋다. 곁줄기의 높이는 원줄기의 3/2쯤으로 한다.

더우기 수형을 만들 때는 철사 감기에서 원줄기에는 큰 모양을 만들고 곁줄기에는 작은 모양을 붙여, 서로가 공존 공생하는 분위기를 꾸민다.

\*심은 3-4개의 가지를 이용하여 조그맣게 만든다. \*곁줄기의 심은 원줄기보다 약간 작게, 원줄기의 높이가 낮은 경우에 심은 가지처럼 뻗치게 하는 것도 재미가 있다. \*곁줄기의 심은 바깥쪽으로 향한 것처럼 만든다. 양쪽의 심이 모두 바깥쪽으로 향하도록 하면 보기가 흉하다. \*원줄기와 곁줄기의 심이 서로 마주보는 것은 보기가 별로 좋지 않다.

## 분재 기르기의 실제

### 심의 위치

수심의 중앙

남긴다
자른다

밑둥치의 중앙

심이 밑둥의 수직선 위에 있으면 안정감을 준다

### 어린나무의 심세우기

자른다
자른다

심을 바꿔 세우기 위한 가지치기를 한다

어린나무의 심을 세우는데는 3년되는 봄, 맨 끝의 순의 중심을 남기고 바깥쪽 2번가지를 잘라버린다

### 심 바꾸기 만들기

웃자란 가지의 심은 일치감치 자르다.

이 순을 심으로 하여 밑의 가지보다 작게 세운다

양성목의 경우는 2~3년마다 심을 바꾸어 세운다

### 성목의 심만들기

해마다 꽃이 진 후에 가지치기를 하여 반원형으로 수봉을 만든든다

완성에 가까운 나무의 심은 직간이 아닌 것은 모두 둥근 수봉을 만드는 듯 하게 세운다.

### 쌍간수형 나무의 심 비교

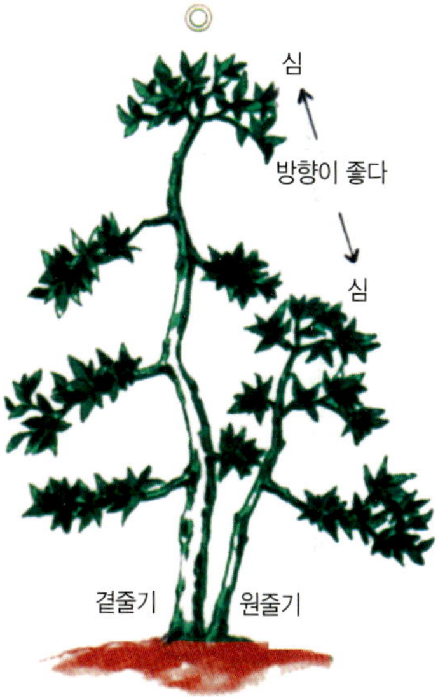

◎
심
방향이 좋다
심

곁줄기    원줄기

곁줄기의 심은 원줄기의 심보다 작게하고 원줄기의 높이보다는 3/1가량으로 한다. 심은 두줄기 다 약간은 바깥쪽으로 향하는 것이 좋다.

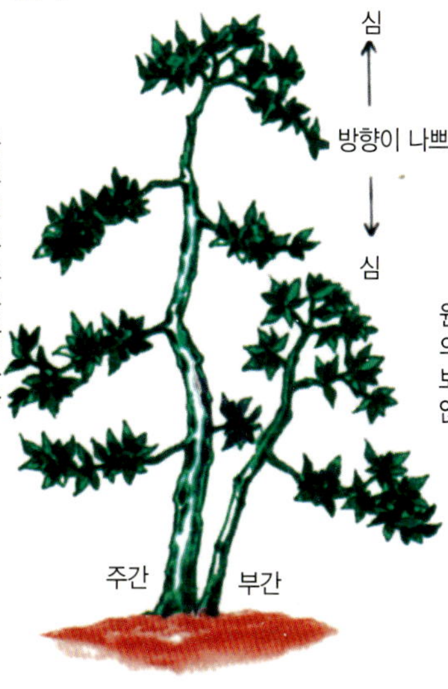

심
방향이 나쁘다
심

주간    부간

원줄기와 곁줄기의 심이 서로 마주보고 있어서 좋지 않다.

## 노지에 심은 묘목苗木의 겨울철 관리

철쭉의 묘목이나 소재를 노지에서 기를때 겨울철의 관리를 어떻게 해야 할까 하고 고민 하는 사람이 많다. 이 경우도 역시 전주지방을 기점으로 남쪽과 북쪽의 관리에 차이가 있다고 보겠다.

묘목이 1~2년생 정도의 크기이면 남쪽과 북쪽을 가릴 것 없이, 8번선 철사나 대나무를 이용하여 만든 소형터널에서 관리하는 것이 좋다. 3년생 이후의 소재일 경우에는 품종에 구애됨이 없이 남쪽지방은 비닐터널이 없어도 땅에서 월동이 가능하지만, 북쪽지방에서는 묘목이나 성목成木을 가릴 것 없이 최소한의 방한시설을 갖추어 관리하는 것이 바람직하다. 그리고 품종 자체에 월동에 강한 것도 있고 또 약한 것도 있으나, 아무리 품종 자체가 추위에 견디는 힘이 강하다고 하드라도 너무나 과다하게 비료를 주거나 과습한 상태 또는 약간의 반 그늘 상태에서 자란 것은 월동을 하는데 대단히 약하다는 사실에 유의해야 한다.

남쪽지방에서는 간혹 소재를 가꾸는 밭에 왕겨만 덮어주면 왕겨의 보온으로 방한이 되는 것으로 알고 있는 사람이 더러 있으나, 왕겨를 묘목밭에 깔았을 경우가 오히려 깔지 않았을 경우보다 동해冬害의 피해가 더 크므로 절대로 왕겨의 방한시설에 의존해서는 안된다. 모든 분재나 그 소재는 기온이 급강하 하였을 경우에 기온으로 인하여 수목에 피해가 오는것 보다는 바람으로 인한 피해가 더욱 심하다. 다시 말해서 바람이 심하게 부는 영하 5℃의 장소에서 보다는 방품막이 잘되어 있는 영하 8℃의 상황에서 추위에 더 잘견딘다는 말이다. 일반적으로 소재를 땅에 심을 때는 관리하기 알맞은 정도의 소형터널을 만들어 놓는 것이 좋다. 여기에 비닐을 씌우고 그 위에 카시미론 솜이나 성글게 짠 가마니를 덮어서, 겨울철에 심한 바람이 불더라도 피해를 입지 않도록 흙으로 잘 묻어 주어야 한다. 이러한 작업이 필요한 시기는 11월 하순경으로 비닐을 덮어주기에 앞서 충분한 물주기와 제초작업을 해주는 것이 좋다.

일단 작업이 끝나면 이듬해 봄 4월초까지는 그대로 방치해도 무방하다. 그러나 4월 초순에 비닐을 제거할 때, 밖에서 월동을 한 나무보다 새 잎이 많이 돋아 나오므로 비닐을 일시에 제거하는 것보다는 외부 온도外氣와의 접촉을 서서히 하도록 주의해야 한다.

즉 처음에는 터널양쪽을 열어주고 다음에는 다시 발이나 가리개로 가려주는 것이 좋다. 4월 초순경에 갑자기 늦서리에 의한 피해를 입는 경우가 간혹 있으므로, 이러한 때에는 밤에 비닐이나 덮개로 덮어서 서리로부터의 피해를 막아주는 것이 좋다.

## 가위질에 의한 가지 선반의 표현

가위로 깊이 자르면서 상당한 시간을 들여서 만든 나무이다. 가지들이 실로 잘 정돈되어 움직이고 있는듯 하다. 이 품종은 비교적 가지가 뻗기 쉽고, 봄이면 화려한 꽃이 피는 수종이다. 이러한 작품을 만들려면 많은 노력이 필요하다. 또, 잎을 충분히 고르는 것으로 멋있는 지심의 활동, 가지끝의 풀림을 효과적으로 보여주고 있다.

### 잔가지를 들어 내어 수형을 만든다

잔가지를 들어 낸다고 하는 것은 대단히 시간이 걸리는 일이다. 왜냐하면 가위로 잘라 넣으면서, 변화가 있는 잔가지로 조금씩 가지 선반을 만들어 가기 때문이다. 어떻게 살짝 잔가지가 들어나 있어도 철사를 걸어서 짧은 시간에 만든 것으로는 의미가 없다.

한쪽은 철사를 사용하지 않고 조금씩 가위질로 5cm 자라는데 1년에 1cm씩, 5년 걸려서 만든 가지선반. 다른 한편은 민첩하게 전정하여, 뻗어나온 싹으로 단번에 만든 가지선반. 양자를 가지런히 하면 완전히 취향이 달라진다.

철쭉의 멋이 있는 가지라고 하는 것은 시간이 걸려서 만드는 이외의 방법은 없다. 약한 순, 짧은 순으로 가지런히 맞추어 가면서 만든 가지선반은 참으로 자연의 가지 그 자체의 풍정이 있다. 자연스럽게 나오는 순은 힘차게 뻗어있는 것이기 때문에, 그것을 고르면서 끈기 있게 손질하여 만들어 간다는 이야기이다.

그러나, 어떻게 전정이 능숙해도 그것만으로는 완성될 수 없다. 뿌리가 퍼져 들어가 버리면 웃자란 순 같은 것이 자꾸 나오기 때문에, 이식을 부지런히 해서 뿌리의 힘을 억제하면서 가지를 만들어 가야 한다.

그러기 위해서는 가지 만들기가 가장 어려운 과제라고 할 수 있다.

상하로 움직이면서 길게 내달은 우측 가지가 지금이라도 작동하기 시작할 것 같은 생각이 든다. 그리고 이 가지에 굵고 엄숙하며 무게 있는 줄기가 이끌고 있는 것 같은 인상을 받는다. 참으로 이 인상이 탄력적이다. 긴 우측 가지가 계기가 되어, 수형이 생생하기 까지한 약동감이 잘 나타나 있다.

이와 같이 가지의 장단이, 상태에 따라서 수형에 동작을 낳는 것을 「탄력을 만든다고」라고 한다.

**중급편**

# 탄력을 만든다
## 단순한 가지의 장단의 리듬은 아니다

　탄력이라 하면, 공이 튀어 오르는 모양이 떠오르겠지만, 분재에서 말하는 탄력이란 위세의 상태라는 의미이다. "나무에 탄력이 있는" 즉 나무의 상태가 힘이 있고 약동감에 넘치는 것을 말하는 것이다. 그러기 때문에 굵은 줄기로 목피 순이 좋은 박력있는 나무에 있어서는 안정감이나 중후감이 조금씩 줄어들기 때문에 탄력은 필요하지 않다. 분재수 등에서는 가지가 일치하지 않는 장단상태를 더하는 것으로 수형에 동작이 생겨난다.

　줄기가 굵어도, 탄력이 있는 나무는 많이 있다. 아래의 사진의 대배가 그러하다. 힘이 있는 나무이지만, 탄력이 대단히 많이 합쳐져 있다.

**대배**　• 높이 : 45cm • 포기둘레 : 60cm

소재가 가지고 있는 가지의 탄력을 능숙하게 살리는 것으로, 힘 있고 생생한 모습으로 완성되어 있다. 만일, 우측 1의 가지를 채워서 보통으로 만들면 안정감은 강하겠지만, 바로 밑의 힘은 약해져 버린다. 이 길고 기세가 있는 우측 1의 가지에 의하여 수형전체에 변화와 동작이 생기고, 이에 따라 경치의 확대까지도 느껴진다.

## 흐트러짐을 살려 수형의 윤곽을 만든다
### 바꾸어 말하면, 너무 정돈하지 않는다는 것이다

자연계의 수목을 바라보고 있노라면, 어린 나무일수록 잔가지의 자라는 상태가 갖추어 지지 않고, 윤곽은 더부룩하다. 그런데, 수령이 거듭 될수록, 싹이 자라는 상태가 잘 정돈된 아름다운 윤곽이 나타난다. 그러나 다시 수령이 거듭되면 윤곽은 재차 흐트러지기 시작한다. 바람이나 눈에 의하여 가지가 부러지거나, 병이나 일조량 부족으로 가지가 마르기도 하기 때문이다. 그리하여, 부분적으로 가지가 부족 하는 일로 윤곽에 요철이 생긴다. 이 요철이 『사이』가 되어서, 수형에 멋과 여정을 만들어 낸다. 즉, 윤곽에 흐트러짐을 남긴다고 하는 것은 윤곽에 작은 『사이』를 많이 만든(남김)다는 것이다.

이와 같은 『사이』가 있는 윤곽이라 하는 것은, 마무리 단계만으로 만들 수 있는 것은 아니다. 가지선반과 수관의 골격을 만들 때부터 잔가지의 장단, 가지선반의 두께 등을 균일하게 갖추지 않고, 끈기있는 노력으로 만들어 가는 것이다. 실로 센스를 필요로 하는 작업으로, 자연스러운 분위기를 만들어 내는 것은 어려운 일이라고 느끼게 될 것이다. 물론, 꽃이 진 뒤의 손질로 바리깡 깎기를 해버리면, 자연스러운 윤곽의 흐트러짐은 엉망이 될 것이다.

이러한 표현은 자연 수형 특유의 것이라고 생각하기 쉬우나, 오래됨을 표현하는 것은 모든 분재에 공통된 키워드. 이 기법은 많은 수형에 적용할 수 있을 것이다.

### 철쭉 모양목
금배 • 높이 : 66cm • 줄기둘레 : 21cm

줄기의 곡의 뻗어 오름의 느낌이 교묘하게 표현되어 있다. 자연스러운 배치를 보게 하는 가지는 명확한 하나의 선반으로 갈라지지 않았으며, 게다가 자연스러운 흐트러짐을 남기지 않고 정돈되어 있다. 또한, 수형전체의 윤곽도 여기저기에 정돈됨을 남기는 일로 충분히 철쭉 분재의 진면목을 표현하고 있다.

**중급편**

## 잘게 분리하는 것으로 보이는 것

수령 약 30년의 나무이지만, 고목과 대목의 상을 잘 자아내고 있다. 제각각의 가지선반이 명확하게 분리되어 있지는 않으나, 이곳저곳에서 선반을 나누고, 그 실루엣으로부터 가지배치의 좋은 점, 지심의 움직임의 좋은 점, 가지분리의 재미가 있음을 엿볼 수 있다. 또한, 가지자체를 잘 보지 않고, 산재한 『사이』에 의하여 가지의 고풍스러움을 표현하고 있다.

## 가지선반을 나눈다.

한 개의 가지선반을 큰 한 개의 덩어리로 하지 않고, 작게 몇 개로 분리시키는 것을 「선반을 나눈다」라고 한다. 그 목적의 하나는 오래된 것임을 표현하는 말이다. 많은 세월을 지나면서 가지들은 수관과 가지선반의 군데군데에 잔가지가 부족한 부분이 생긴다. 이것을 가지선반을 나누는 것으로 재현하고 있는 것이다.

## 마음의 눈으로 가지의 움직임과 갈라짐을 본다.

그리고, 다른 하나의 이유는, 잔가지와 잎에 숨겨져 있는 부분을 상상시키는 일이다. 예를 들면, 좌측의 사진의 금채가 그것. 우측의 1의 가지는 몇 개인가의 블록으로 나누어져 있으나, 이것을 보면 지심이 상하의 움직임을 수반하여 오래 나와 있음을 상상할 수 있다. 게다가, 곳곳에서 분기하고, 제각기 작은 선반을 형성하고 있음도 보고 취할 수 있다. 실제의 지심을 보게 하지 않아도, 그 실루엣에 의하여 가지의 움직임의 좋은 점과 분기의 재미있음이 전해진다. 그런데 이 가지를 변화가 없는 한 개의 가지선반으로 해버리면, 지심의 모처럼의 좋은 움직임을 예측할 수 없다. 있으면 있는 대로, 없으면 있는 것같이 보이게 한다. 이것이 이 수법의 신수일 수밖에 없다.

## 안쪽깊이를 강하게 느끼면 정경이 넓게 퍼진다.

줄기가 너무 보여 버리면 안쪽깊이의 느낌은 조금씩 줄어드는 것이다. 이 나무는 전지의 대신으로 좌우1, 2의 가지의 줄기를 덮는 것으로 줄기까지의 거리감을 만들고 있다. 그리고, 좌측 1, 2의 가지사이에서 대담하게 뒷가지를 살펴보는 것으로 깊은 내막이 표현되고, 나무의 뒤에 넓은 공간을 상상하게 해 준다.

## 안쪽 깊이의 강조

안쪽깊이가 있는 나무와, 깊이가 없는 나무. 양자의 차이는 무엇인지 궁금 할 것이다. 전자는 대단히 입체감이 전해 지고, 나무의 전후에도 공간이 퍼져 있음을 상상할 수가 있다.

후자는, 입체감이 전혀 나지 않기 때문에, 평면적인 인상으로 끝나버리고 만다. 안쪽깊이란, 나무의 일부가 어떻게 멀리(안쪽)까지 연결되고 있는 것같이 보이는 가 이고, 실제로는 멀리까지 연결되지 않아도 연결되고 있는 것 같이 보이게 하면 되는 것이다. 나무의 뒷면과 안에 있는 것이 어떠한 형태로 보이는 것인가, 이것을 추구하고, 모양으로 표현하면 좋을 것이다. 안쪽깊이가 잘 표현된 나무에는 저절로 무성함이 생긴다. 그리고, 이 무성함이 인간에게는 다양한 정경을 생각해낼 수 있게 되는 것이다.

안쪽깊이의 표현방법에 대해서는 여러 가지가 있으나, 다소 크게 줄기의 뒤와 가지 선반사이에서 가지를 살펴보는 것으로, 보다 깊은 안쪽깊이를 느낄 수가 있다. 보이는 것이야 말로 수형 전체의 균형미인 것이다.

## 계절감의 표현
### 한수의 치장을 가위로 그려낸다

상록수이므로 계절감이 부족하다고 하는 철쭉이지만, 겨울에는 추운 계절만의 풍정을 보여 주는 것은 어쩔 수 없는 것이다. 그러나, 근년에는 온난화의 영향에서 단풍잎이나 낙엽이 새해에 들어 시작되는 경우도 있기 때문에 의도적으로 겨울다움을 연출하고 싶은 것이다. 분재의 장식이든, 차석이든, 계절은 한 달 정도 선취하는 것이 매력적이라고 하는 것. 가을에 찬 나무의 철쭉을 장도 아무 문제도 없을 것이다.

대배 (큰 술잔) • 높이 : 67cm

몸이 얼 것 같은 한 겨울의 공기를 느끼게 해 준다. 봄 잎을 완전히 따고, 엄동기의철쭉의 모습을 연출한다. 그에 따라, 제각기의 지심의 멋이 있는 움직임이 보이고, 오램 됨이 전해 온다. 또, 뿌리 올림의 부분과 일어서는 부분의 들어감, 사바줄기에서, 진눈깨비 섞인 바람이 부는 산릉의 경치가 연상된다.

### 철쭉만의 겨울다움을 탐구해야 한다.

찬 나무의 모습이라고 해서, 상록수인 철쭉이 완전히 나목이 되는 일은 없기 때문에, 너도밤나무나 단풍의 그것을 흉내를 내도 어쩔 수 없다.

철쭉이 어떠한 변화가 일어나는 가를 관찰 하는 일이 필요하다. 그래서 철쭉의 겨울 변화에 더하여, 찬 공기와 나무마름을 상상시키는 것과 같은 연출을 덧붙여 보았다. 단순히 잔가지를 성기게 하고, 마른 잎을 따는 것이 아니고, 그에 따라서 어디를 보게 하는가, 무엇을 돋보이게 하는가가 중요하다.

겨울의 모습에 변화하는 것으로 파생하는, 풍정과 매력이란 무엇인가를 추구해 하였다.

단, 수목의 분위기에 따라서 표현방법은 다르다. 분재수와 자연수형에서는 가지 끝이 보이기까지, 가지 잎을 성기게 해도 좋겠지만, 굵은 줄기의 나무는 가지 잎이 성기게 되는 것으로 중량감과 박력이 줄어드는 경우가 있다.

## 우수한 철쭉분재에서 배우는,
# 수형 상승을 위한 가지고르기

광림 光林 • 높이 : 30cm • 줄기둘레 : 48cm

### 고색 감을 표현하는 기법

철쭉분재에 국한되지 않고, 분재가 갖는 수격이라고 하는 것은 분에 심고 나서의 지입하는 고풍스러움이라고 예로부터 전해져 왔다. 그것은 단순히 분에 오래 심어져 있는 것은 아니고, 잘 뻗는 뿌리와 줄기의 굵기, 이끼 순, 잘 조화 된 분을 포함해서 줄기모양에 서 부터 가지의 배치가 어떻게 되어 있는 가로 좁혀 진다.

결국, 가지의 길이, 굵기, 각도, 각 가지의 간격, 잔가지 갈림 등이 고색 감을 표현하기에 가장 적합한 방법이 된다.

중급편

### 철쭉 모양목 뿌리올림

분재란 이 작품에서 보듯이, 물 주고 비배관리하여 꽃을 피웠다. 이것이 분재의 정수가 아니고 무엇이겠는가!

## 공간을 만드는 가지 만들기
### 각 가지의 조화

공간을 만드는 가지 만들기란 어떤 것일까? 실제의 작업은 여기에서 총체적으로 설명하고자 한다. 하나는 가지의 장단. 효능가지를 강조하기 위하여 받는 가지를 좁힌다. 혹은 그 주위의 가지를 좁힌다. 가지를 짧게 좁혀서 생긴 공간. 둘째는 따서 생긴 공간. 셋째는 가지를 올리고 내려서 생긴 공간. 이와 같이 공간에 의하여 나무 전체에 여유라고 할까, 여정이 생기고, 고풍을 느끼게 함이다.

2007년 5월중순 작업전

2007년 5월 중순 작업 후

### 최종 마무리는 전체의 조화

**분과의 조화도 중요한 포인트**

여러 가지의 가지 만들기로 공간을 생기게 하여, 고풍스러움이 생겨 수격이 상승해간다. 공간을 갖게 하는 것은 나무의 관리 면에서 또 꽃이 핀 때에는 겹쳐서 맞지 않는다. 최종적인 분과의 조화, 이식 위치라고 한 것의, 기본을 벗어나서는 고색감, 결국은 수격상승으로는 연결되지 않는다. 그러므로 수격을 향상 시키는 방법중 하나는 분도 포함된다.

### 동·우측면

정면에서 보는 바와 같이 뿌리의 뻗음, 줄기모양, 가지의 모습까지 확실히 알 수 있게 마무리가 되었다.

좌측2의 가지를 없앤다. 공간이 하나 생기고, 뒤의 가지가 보인다.

우측2의 가지를 좁힌다. 효능가지와 장단의 차이가 생기고, 2째의 공간.

효능가지만 정지 작업 종료

**중급편**

## 수형진단의 도움말

C줄기의 일어섬은 야취에 풍부한 개성이 넘치는 표정을 하고 있다.

작업 전(바로 위에서)전후에 가지들의 흐트러진 것이 크게 밖으로 내밀고 있다.

**작업 전** 작업 실시일/2007년 8월 하순
• 나무높이 32cm  • 줄기둘레 주간 scm

### 작품의 도움말

　진귀한 품종으로 꽃도 예쁜 달의 서리. 어느 정도 모양도 갖추어 진것 같은데 막상 분재로서 완성하려고 생각하니, 어딘가 균형이 잡히지 않아 위화감을 느끼는데. 특히, 좌측의 줄기와 가지의 길이를 어떻게 하면 좋을런지 도움말을 주시면 고맙겠습니다.

　3줄기로 만들어 그다지 흔하지 않는 품종인 달의 서리. 소중히 기르고 싶은 것이 겠습니다.
　현재의 나무모습을 잘 보면 3줄기 만들기의 A줄기(주간)에서 뻗은 가 가지와 B줄기(자간), 그리고 C줄기(후간)이 하나의 덩어리로 되어서, 대단히 무겁게 느껴집니다. 이곳을 정리해서 균형을 잡는 것만으로도 위화감은 해소될 것입니다. 그리고 앞으로 좋은 품종으로 꽃도 즐길 수 있으며 좋은 분재수盆栽樹가 될 것을 기대 합니다

### 작업 후

나무높이 31cm C줄기를 뒷가지 풍으로 슬쩍 비쳐, 줄기와 가지의 배치로 수격을 높인다.

B 줄기를 좁히는 안·A줄기와 서있는 존재감이 늘지만, 마주하는 가지의 위치가 너무 높다.

공간과 길이를 만들기 위하여 철사로 잡아 당겨 고정 시킨다.

가지제거 종료-(,바로 위에서)전, 후의 볼륨이 상당히 적어졌음을 볼 수 있다.

가지를 좁히는 안·B줄기를 마주하는 가지 풍으로 만든다. 전체의 밸런스가 안정된다.

여기서 B줄기를 좁히는 안과, 가지 사이를 좁히는 안의 2개를 생각해 보기로 하겠습니다. 2가지 안을 고려한 결과, B줄기를 짧게 하면, 나무높이의 중간 정도의 위치에 마주하는 가지가 수관부에 너무 가까워서 불안정한 나무모습이 되어 버립니다. 그러므로 B줄기를 짧게 하면, A줄기가 마주하는 가지가 되고 수관부와도 분리되어 안정감이 있는 나무모습이 됩니다. 따라서, A와 B가지를 좁힙니다.

작업은 균형을 생각해서 막대상태로 자란 부분을 도중에서 짧게 좁히고, 짧게 한 가지에 맞추어 C줄기도 작게 정리합니다. 다시 B줄기의 앞쪽으로 퍼져 나온 가지를 좁혀 나갑니다. 그리고 마주하는 가지로서 사용하는 B줄기를 정자하고, 거기에 맞추어서 다른 가지와 수관부를 정리해 나갑니다.

개성적인 표정을 보게 하는 C줄기도 버리기 어렵겠지만, 이 나무의 경우, 전체의 조화를 생각해서, 쌍간 풍으로 보이는 위치를 새로운 정면으로 하면 좋을 것입니다.

중급편

# 꽃식물을 잘 모른다고 말하는 초심자를 위한 실제

## 화예의 조정

꽃을 즐기기 위한 다양한 지식을 새삼스럽게 공부해 보려고 하는 것이 이 글의 테마이다. 옛 꽃이든, 최신 꽃이든, 자신의 눈으로 확인할 수 있는 「꽃을 보는 눈」을 기르기 위하여, 화예에 관한 기초를 소개해 한다.

### 화예는 개화시 밖에 확인할 수 없다

좋은 화예는 사람의 손으로 만드는 것임은 말할 것도 없다. 신만이 아는 『유전자』라고 하는 가능성을 믿고, 전정과 적뢰(꽃봉오리를 땀)에 의하여 이상적인 화예를 만든다. 아무리 베테랑이라 할지라도, 실제로 핀 꽃을 보지 않으면, 화예의 좋고 나쁨을 모른다. 화예의 조정은 눈으로 보아가면서 행하는 것이 대전제가 되어야 한다.

기본적으로 화예의 조정은 뺄셈방식이다. 현재 있는 가지 중에서, 조건이 나쁜 가지를 제거해 간다. 예를 들면, 붉은 경향인 황양이면, 꽃을 보면서 붉은 단색이 핀 가지를 제거하고, 붉은 단색의 비율을 줄여 간다. 동시에, 꽃이 없는 시기의 전정이나 적뢰에 대비하여 중요한 꽃무늬가 있는 꽃이 핀 가지에 표시를 해둔다.

꽃이 져버리면, 꽃무늬의 판별은 거의 불가능하다. 단, 꽃눈이 부풀어 가면, 복륜화가 피는 꽃눈만은 붉게 물이 들므로 식별할 수가 있다. 꽃 기르기 달인 중에는 꽃눈과 잎의 미묘한 채색 법을 보고, 얼룩진 것과 저백, 꽃 색까지 식별하는 신기를 가지고 있는 분도 있었다고 하지만, 그렇게 간단하게 습득할 수 있는 기술은 아니다.

### 표시하는 방법

표시하는 방법에는 2가지방법이 있다. 하나는 품종에 있어서 중요한 꽃무늬가 있는 꽃이 피는 가지에 표를 해두는 방법이다. 취선이면 붉은 단색의 꽃이 피는 가지, 황양이면 흰 단색의 꽃이 피는 가지 등이다. 전정할 때에 표시를 한 가지를 보호하는 것으로 악센트가 있는 아름다운 화예를 만들어 간다.

**꽃무늬 식별법**

붉게 채색된 꽃눈(외피의 가장자리만이 담녹색을 하고 있다). 이와 같은 꽃눈으로부터는 복륜화가 핀다. 꽃눈을 보고 유일하게 판별할 수 있는 꽃무늬.

**정지**整枝 : 순 자르기나 눈 따주기, 열매 솎아주기, 나무 가지를 잘라주기, 지주 세우기의 작업.

덧붙여서 2가지 색으로 피는 경우도 기본적으로는 같다. 나오기 어려운 예를 보호할 목적이라면 보라색 계의 단색에만 표시를 하면 될 것이다.

다른 하나는 다채롭고 아름다운 화예를 만드는 위에 포인트가 되는 꽃무늬마다 채색 구분을 한 표시를 하는 방법이다. 예를 들면 채색나라라면 붉은 단색 꽃의 가지에 붉은 표시, 복륜화의 가지에 황색, 지합화(부모의 미량야의 예)의 가지에는 파란 표시를 해 둔다. 복륜화의 꽃눈만은 식별을 할 수 있으므로, 복륜화의 표시가 붙은 가지에는 붉은 색이 표시된 꽃눈(복륜화가 핀다)만을 남긴다고 한 세세한 화예의 조정이 가능하게 된다. 한, 3색 꽃 등이라고 부르는 꽃 색이 풍부한 품종에서는 꽃 마다 색깔을 구분한 표시를 해두면 편리하다. 예를 들면 3채색으로는 백색, 자홍, 홍, 보라색과 4색의 꽃 색을 즐길 수 있으나, 이중에 나오기 어려운 예(붉은 단색과 보라 단색)에게만 채색을 구분한 표시를 한다. 이 2색까지 판별할 수 있으면, 화예의 조정에는 아무런 부자유도 없다. 좋은 화예를 만들기 위해서는 세밀한 관리가 필수이다. 정열을 가지고 손을 쓰면 철쭉은 반듯이 아름답게 피어 줄 것이다.

화예의 조정은 꽃이 피어 있을 때에 눈으로 확인해 가면서 할 수 밖에 없다. 사진은 붉은 경향인 송파로부터 붉은 단색의 꽃이 피는 가지를 제거하는 장면

흰 바탕에 붉은 얼룩이 진 꽃이, 때때로 부모의 미량야의 기본색인 주홍색의 지합화가 핀다. 그래서 붉은 담색의 가지와 복륜의 가지, 지합화의 가지가 구별될 수 있도록 채색을 구분한 표시를 해두면 편리하다.

악센트가 되는 소중한 가지(흰 단색과 보라단색의 가지)에 붙은 표시(춘원). 잘라 내기를 방지하는 것만으로 채색구분은 하지 않는다.

꽃무늬별로 채색을 구분한 표시(취선). 붉은 단색에는 붉은 표시, 복륜에는 노란 표시가 붙어 있다.

## 철쭉의 특성과 품종

일반적으로 분재라고 하면 자연수의 아름다운 모습을 하나의 분盆위에 표현하여 그 모습이 계절마다 변화된 모습을 관상 하는 것이다. 이른바 송백류나 삼나무, 느티나무, 단풍나무 등의 잡목류가 그 대표적인 것이다. 아울러 철쭉 분재의 경우는 그 수성樹性부터가 일반 분재와는 다르다.

송백류가 위로 뻗어서 고목高木이 되는 성질이 있는데 비하여 철쭉은 원래가 관목灌木이기 때문에 포기자람 상태가 되어 옆으로 뻗어나 생육하는 성질이 있다. 이 때문에 송백류는 일반적으로 수정부樹頂部가 강하고 하부(아랫가지)가 약한데 비해 철쭉은 반대로 수정부가 약하고 하부가 강하다.

그러므로 철쭉 분재를 만드는 경우는 이 수성을 충분이 고려 하여야 한다. 또한 철쭉나무가 관목이라는 점에서 분재만들기의 수형은 송백 분재처럼 자연을 재현 하려고 노력할 필요는 없다. 송백분재가 자연을 모델로 하는데 비하여 철쭉은 송백분재의 모습을 모델로 하여 만드는 일종의 조형분재造形盆栽라고 할 수 있다. 또한 철쭉만이 지닌 수성을 살린 조형적인 모양(곡선미)를 표현하여 닮아가는 분재라고도 말 할 수 있다.

### 분수盆樹의 크기와 꽃잎과의 조화가 필요하다.

철쭉은 본래 꽃을 즐기는 꽃나무였다. 지금도 꽃의 다양성과 아름다움은 다른 꽃의 추종을 불허하리만치 그 위치는 확고하다. 그러므로 철쭉분재를 만들 때 꽃을 무시할 수는 없다. 그러나 같은 철쭉이라도 품종에 다라서는 그 수성이나 화용花容이나 엽성葉性 등이 각기 다르다.

아울러 각 품종의 특성을 충분히 알고 그 특성에 맞는 분재 가구기를 하여야 한다. 에를들어 철사감기를 하여 구부릴 경우 나무에 따라서 접착력이 강하고 빨리 굵어지는 것도 있으며, 접착력이 적고 더디게 굵어지는 것도 있다. 나무가 단단하고 접착력이 없는 수종에 대해서는 되도록 어린 나무일 때 철사감기를 하여야 하며, 가지도 어릴 때 정리해 두지 않으면 안된다.

또한 분수盆樹의 크기도 품종에 따라서 고려치 않으면 안된다. 꽃이 큰 것은 어느정도 높이가 있어야 하며, 가지의 간격도 넓게하고 전체적인 가지수를 적게하면 꽃이 돋보이게 된다. 따라서 나무도 돋보인다. 꽃이 너므 큰 품종을 소품분재로 가꾸면 나무가 돋보이지 않으므로 꽃잎이 적은것이 소품분재에 어울린다.

## 철쭉

몰아넣기와 전정 : 3월~4월

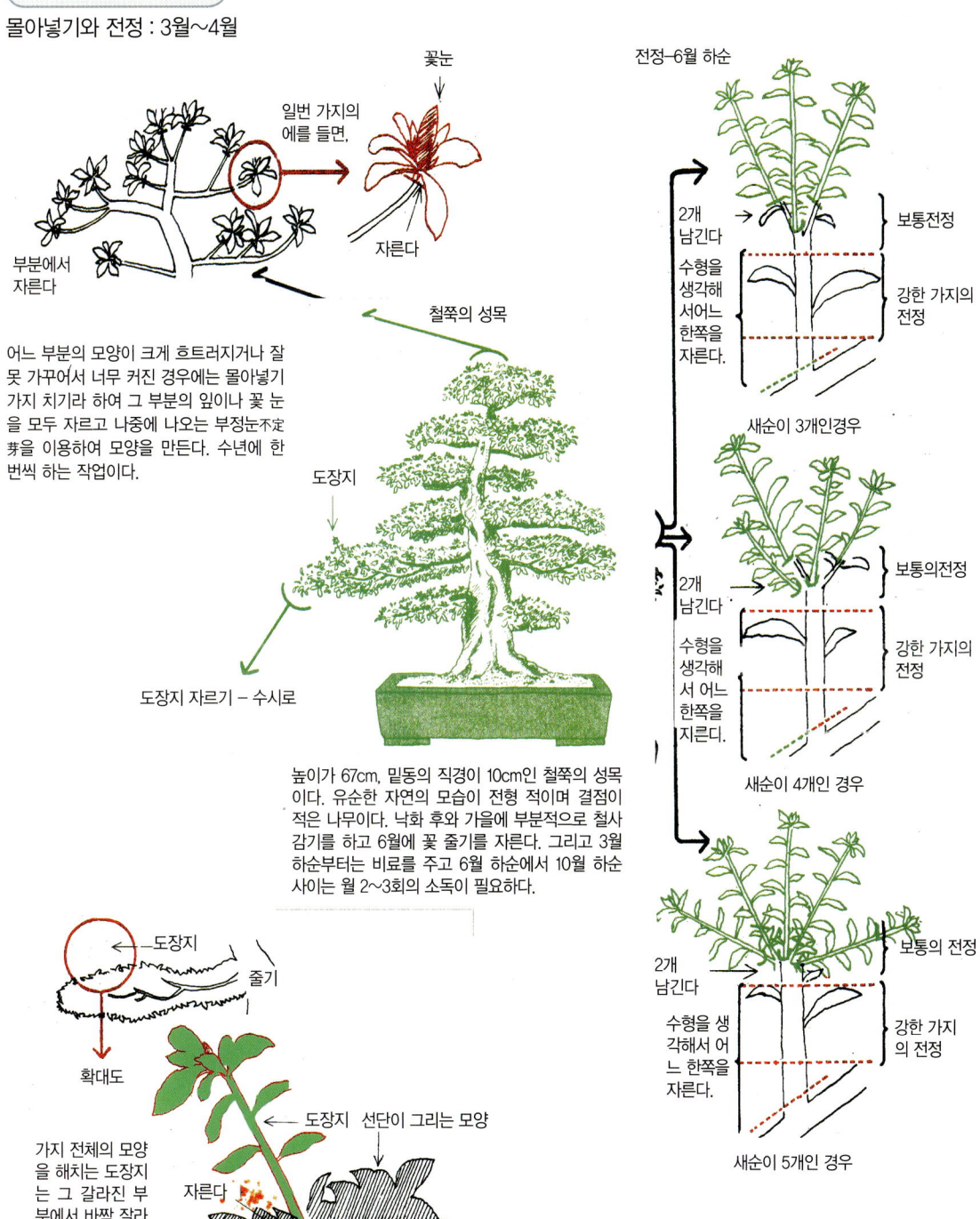

어느 부분의 모양이 크게 흐트러지거나 잘못 가꾸어서 너무 커진 경우에는 몰아넣기 가지 치기라 하여 그 부분의 잎이나 꽃 눈을 모두 자르고 나중에 나오는 부정눈(不定芽)을 이용하여 모양을 만든다. 수년에 한 번씩 하는 작업이다.

높이가 67cm, 밑동의 직경이 10cm인 철쭉의 성목이다. 유순한 자연의 모습이 전형 적이며 결점이 적은 나무이다. 낙화 후와 가을에 부분적으로 철사감기를 하고 6월에 꽃 줄기를 자른다. 그리고 3월 하순부터는 비료를 주고 6월 하순에서 10월 하순 사이는 월 2~3회의 소독이 필요하다.

가지 전체의 모양을 해치는 도장지는 그 갈라진 부분에서 바짝 잘라 버린다.

여가 선용을 위한 분재 기르기의 실제 • 145

중급편

명품 철쭉분재 감상感想

## 약혜비수 수고/상하 71cm 둘레11 수형- 현애

  팔방으로 힘차게 뻗은 뿌리목과 세력좋게 늘어진 가지에서 박력감을 느끼게하는 수준높은 작품으로서 감상자에게 삶의 의욕을 북돋아 주는 작품이며, 또한 전체의 모양이 짜임새 있게 가꾸어져 호쾌한 인상을 준다.

## 홍만중 나무높이-46cm 수형-뿌리올림

　모든 식물들은 춘분이 지나면서부터 기온과 지온(地溫)이 차츰 높아 지면은 분재수들도 긴 겨울 잠에서 깨어나 제각기의 삶을 활성화 하기위해 몸트림들을 한다. 특히 철쭉은 꽃보다 잎순이 먼저 나오게 되는데, 실내에서 겨울을 난 나무들은 새로이 나오는 잎과 줄기가 지나치게 헛자랄 염려가 있으므로 그점에 유의 하여야 할 시기가 바로 이때이다. 아직은 쌀쌀한 3월의 날씨지만, 일조(日照) 시간이 길어짐에 따라 철쭉은 하루가 다르게 잎순이 움직이고 꽃봉오리가 벙글어서 금시라도 터질듯이 나무가 생기가 돌게된다.

**중급편**

### 황산晃山 - 뿌리올림根上 나무높이-15cm

이 작품은 처음 뿌리를 포트에 심어놓고 위에서 밑으로 조금 눌러 노았다가 뿌리가 어느정도 커지면 위로 끌어올려서 구부러진 상태에서 작가 자신이 만들고자 하는 수형으로 만들어 나아 가면서 필요에 따라서는 철사감기로 교정을 한다. 필자는 이 작품을 보고 조금 보태서 말하면, 한동안 말문이 막힐 정도로 작품에 매료 되었다. 예술이라면, 미술, 사진, 문학, 무용 영화, 연극, 건축 등 많이 있다. 예술이란 무엇인가? 어떤 특정한 재료나 기교, 양식 따위에 의한 미美의 창작및 표현이다. 자 그렇다면, 보잘것 없는 조그마한 나무라는 재료를 가지고 이처럼 보면 볼 수록 아름다움을 창작하는 사람이 최고의 예술가라고 하여도 아무도 이의가 없을 것이다. 아울러 예술중 분재예술이 최고라고 하면? 아무튼 이러쿵 저러쿵 말들이 많겠지만, 피카소의 지론데로 새가 우는것을 들으면 즐거웁듯이, 분재도 보고 그 미에 즐거우면 되는 것이다. 처음 세줄기 뿌리가 줄기되어 서로 오르다가 헤어지기가 못내 아쉬워 붙었다 떨어 젓다 하다가 끝내는 한 몸이되어 잎을 내고 꽃 세 송이를 피워 고개숙여 인사를 한다. 꽃 세 송이의 의미는? 이것이 예술의 극치다

**운월** 나무높이-상하40cm 나무둘레-9cm 수형-현애

　철쭉의 소재를 선택할 때는 일반적으로 이미 가지고 있는 수형의 특성을 찾아서 작품을 만든다는 좋은 본보기가 상기 나무이다. 보편적으로 다른 수종들은 수형 만들기가 까다로운 것들이 많은 반면 철쭉은 수형을 창출(創出)하는데 별로 어려움이 없다는 것이다. 위의 철쭉분재는 줄기가 적당히 구부러져 휘다가 그리 많지않는 가지에서 꽃을 달은 모습이 어쩌면 학이 고개를 숙이고 있는듯 하여 감탄사가 절로 나온다 하겠다.

중급편

# 철쭉의 가을철 철사감기는 해롭다

가을을 맞아 철쭉에 철사감기 교정을 하면 나무의 건강을 해치게 된다. 왜냐하면 휴면기休眠期로 들어 가기 때문에 굽혀놓은 모양 그대로 굳어지지 않기 때문이다. 어린나무일 때에는 실내나 온실에서 보호하므로 일년내내 철사 감기를 해도 되지만, 성목成木일 경우는 봄이 되어 새순이 자라나기 직전에 철사를 감아 주는것이 가장 좋다. 봄철에 강하게 다듬거나 굽히더라도 나무가 상할 염려가 거의 없어서 철사감기의 효과를 기대할 수 있다. 새로운 가지가 성장을 거의 끝내는 무렵에 철사 감기를 하면은 목질木質이 연해서 자유롭게 굽힐 수는 있으나 수피樹皮가 연해져서 상하기 쉬우므로 주의가 필요하다.

가을철 철사는 싫어요

## 명경 뿌리올림 / 나무높이 52cm

    철쭉분재의 좋아하는 수형의 하나로 뿌리올림이 있다. 이 뿌리올림의 자품은 50년 전에 싹을 삽목 하여 지금까지 배양해 온 70그루의 중의 한 그루 이다. 자연스럽게 서로 휘감긴 뿌리와 가지(떨어진 가지, 늘어뜨린 가지). 수관부와의 바란스가 맞는 좋은 뿌리올림 분재를 보고 있으면 기르는 사람의 마음이 통쾌 해 진다. 수관부의 수세를 떨어뜨리지 않도록 배양을 해 왔으며 앞으로는 좌우 가지에 탄력을 붙여서 선반 만들기를 진행하는 한편으로, 수관부의 충실에도 역점을 둔 기르기를 하여, 이상적인 뿌리올리기를 추구하고자 한다.

    편저자로써, 실로 뿌리의 얼기설기 어우러진 형상을 보고 새삼 놀라움이 든다 하겠다. 삽목으로 시작하여 50여년이란 세월을 거쳐 훌륭한 분재수형을 만든 작가의 높은 작품 완성도에 실로 말문이 막힐 정도로 수작중의 수작이다.

**중급편**

## 명미세월 나무높이-상하37cm 수형-쌍간현애

　작품을 처음 만들적에는 돋움 뿌리가 두 줄기였으나 중간에 작은 뿌리 줄기가 큰 줄기에 감겨 한몸을 하고 있음이 이 작품의 진 면목이다. 또한 흰꽃 무리에 연분홍색꽃 서너 무리가 포인트가 되어 한층 돋보인다 하겠다.

**육천** 상하70cm 나무둘레17cm 수형-현애

  굵은 밑둥에서 시작하여 모든것을 가지에게 나눠주어 줄기에 금방이라도 흔들릴듯한 꽃들이 조화롭게 피어 있어 보기에 좋다. 그리고 현애수형의 멋스러움을 한껏 느끼게 해 주는 작품이다. 식물들도 자식들에게 모든것을 아김없이 다 주어도 늘 부족할까? 그런데 우리 인간들의 자식들은 왜? 그것이 의문이고 풀어야 할 숙제가 아닐까 싶다. 어쩌면 식물들에게서 배워야 한다면, 너무 가혹한 시련이라고 생각 한다.

중급편

**큰잔** 나무 높이 68cm 줄기둘레(주간) 19cm 수형-취류

    이 수목은 약 40년전에 친구집의 정원에서 파낸 것이란다. 당시, 부분적으로 마른가지가 눈에 띄기 시작했으므로, 즉시 나무상자에 옮겨 심고 3년간 나무의 기운 회복에 힘을 써왔다 한다. 당초에는 무성하여 한 덩어리의 가지였으나, 조금씩 가지 선반을 만들어 갔다. 또, 가지의 모양은 고목이 마른 정취를 구하여 지금부터 4년 정도 전에 만들었고, 이제까지 몇 번이나 분을 바꾸어 가면서 현재에 이르고 있다. 줄기 및 각 가지의 자연스러운 흐름이 대단히 마음에 들었다. 앞으로는 현재의 수형을 유지하면서 더욱 더 기르기에 최선을 다하여 보다낳은 수형을 만들겠다고 소장자는 말한다.

    40년이란 긴 세월에 걸쳐서 만들어 낸 엄숙함이 감도는 수형. 나무 만들기의 오묘함을 새삼스럽게 느낀다. 뻗어 나온 뿌리와 연동한 중간의 움직임에 강력함을 느낀다. 그리고 왼쪽으로만 가꾸어진 수형의 패턴이 특이하여 멀리 떠나간 그리운 님이라도 기다린듯, 한 쪽으로 향하고 있다. 분재가 한쪽으로 기우러져 조금은 부족한 것 같지만, 이것을 분재 수형으로는 취류라고 한다.

**적심**摘心 : 성장이나 결실의 조정을 위한 나무나 농작물의 끝 눈, 생장점 부위를 제거해 주는 일.

## 큰 술잔  나무 높이 63cm 줄기둘레 22cm 수형-부부쌍간

　소장자는 오래간만에 발걸음을 옮긴 지인의 분재원에서 이 작품을 보는 순간, 마치 자기와의 만남을 기다리고 있는 것과 같은 운명적인 느낌을 받았다 한다. 중간정도에서 정점까지 뻗은 나무줄기가 껍질 한 곳이 되집어 꺾여서, 다시 하늘을 향한 시원스러운 모습. 쌍줄기의 다른 한쪽의 자연스러운 흐름으로 늘어진 가지의 유연스러움이 서로 연주하는 것과 같은 모습이 활동을 진력 하는것 같았다 한다. 머릿속으로 수형구상을 즉시 그려본다. 정면을 반대쪽으로 변경, 좌측의 2개의 가지를 빼서 작은사리 모양으로 하고, 약간 올라간 상태였던 주主 줄기 가지의 좋지않는 점을 없애기 위하여, 옮겨 심을 각도를 우측으로 10도정도 기울여 우측으로 흐르게 만들었다.

　이제부터는 수세를 올리면서 가지 끝의 풀림을 다시 가볍게 해 가면서도 소장자의 철쭉분재 만들기의 신조인「엄함」과「외로움,쓸쓸함」의 풍정을 유지하는데 힘쓰고자 한다. 또한, 이면의 나무모습도 대단한 미련이 있어, 될 수 있으면 그것을 쌍방에서 볼 수 있는 작품으로 만들려고도 노력 하고 있다.한다.

　소재와의 일기일회. 만든 사람의 센스와 구상력이 문제되는 나무를 능숙하게 처리하고 있는 것이 놀라울 뿐이다.

　이처럼 비슷한 두줄기를 쌍간 수형을, 사이좋은 부부쌍간이라고 한다.

중급편

## 야다의 거울 나무높이 38cm 줄기둘레 7cm

아름다운 곡선을 그리는 줄기에 조화시킨 가지 만들기. 참으로 임팩트가 강한 작품이다.

이 수형구상은 개성이 강한 떠 있는 듯한 뿌리에 도달하고, 작자의 예리한 감성을 알 수 있다. 또한 시대를 탄 분의 맞춤도 목적을 달성하여 철쭉 꽃이 피는 계절을 손꼽아 기다리는 듯한 나무이다. 작가는 분재를 시작한지 25년이 지났다. 이 수목을 구입 한 것은 자주다니는 분재원에서 발견, 소재로서 구입했다 한다. 신목 상태였지만, 고상(古相)이 나타나 있고, 안마석에 이식하면 멋진 작품을 얻게 될 것이라고 생각했다 한다. 그 결과, 균형이 잡힌 나무 모습으로 만들어졌기 때문에, 앞으로 더욱 더 수형 다듬기에 노력할 것이란다. 또한 가지 끝을 부드럽게 만들어 주고 싶다는 생각을 한다 한다. 소재를 한번 본 후부터 이 작품이 생각대로 묘사되었다니 다행이다. 5간에서 3간에의 개작은 매우 놀라운 기법이다.

**대배** 나무높이-상하 28cm 줄기둘레-19cm 수형-변형된 수형

　편자는 이 글을 쓰면서 이 작품을 보고 신선한 충격을 받았다. 왜냐하면 힘찬 뿌리 밑둥에서 3줄기가 자라 각기 잎을내어 가지끝의 꽃이 단조로우면서도 풍만하고 요염한 자태하며, 이 모든것이 조화를 이루었고 철재로된 분에 옆으로 심은 작가의 발상이 기발하다 못해 충격적이기 때문이다. 누구나 한번쯤 분재기르기에 도전 하여 보는것도 매우 의미 있는 일이라 하겠다.흔히들 분재는 살아있는 예술이라고 한다. 그러면 바로 이 분재가 그것을 대답 해준다고 말하면 어떨까 싶다. 하지만, 판단의 몫은 다 다르다. 그러나 그렇기는 하지만, 사람의 보는 눈과 감정은 각기 다를까? 아니면 같을까?

중급편

# 동백나무
차나무과 / Camelliaiaponica. L.

### • 형태
　동백나무는 상록소교목으로 기부에서 갈라져 관목상으로 되는 것이 많으며 수피는 회갈색이고 평활하며 작은 가지는 갈색이다. 잎은 와생하고 타원형 또는 긴 타원형으로 점첨두(漸尖頭)이고 넓은 예저(銳底)이며 잔 톱니가 있다. 표면은 짙은 녹색에 윤기가 잇고 뒷6면은 황록색이며 엽병은 길이 2~15cm로서 털이 없다.
　꽃은 적갈색이고 1개씩 복생 또는 정생하며 반정도 벌어진다. 꽃받침 잎은 5개이며 난형으로 꽃잎은 5~7개가 밑에 합쳐진다. 과실은 둥굴고 지름 3~4cm로써 3색이며 암갈색 종자가 들어 있다. 꽃잎이 거의 수평으로 펴지는 것은 뜰동백, 흰꽃이 피는 것은 흰동백, 어린가지와 잎 뒷면및 자방에 털이 있는 것을 애기 동백이라고 한다.

### • 특성
　꽃눈은 새 가지끝에 분화하므로 꽃이 진뒤 싹이트기 전에 너무많이 뻗은 가지를 자르지 않으면 안된다. 뿌리는 잘 꺽어지므로 분갈이 할때 조심 하여야 한다. 번식은 씨뿌리기, 삽목, 높이떼기, 접붙이기로 한다.

### • 관상
　동백나무는 국민적 꽃나무의 원예품종이다. 단 분재로써는 목질부가 단단하여 나무의 수형자세를 만들기가 어렵다는 결점이 있다.

실생 2년 후 발아하여 4년차 배양

## 동백冬柏나무의 배양관리培養管理

### A. 봄철관리 3~5월

동백나무는 겨울부터 초봄까지 꽃을 피우다가 3월 말경이 되면 꽃이 지는데, 봄에는 가지치기와 분갈이가 가능한 계절로써 뿌리가 많이 자란 동백나무는 분갈이를 할 때 꽃이 진 후에 하는 것이 원칙이다. 작은 나무는 오전 햇볕을 큰 나무는 하루 종일 햇빛을 받도록 한다.

### B. 여름철 관리 6~8월

6~8월에는 나무의 삽목과 접목이 가능한 시기이다. 7·8월에는 나무의 꽃눈이 보이기 시작한다. 나무의 세력에 따라 적당히 솎아주는 작업이 필요하다. 곰팡이의 원인으로 탄저병이 우려 되므로 통풍과 햇볕 관리를 잘 해주고 과습으로 인한 뿌리 썩음병에 주의하고, 물주기는 오전 중으로 1회준다.

### C. 가을철 관리 9~11월

가을철에는 새 순이 올라오는 시기이다. 이 시기는 분갈이가 가능하고 열매의 채취가 가능한 시기다. 채취한 종자는 그늘에 말려 보관하고 파종시 배수가 잘 되는 땅에 심으면 발아율이 높다. 더위가 가시면 고형 비료를 분위에 놓는다. 물주기는 오전 중 2일에 한번 준다.

### D. 겨울철 관리 12~2월

중부 이북에서는 실내나 하우스에서 관리하고 꽃눈의 관리는 비교적 시원하게 하여 온도의 변화가 많지 않도록 관리 한다. 이 시기는 꽃이 피는 시기다. 물 관리는 3·7일 주기로 오전 중에 준다. 영하의 날씨에는 물주기는 삼간다.

### E. 무늬동백의 특성과 앞으로 전망展望

동백은 다른 수종에 비해 꽃이 풍부할 뿐 아니라 색체 또한 화려하다. 담홍색, 백색 그리고 여러 가지의 표현키 어려운 무늬 꽃이 있으며 꽃잎은 홑꽃, 겹꽃, 중겹꽃, 대륜, 소륜 등 여러 가지가 있어 많은 사람들에게 사랑을 받기에 충분한 꽃이다.

작금에 있어 꽃 감상과 더불어 신비롭고 찬란한 새순의 출현으로 식물 특히 분재계에 일대 광풍이 불고 그에

삼목한 무늬동백을 분에 옮겨 심음.

동백잎을 자른 것은 잎이 크면 물을 빨아올리기 힘이 들기 때문에 자르는 것이다.

## 중급편

2013년도 삼목, 2014년도 10월 15일 분에 옮겨 심음.

삼목하여 분에 옮겨 심은 무늬동백이 자라고 있다.

따른 무늬동백의 마니아층이 늘어나는 것이 작금의 현실이다. 앞으로 국내외적으로 특히 수출에 의한 경제성이 높을 것으로 사료된다.

이웃나라 일본은 1930년에 분재조합을 결성하여 상업적인 기반을 구축하고 활동 하면서 1937년 프랑스박람회에 분재 80점을 출품하여 국제적인 선풍을 일으켰었다. 그리고 1976년 미국 독립 200주년을 기념하여 43점의 분재를 기증하였던바 현재 워싱턴 D.C 국립 식물원에서 기르고 있다.

이를 계기로 분재 문화를 국제화 하는데 상당히 공헌했었다. 앞으로 우리나라도 새로운 분야인 무늬 동백을 더욱 더 연구 개발(開發)하여 국내는 물론이고, 새로운 분야로써 세계적인 위상을 높여야 할 줄로 사료된다. 따라서 산림 당국도 배려와 적극적인 지원이 따라야 할 것이다.

삼목한지 6개월 후 뿌리가 나옴을 알수 있다. (삼목상자)

**지면급수** : 분의 아랫 부분에서 물을 흡수 하도록 하는 것.

　분재수盆栽樹의 소재는 산기山奇와 기식奇植으로, 산기는 산야에서 씨앗이 바람에 날리거나 동물의 방분放糞으로 파종되어 실생實生 된 것이며, 기식은 사람이 인위적으로 나무를 심어 모양을 만드는 것을 말한다.
자생동백나무에 무늬동백을 접 붙여 배양중이다. 앞으로 세월이 저만치 흐른뒤에 명수名樹가 될 것을 믿어 의심치 않는다.

유원동백冬柏 어미나무母樹를 손질하는 유원농원 류재욱 대표

## 동백꽃 예찬禮讚

유원동백 류재욱 대표는 동백나무에 대한 예찬禮讚이 대단하다. 6.25전란 때 제주도에서 배고프고 힘이 들 때, 담가에 소담하게 피어있는 동백꽃이 미치도록 아름다움이 큰 위안이 되었다. 류작가에게 운명처럼 태어난 동백이 있다. 몇 십 년 전 무안의 사위가 가져온 "오죽자" 무늬종 동백이 처음은 빈약하여 잘 자라지 않다가 2~3년이 지나면서 변화가 일기 시작했다.

"다갈색"의 잎 10여 매가 나왔다. 그리고 10여년이 되자 중투엽 복륜 산밴 등의 유려流麗한 얼룩무늬 잎들이 장관을 이루었다. 이것들을 삽목하여 동호인과 제자들에게 나눠주기 시작했다. 이것이 몇몇 곳에서 유원동백이란 이름이 붙여져 전국적으로 무늬동백분재의 붐이 놀라울 정도로 일었다.

류작가는 말한다. 임진왜란 때 우리나라의 하고많은 꽃나무 중에 동백꽃이 얼마나 아름다웠으면 왜장 가토 기요마사가 일본으로 가져가 도요토미히데요시에게 받쳤겠는가고. 류작가는 젊은 시절엔 식물을 연구하는 직장에 있으면서 전 가족의 협조로 85년의 세월을 아무 대과없이 8,000 여 평의 농장에서 분재와 야생초를 기르기 할 수 있었다는 것은 큰 빛光이며 우리나라 분재사盆栽史에 한 획을 그었음을 무한한 자부심自負心과 참으로 운運이 좋은 삶이었다고 미소 지으며 말씀하신다.

〈편저자 조연조〉

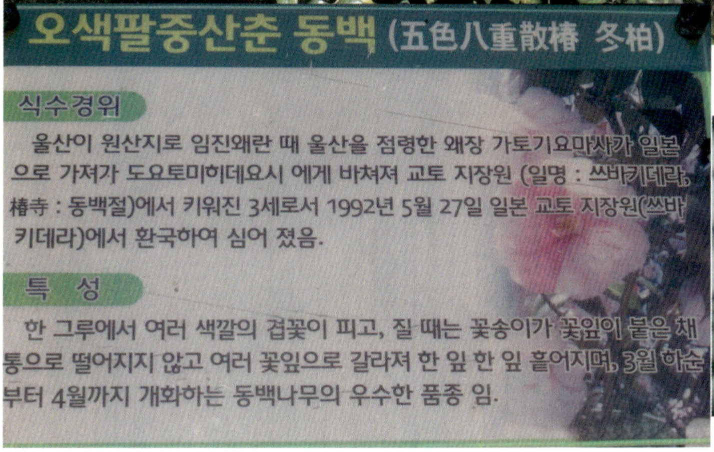

## 오색팔중산춘 동백 (五色八重散椿 冬柏)

### 식수경위

울산이 원산지로 임진왜란 때 울산을 점령한 왜장 가토기요마사가 일본으로 가져가 도요토미히데요시 에게 바쳐져 교토 지장원 (일명 : 쓰바키데라, 椿寺 : 동백절)에서 키워진 3세로서 1992년 5월 27일 일본 교토 지장원(쓰바키데라)에서 환국하여 심어졌음.

### 특 성

한 그루에서 여러 색깔의 겹꽃이 피고, 질 때는 꽃송이가 꽃잎이 붙은 채 통으로 떨어지지 않고 여러 꽃잎으로 갈라져 한 잎 한 잎 흩어지며, 3월 하순부터 4월까지 개화하는 동백나무의 우수한 품종 임.

울산시청 공장에 심어진 동백나무

동백꽃을 주시하는 유원농원 류재욱 대표

중급편

## 접수배양 接樹培養

　분재盆栽의 좋은 종목을 만든다는 관점에서, 해남동백의 가지에 유원 무늬동백을 푸른 가지접을 하여, 습도 조절이 필수이기 때문에 소형하우스에서 60~70%정도의 습도를 유지, 접목 후 3개월.

하루는 피카소가 그림을 그리고 있는데, 어떤이가 선생님이 그리는 그림의 의미는 무엇입니까? 하고 물으니 피카소는 새는 무슨 의미로 울지요 하고 되 묻더라는 것이다. 새가 우는 의미가 있긴 무엇이 있어요 하고 대답하니, 피카소 왈 그러나 새소리를 들으면 즐거웁지요 하며 내 그림도 보고 즐거우면 되는 것입니다 라고 하였다 한다. 사람들은 피카소를 완전 연소된 사람이라고 한다. 과연 피카소다운 대답이다. 그렇다 많은 사람들이 분재란 무엇이냐구 묻는다. 그 대답을 바로 이것이요 한다면 어떨까 싶다. 우리 인간이 때로는 정서적으로 흔들림이 있을 때가 있다. 그것은 지금까지 격어 왔고 보았던 것들이 상식을 벗어날 때이다. 이분재를 보고 글을 쓰는 필자는 한동안 흔들림을 격었다. 처음 두 줄기가 오르다가 중간에 하나로 되었다가 끝내는 줄기에서 가지가 나오고 꽃이 피고 벙글고 하였다.이것은 기르는 사람이 나무가 자라는데로 도와만 주고 철사걸이를 하였을 것이다. 밑 둥치의 오른쪽으로 기우는 듯한 분의 불안정성을 검은 흙에 야생초를 심어 바란스를 잡고자 하였다. 참으로 무어라고 말 하리까? 이 분재수의 생김새에 겸허이 말문이 막힌다. 분재수미의 극치다. 그리고 살아 숨쉰다. 이것이 분재 예술이다.

**치비** : 고형 비료를 지표에 놓아두는 것. 도는 그 비료, 부리의 윗부분에 놓아두어 물을 줄때마다 조금씩 녹은 비료의 영양분을 흡수 하도록 하는 것.

중급편

별명 / 상봉 上峰

산 캐기하여 4년간 동백나무 뿌리根를 배양培養, 우리나라 자생 동백나무 무늬 종을 접목하여 새로운 수형을 탄생시켰다. 회화는 붓으로 작가의 의중을 더하고 빼고 하지만, 분재는 자연적으로 싹을 내어 한 폭의 수채화를 분에 담은 듯하다.

## 땅끝 주립 株立 산지 : 해남

  많은 세월을 눈 비 맞으며 자란, 목대木臺 좋은 자생 동백나무를 산 캐기 하여 유원 무늬동백을 접 붙여 5년 차 배양培養중이다.
  나무 이름에서 보듯 작가의 향토적 정체성이 뚜렷하다. 작가는 우리나라에서 거의 처음 무늬동백의 품종을 개발해, 분재계에서 거의 선도적으로 폭발적인 선풍을 일으킨 몇 안 되는 작가이다. 작품은 현란하지 않으면서 아기자기한 구도가 마치 작가의 겸손함을 말 하는 듯 하다 .

중급편

### 취설동백 冬柏 산지 : 완도

완도의 야산에서 해풍海風을 맞으며 자란, 목대가木臺 야생 동백나무 작가의 눈에 띄어 산 캐기 해, 유원무늬동백을 접하여 6년차 배양品養중이다.

분재盆栽란 스스로의 모습이 단 하나로 국한局限 되면서 최소한으로 간략한 표현이기 때문에, 그 분재수가 갖는 특징이 있어야 한다. 그리고 시점視点이 필요하다. 이 작가의 전반적인 시점은 유려流麗한 잎의 풍성함에 있다. 그리고 작가의 인간적인 면모와 배려가 작품 속에 배어있다.

**펄라이트〈Pearlite〉**: 진주암이나 흙과 요석을 분쇄하여 약 1천도 고온에서 구운 것. 통기성과 배수성이 좋다.

## 무안중투

 옛말에 될 성 싶은 나무는 떡잎부터 알아본다고 했다. 산지는 무안으로 뿌리에 힘있게 뻗은 두 줄기가 앞으로 명목분재가 될 것이다. 유원동백을 접목하여 5개월이 되었다

중급편

## 동백 冬柏나무 고태미 古態美

　분재盆栽를 한 마디로 말한다면 자연에서 생존하는 자연목이나 고령목을 작은 분에 심어서 원래의 모습을 재현하고 계절의 변화에 따른 나무 제 각각의 모습과 그리고 세월의 흐름에 따라 차원 높은 여러 가지 고태미를 감상하면서 나무의 삶을 통하여 자연을 이해하고 보다 나은 인성을 함양 하는데 그 목적과 참 뜻이 있다.
〈접 붙이기 위해 고태미가 있는 해남복륜동백 배양 중〉

## 자생 동백나무

　동백나무 분재로는 보기 드문 수작이다. 세월의 흐름을 말이라도 하려는 듯 밑 둥이 움푹 패였다. 그래도 강인한 생애의 애착으로 줄기에서 가지를 내어 꽃을 피워주어, 참으로 경이롭기만 하다.

중급편

## 자생 동백 冬柏나무 현애懸崖

　이처럼 잘 만들어진 현애 수형의 동백나무 분재로는 보기 드문 수작秀作이다. 동백나무는 목질부가 단단하여 수형의 자세를 매우 만들기가 어려운 결점이 있다. 분재에 있어서 현애란? 일어서기에서 줄기가 벼랑에 매달려 있는 것처럼 보인다. 줄기가 분 가장자리에서 아래로 내려져 있기 때문에 받침대에 위에 놓여 기른다.

## 동백 冬柏나무 모양목 模樣木

  분재는 수종樹種에 따라서 만들기 쉬운 패턴도 있으나, 반드시 이렇게 만들어야 한다는 원칙이 있는 것은 아니다. 어디까지나 이미지로써, 제 각각의 수형의 패턴을 알아두면 분재의 수형 만들기에 많은 도움이 된다. 모양목은 줄기가 자라면서 구불구불한 선을 그리듯이 구부러져 있는 것을 말한다. 자연적으로 만들어진 수형이 볼만하다.

중급편

## 자연적인 분재수 盆栽樹

인간이 사는 자연에는 분재화 할 수 있는 소재가 많이 있다. 따라서 인위적으로 분에 심지 않았다 하드래도 이 작품처럼 생활 주위에 자연적으로 만들어진 분재와 같은 실물을 분에 옮겨 심어 기르기 한다. 다만 자유분방하게 자란 나무를 작은 분에서 기르기 위해 뿌리와 줄기 그리고 가지를 전정하고, 작가의 의도대로 여러 가지 기법을 이용 작품화 한다.

## 제주은엽 銀燁

 은엽 복륜과 지엽성 무늬가 계절별로 나타나는 고정성이 매우 우수한 품종이다. 분재는 줄기도 감상의 대상이 된다. 즉 일어서기, 뿌리에서 힘차게 뻗은 줄기에 가지가 듬성듬성 식구를 이루었다. 아마 이 식구들은 세월이 흐르면 무성한 숲을 이루어 정답게 살아가겠지?

별명 : 겨울株立, 산지 : 완도

　처음은 산반초 미백색의 무늬였다가 결국은 복륜무늬로 변하는 우수한 품종이다. 주립株立이란, 뿌리께부터 여러 줄기가 서로 조화 있게 치솟아 오르는 것을 말한다. 줄기가 3, 5, 7, 9, 11과 같이 홀수로 구성되는 것은 종합의 미를 중요시 하는 분재에 있어서는 너무도 당연한 일이다.

**피부자극법皮膚刺戟法** : 대침竹針을 이용하여 굵게 하려는 피부에 상처를 내 생장 촉진제를 발라 상처부위가 쉽게 재조직이 형성 되기를 바라는 방법이다. 상처를 내는 방법은 가능한 한 철제가 아닌 침으로 피부의 목질부가 보일 정도로 상처를 총총하게 내어서 그 상처에 약제를 물에 타서 바르는 방법.

## 백산반 白散反

 옆으로 누운 굵은 줄기를 산캐기해 분에서 3년간 배양하다가, 진도산 백산반을 접목하여 6개월 후의 수형으로 활착율이 매우 양호하다. 이런 수형樹形을 만들기 위해서는 먼저 본줄기와 옆 줄기의 배치를 미리 그림으로 그려서 그에 맞도록 만들어야 한다.

중급편

### 백산반 白散反 三幹

  자연의 환경에서 살아 숨 쉬고 있는 수목은 여러 가지 모양이 있듯이. 분재에도 여러 가지 수형이 있다. 줄기가 2개인 경우는 "쌍간"雙幹 3개는 3간, 5개 이상은 "포기자람"으로 부른다. 이 "백산반"은 가운데 줄기가 양쪽에 양분을 나눠주고 자기는 어딘지 힘들어 몸이 골이 패이었다. 그리고 우측 잎 위에 흰 눈가루를 흩뿌린 듯한 모습이, 이 작품의 완성도를 높였다.

## 백산반 白散反

 분에 심는 나무는 좀처럼 자연의 아름다움을 만들기 어렵다. 그러기 때문에 인위적으로 자연이 가진 수형樹形을 만들 수밖에 없다. 힘이 있는 밑 둥에 새로운 개체를 접을 붙여서 마치 잎에 얇은 눈이 내려앉은 듯하다.

**중급편**

## 유원동백 冬柏

　자생동백의 밑 둥이 특이해 윗부분에, 유려流麗한 유원동백을 접목하여 새로운 수형으로 만들기 했다. 접목이란? 나무의 어떤 부분을 다른 부분에 접붙이는 것, 즉 대목과 접수의 조직의 형성층을 서로 유착시키는 것을 말한다.

## 유원동백 冬柏 5대주

  나무 밑 둥이 움푹 패이다 못해 강물의 형상이 되었다. 작가는 그 형상의 기기묘묘奇奇妙妙함에 매력을 느껴, 줄기에 유원동백을 접 붙여 전체적인 수형의 흐름이 강물처럼 유연하게 흐르는 듯하다. 이것이 분재예술의 모티브다.

## 동백나무〈꽃〉  학명 : Camellia japonica

한국, 일본이 원산지인 쌍떡잎식물로 측막태좌목, 차나무과의 상록교목으로 키 약 50~200cm, 심기는 3월 중순에서 6월에 실생이나 삽목으로 하며 개화는 1~4월, 기후는 양지를 좋아하고 거름은 5월, 9월, 12월에 준다. 재배 포인트는 병충해가 발생하기 쉬우므로 주의한다.

태평양쪽에 피는 야생 동백꽃은 높은 나무가되고, 열매에서 기름을 채취한다. 우리나라에서는 주로 남부 지방에서 자생하며 변화를 나타내기 쉬운 식물이다. 국외에 소개된 동백이 각지에서 교배되어 새로운 품종이 생겨나고, 그것이 다시 우리나라에 들어와 신품종이 자라고 있다.

### 병 증상

#### 윤문병
※ 통풍이 잘 되게 한다.
- **증상** : 일부 가지의 잎에 노란 원형의 반문이 생긴다.
- **원인** : 바이러스
- **발생하기 쉬운 부위** : 잎, 새싹
- **대책** : 병든 잎은 가지마다 잘라 내어 제거한다.

#### 동백꽃 떡병
※ 5~6월에 발생한다.
- **증상** : 발아 시 새싹에 발병하고, 떡처럼 살이 두꺼워지고 부푼다.
- **원인** : 곰팡이
- **발생하기 쉬운 부위** : 잎, 새싹
- **대책** : 통풍이 잘되게 한다. 발병한 잎은 따서 처분한다.

#### 균핵병
※ 꽃봉오리와 꽃이 부패한다
- **증상** : 부패하여 고사한다. 병든 꽃이 낙화하여 흙속에서 핵이 생긴다.
- **원인** : 곰팡이
- **발생하기 쉬운 부위** : 꽃, 꽃봉오리
- **대책** : 발병초기에 병든 부분을 제거 약제를 살포한다.
- **사용약제** : 톱진M수화제 등

## 암갈색병

※ 봄과 가을에 발생하기 쉽다

- **증상** : 일정하지 않게 암갈색의 병반이 생긴다. 농 흑갈색 대에 테두리가 처진다.
- **원인** : 곰팡이
- **대책** : 통풍이 잘되게 한다. 발병한 잎은 따서 처분한다.
- **발생하기 쉬운 부위** : 잎, 새싹
- **사용약제** : 다코닐 1000, 벤레트 수화제, 만네부다이센M 수화제 등

## 탄저병

※ 가장자리에 흔히 생긴다.

- **증상** : 갈색과 적갈색에서 회색으로 변화하는 발생, 주위는 암갈색.
- **원인** : 곰팡이
- **발생하기 쉬운 부위** : 잎, 새싹
- **대책** : 발병한 잎은 신속히 따서 처분, 통풍이 잘 되게 한다.
- **사용약제** : 톱진M

## 페스터로치어 병

※ 해충의 식해 흔적에서 발생한다.

- **증상** : 갈색에서 회갈색이 되고 그리고 회백색의 병 반상에 작은 흑점이 두드러 진다.
- **원인** : 곰팡이
- **발생하기 쉬운 부위** : 잎, 새싹
- **대책** : 통풍이 잘 되게 한다. 발병한 잎은 따내어 처분한다.

## 백민우병

※ 발병한 뿌리는 즉시 처분한다.

- **증상** : 뿌리 밑동에 백색 곰팡이가 발생, 성장이 나빠지고 마른다.
- **원인** : 곰팡이
- **발생하기 쉬운 부위** : 뿌리 전체
- **대책** : 발생한 뿌리는 남기지 않고 뽑아내어 처분한다.

**식해食害** : 해충, 쥐 등이 식물의 잎이나 줄기 따위를 먹어 해치는 것을 말한다.

## 중급편

### 병 증상

#### 백조병
※ 병이 발병해도 낙엽은 지지 않는다.
- **증상** : 잎의 표면에 회백색과 녹회색의 1cm의 반점을 만든다.
- **원인** : 조류 기타
- **발생하기 쉬운 부위** : 잎, 새싹
- **대책** : 발병한 잎은 신속히 따서 처분하고 통풍이 잘 되게 한다.

#### 반엽병
※ 발병한 잎은 즉시 처분
- **증상** : 잎 일부의 색이 빠져 누르스름한 반점이 생기고, 얼룩과 같은 모양이 된다. 바이러스가 원인으로, 발병한 곳의 치료는 곤란.
- **원인** : 바이러스
- **발생하기 쉬운 부위** : 잎, 새싹
- **대책** : 발병한 잎은 가지마다 잘라서 처분한다. 사용한 가위도 살균하여 둔다.

### 해충

#### 차독나방벌레
※ 독침모를 만지면 심하게 쏘므로 주의
- **피해** : 송충이가 무리지어 잎을 식해. 잎 뒤에서 알로 월동. 5월경에 부화. 8월경에도 발생한다. 송충이를 만지면 발진이 생긴다.
- **발생하기 쉬운 부위** : 잎, 새싹
- **대책** : 발생 초기의 유충은 무리 지어 있기 때문에 해충이 있는 가지는 조용히 잘라 처분한다. 겨울에는 잎 뒤를 찾아서 으깬다.
- **사용약제** : 트레본 올트란제, 카딘D 등

#### 얼룩 배추벌레
※ 5~9월에 걸쳐서 3회 발생한다.
- **피해** : 잎의 표면에서 엽륙만을 먹는다. 피해를 입은 부분은 갈색으로 변한다.
- **발생하기 쉬운 부위** : 전체
- **대책** : 유충은 잎의 표면에 떼를 지어 있기 때문에 발견하기 쉽다. 퍼지기 전 잎과 가지마다 잡아내어 포살 한다.

**활착活着** : 옮겨 심거나 접목한 식물이 서로 붙거나 뿌리를 내려 사는 것을 말함.

### 삼나무 거염 벌레나방
※ 떨어진 꽃은 방치하지 말고 처분
- **피해** : 꽃봉오리에 구멍이 뚫리고 꽃속을 식해. 11월경에 나방이 발생하여 가지와 싹 가까이에 산란하고 이른 봄에 부화하여 꽃봉오리를 갉아 먹는다. 꽃이 낙화해도 안에서 식해를 계속하고 땅속에 숨어든다.
- **발생하기 쉬운 부위** : 꽃, 꽃봉오리
- **대책** : 피해를 입은 꽃을 따 내어 처분. 낙화한 꽃도 빨리 처분.

### 루비 랍벌레
※ 발견하여 칫솔 등으로 문질러 떨어뜨린다.
- **피해** : 적색을 한 납질로 덮힌 해충이 가지에 붙어서 흡즙을 한다. 유충때는 돌아 다니지만, 성충이 되면 다리가 퇴화한다.
- **발생하기 쉬운 부위** : 줄기, 가지
- **대책** : 발견하면 칫솔로 문질러 털어 없엔다. 겨울에 머신 유제를 살포하여 예방한다.
- **사용약제** : 보륜

### 둥근 패각충
※ 가지에 기생하는 흔적이 있다.
- **피해** : 성충이 나무 위에서 월동하고 유충이 5~6월에 발생하여 흡즙 한다. 해충은 좀처럼 눈에 잘 안 띠지만, 기생된 가지에 희미한 흰색으로 변색한다.
- **발생하기 쉬운 부위** : 줄기와 가지
- **대책** : 변색한 가지를 장갑을 끼고 칫솔로 문질러 떨어뜨린다. 광범위한 경우는 약제를 살포.
- **사용약제** : 보약네틱 유제 등

### 청동 벌레
※ 잎을 먹는 녹색 풍뎅이
- **피해** : 몸길이 2cm정도의 풍뎅이로 녹색으로 두른 광택이 있다. 야행성으로 잎을 식해 한다. 유충은 뿌리를 식해 한다.
- **발생하기 쉬운 부위** : 잎, 새싹, 뿌리
- **대책** : 발견하면 포살 한다. 유충은 부엽토 등에 발생하기 때문에 퇴비를 만들 때에는 덮개를 충분히 덮어 둔다.

### 파란 쐐기나방
※ 독침을 가졌기 때문에 직접 만지지 않도록 한다.
- **피해** : 초여름부터 가을에 걸쳐서 1~2회 발생. 줄기에 고추를 만들어 월동하고 부화한 유충이 잎을 식해 한다. 부화한지 얼마 안된 유충은 군생하여 잎의 뒤를 가볍게 먹는다.
- **발생하기 쉬운 부위** : 전체
- **대책** : 군생하여 있는 잎마다 잘라내어 처분 한다. 겨울동안에 고추를 발견하여 없앤다.

**흡즙** : 해충이 식물의 대나 줄기에서 진액을 빨아 먹는 것을 말한다.

## 중급편

### 소나무 학명 Pinus densiflora Sieb. et Zucc.

 소나무는 백목百木의 왕王이라고 불리는 것처럼, 상록으로 수형樹形에는 품격이 있고 가지 모양이나 잎 달림의 아름다움은 다른 나무의 추종을 불허할 만큼 최고이다. 편자는 전국의 분재수盆栽樹를 촬영하러 다니면서 이 분수盆樹를 보고 신선한 경이로움과 충격을 받았다.
 솔씨가 바람에 날려 척박한 바위틈에 싹을 틔워 눈 비 맞으며 몸 이곳저곳이 상처투성이로 힘겹게 살면서도 굴하지 않고 삶을 영위하다가, 분재 애호가에게 발견되어 산 캐기하여 분재로 심어져 오늘에 이르고 있다 한다.
 어쩌면 한민족이 외세에 시달리면서도 강하게 버텨온 정신은, 소나무의 강인한 삶의 정서가 아닐까 싶다. 오늘날 삶이 힘들다고 하는 사람들은 이 소나무 두 그루의 강인한 삶에서 인내하며 노력하는 생활의 지혜를 배워야 할 줄로 안다.
지난날 어린 애가 태어나면 외로꼰 새끼줄에 솔가지와

## 소나무 학명 Pinus densiflora Sieb. et Zucc.

목화솜 그리고 고추를 꽂아 사립문에 금줄을 쳐 삼칠일을 사악한 잡귀의 범접을 막았던 것이다. 그 태어날 때 맺은 인연으로 세상을 떠날 때도 외로꼰 새끼줄에 묶여서 칠성판에 누워 상여를 타고 "이제가면 언제와요" "오실 날자나 일러주오"하며 북망산천으로 갔었다.

그리고 하고 많은 나무 중에 생활의 운반 수단이었던 지게 또한 소나무로 만들었다. 옛날 그러니까 고려시대때 사람이 늙고 병이 들면, 고려장高麗葬을 시킬때도 산 사람을 지게에 지고 산 바위나 큰 돌 밑에 굴을 파고 며칠 먹을 음식을 넣어두고 산을 내려오면, 그 음식이 떨어지면 생을 마감했던 것이다. 아버지와 아들이 고려장을 시키고 산을 내려오면서 지게를 놔두고 내려오니,

아들이, 아버지 지게는 왜 놔두고 갑니까?

응 지게는 버리는 거야!

다음 아버지 고려장 시킬때도 저 지게로 해야 되는데요 하니까.

그 다음 부터는 고려장을 시키는 풍습이 사라졌다 한다.

**중급편**

## 모과木瓜 배양관리

　장미과의 낙엽 소교목으로 가을에 성숙하는 황색의 과실은 방향성이 있고 식용이 가능하다. 옛부터 분재로 활발하게 길러지고 있으며 특징은 거대과실이고 남성적인 가지치기로서 박력 있고 압도적인 수형은 모과나무가 아니고는 찾아 보기 힘들다. 나이가 많아지면 표피는 운문상태로 박리해서 청갈색을 드러내고 광택을 낸다. 이것도 모과나무만이 갖는 독특한 별미로 통한다.

### 실생實生 모과

　실생은 가지가 가늘고 빽빽하게 되며 나무 피부도 생기기 쉬운 장점은 있지만, 유감스럽게도 열매가 달리는 데 많은 햇수가 필요로 한다. 또한 열매가 열어도 작은 것만 열리는 단점이 있다. 대체로 줄기가 많으며 현재는 실생으로 밭에서 많이 배양하여 굵은 줄기의 소재가 생산되고 있다.

### 접목接木모과

　실생모과에 비하여 가지 치기는 약간 거칠어 지지만, 열매분재로서 열매를 즐기엔 접목이 바람직 하다. 접목 4년째 부터 개화하며 열매가 열린다. 실생묘목을 대목으로써 비교적 암꽃이 많은 계통을 접목 하여야 한다. 보통은 밭에서 비배 되므로 줄기는 굵고 구부러져 있는 것을 많이 볼 수 있다.

## 열매를 맺게하는 요령과 가지 만들기

모과의 꽃은 이른봄에 피고 결실하는 것은 충실한 짧은 가지이다. 전년의 짧은 가지의 선단에 생기고, 그곳에서 조그마한 우듬지를 뻗게하여 개화 결실한다. 꽃은 지름 3cm정도의 핑크색 5변화로 거대과실에 어울리지 않게 청순 가련함이 특징이다. 꽃은 많이 피지만 그중에서 결실 하는 것은 극히 적은 암꽃〈자방부분이 크게 부풀어 있다〉이다.

어느것이든 성장이 활발한 가지, 특히 웃자란 경향의 가지에 꽃은 피지 않으므로 수형을 어지럽히는 것 같은 긴 가지는 솎아 주기도 하고 잘라 주기도 한다. 그리고 짧은 가지를 되도록 많이 내도록 한다. 전정은 휴면 기간중에는 하지 않아야 되고 장마 때에는 가능하다.

모과는 잡목성으로 고목성인 수종이기 때문에 머리 부분이 강하게 되기쉽다. 다행히 잘라넣기에 잘 견디고 왕성한 맹아력을 나타내므로 종목 구입후에는 굵고 거칠은 가지를 떼어내어 고쳐 만들기를 한다.

또한 모과의 가지는 위로 뻗는 성질이 있으므로 주가지는 옆으로 뻗게 해놓으면 가지 끝이 위로 쳐 들어서 돋보이게 된다. 가지 만들기의 단계에서는 열매에 구애 받지 말고 새 잎이 5~6마디 자랐을때 2~3잎 남겨서 싹을 멈추게 하고 2번 싹이 자라기 시작하고 나서도 같은 작업을 반복 하면서 잔 가지를 만들어 가도록 한다.

이렇게 하므로서 엽물과 같이 마디 사이가 차있는 가지 갈리기를 얻을 수 있다.

모과의 목질은 극히 단단하고 무른 성질이 있으므로 철사감기는 새 우듬지 중에 마쳐야 한다. 장마때를 선택하여 위로 뻗는 새 우듬지를 덮어서 가지의 기초를 만들어 가는 것이 바람직 하다.

중급편

### 명수에 도전. 일대개작改作.
# 섬 잣나무 五葉松 이름 "보주寶珠"

　"요시다 시게루" 추도분재 전에 출품시에는 사리간이 가지들에 묻혀 있었으나 다시한번 주의할 점은 새삼스럽게 수체樹體를 우측으로 기울어지게 하는 것이였다. 이렇게 해서 소장자가 바뀌고 분이 바뀔 때마다 때때로 소장자의 의중이 작위에 반영되어 오면서 오랫동안 나무가 공개되지 않는 사이 다시 수세는 우측 대각으로 기울어 지고 좌측 밑가지의 절제를 시작으로 하여 가지의 감소를 볼 수 있음과 동시에 우측의 한 가지가 크게 내려뜨려지는 수형을 보기에 이르렀다. 이후 현저한 잎싹의 취입에 의하여 중후한 감이 드는 모습을 보게 된것은 1986년 가을. 인연이 있어 청향원 대표 야마다 도미오씨가 입수하게 되었다.

　도미오 작가는 "보주"를 전부터 보아온터라 마음속으로 나무에 미련이 있던차 자기소유의 나무가 되어서 들뜬 마음으로, 자기가 지금까지 닦아온 수형을 만들고자 온 심혈을 기울여 개작을 시작 하였다. 먼저 수목의 개성과 소양을 보고 이름 "보주"에 그리고 옛모습에 구애 받지 않고 작가의 창의력이 마음껏 발휘 하여 작가는 앞으로 나무의 변화된 아주 멋스러운 최고의 명품분재를 만들기 시작한 작업과정을 궤적 한다.

**환상박피** : 소재의 줄기를 1cm정도 목질부까지 고리 모양으로 깍고 그곳에 황토를 발라서 발근 시키는 방법.

1954년 제29회국풍분재전 출품시 수목의 모습

1986년 미술분재 오크션지에 출품시 수목의 모습

1983년 나무 모습 나무높이-50cm 소장자-야마다 도미오〈청양원〉

　우리나라 울릉도가 원산인 섬잣나무의 변종인 오엽송으로 매우 희귀하게 살아남은 것으로 2차대전 전부터서 오엽송으로서 매우 특이한 사리상을 보물의 구슬로 보고 "寶珠"라 이름이 붙여졌다.

　현존하는 가장 오래된 자료인 1954년에 발행한 산세이도 간〈분재〉에서 보는 나무의 모습이, 당시 보물의 구슬이라고 한 사리부가 상당히 높은 위치에 있음을 볼 수 있다.

　이어서 1954년 제29회 국풍분재전에 등장 하는데, 여기서는 깊은 화분에 밑동을 묻고 다시 수세를 좌측으로 일으키면서 약간 우측으로 비틀어 간상幹上을 가지가 현저하게 잘 풀려져 있다.

　견실하게 키워서 산의 정취가 풍부한 사리의 조형미造形美를 강조 하려고 수형의 대 개작을 궤적軌跡한다.

여가 선용을 위한 분재 기르기의 실제

**중급편**

## 사리를 연결하여 유동감이 있는, 오래된 줄기를 표현

이미 개작 구상은 정해져 있다. 먼저 작가가 생각한 두드러진 포인트는 이제까지 아무도 시도하지 않고 또한 손을 대지 않은 정면에서 보는 둥근 부분이였 다. 소위 사리를 껴 안고 상승하여 후방으로 돌고 점점 구부려 꺽어서 우에서 좌로 격렬하게 가로지르는 줄기 부분은 거친 옛 모양의 살결을 보게 한다고 할 수 있고 "寶珠"의 걸맞는 사리의 흐름을 차단하고, 명백한 시대적인 차이를 느끼게 하고 무예한 둥근 줄기로 한 선을 긋고 있는 것이다. 이것을 현 시대에 맞게 개작하려는 소장자 즉 작가의 의도가 있다.

개작전의 나무의 모습 나무높이- 50cm 좌, 우68cm

1. 중단된 사리를 연결키 위해 전면의 둥근 줄기 부분에 박피의 폭을 정해 칼로 주름을 넣는다.

2. 새로운 사리에 의하여 일관된 시대성을 느낄 수 있게 되었다.

3. 우측면에서 신,구의 사리가 서로 만나는 것을 볼 수 있다.

4. 뒷 쪽에서 보는 부분은 사리의 연속성을 볼 수 없다.

5. 이곳에 새로운 사리를 만듬으로 정면과의 연속성을 표현한다

6. 정면 하부에서 뒤로, 다시 우측면에서 제차 정면을 가로지르는 사리의 흐름이 생겼다.

아울러 지금까지 앞 페이지에서 본 바와 같이 뒷쪽에는 처음부터 사리가 있고, 전면에는 근소하게 엿 볼 수 있는 상태로 중단 되고 있다.

따라서 작가가 먼저 처음 손을 본 것은, 둥근 줄기 부분의 사리를 연결 하는 일이었다. 정면 밑동으로부터 사리의 연속성을 갖도록 함에 있어서 현 줄기의 상태에 따라서 사리의 흐름이 생기고 보다 엄격함이 표현 되어 있다.

이렇게 하여 줄기의 시대감과 수목의 분위기를 깊게 한 냉철한 심미안은 다시 우측 제1의 가지로 기울어 지게 하였다. 우측에 위치한 사리를 끼운 2개의 사리의 유연 함을 표현 하는데 최선을 다하고 있는 노력이야 말로 작가가 다음장에 시도한 개작이다.

둥근 줄기부에 새로운 사리가 만들어지고 이어서 하나의 가지의 조작을 전제로 하여 새 정면은 수체樹體를 약간 우측으로 가게 한다.

여가 선용을 위한 분재 기르기의 실제 • 193

**중급편**

## 하나의 가지의 조작操作으로 나무의 생동감을 강조强調!

1. 가지의 흐름을 덮고 있는 하나의 가지에 라피아가 감기고 많이 들어 올려졌다.

2. 잔 가지수도 현저히 줄어들고 한 가지의 산만함이 정돈되었다.

3. 작업전에 본 좌측 뒤의 가지도 다듬어 지고 사리 줄기부가 한층 산뜻한 수형으로 정리 되어가고 있음을 볼 수 있다.

4. 다시 상부의 가지치기가 진행되고 굽은 줄기의 예술성을 부분적으로 포착한 "보주" 의 이미지를 벗어났다.

앞에서 설명한 개작 과정에서는 전술한 2가지의 핵심이 있다. 그것은 밑동에서 상승하는 2개의 룰 흡수를 명백히 보임으로써 노목의 생명력을 강조하는 것이였다.

우측1의 가지를 대담하게 들어 올림에 따라, 드물게 보는 오래된 줄기는 약동하고 지금까지 숨기고 있던 사리의 강점이 잇달아 표출되어 간다.

이렇한 점들을 수용함이야말로, 단지 특이한 사리를 가진 "보주寶珠"로써의 관념에 머물지 않고, 진정한 "소용돌이 치는 조수潮水"에의 무한한 생동감 그리고 물결의 출렁임의 극대화를 연상시켜 약동감 넘치는 창의력의 결정이 꾀했다.

개작 후-우측면 이면에서 보아도 줄기의 형태는 대단함을 볼 수 있다.

### 우측면에서 보는 변화된 모습

사리를 연결하고 한 가지를 이동 한것 외에는 많은 가지치기가 행해졌으나, 그것은 흔히 노목에서 있기 쉬운 부자연스럽게 두른 가지들이 많이 보였기 때문이다.

줄기 사이에 있는 가지는 가지가 기울때 거짓가지로 사용된체 지금까지 방치되어 온 것을 잘라 낸다.

작업 전-우측면으로 부터 보는 나무의 모습.

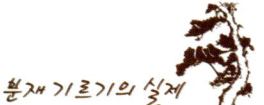

### 뒷면에서 본 변화 된 모습

1. 작업 전 좌측면의 나무모습

2. 뒷면 아랫가지, 정면측에서 나온 가지가 들려져 있는 것으로 정상적인 가지는 아니다

3. 사이에서 자라고 있는 것도 고려해서 잘랐다.

4. 앞에서 깍아내고 높은 연출이 행해졌다.

개작 후 우측면 이면에서 보아도 줄기의 형태는 대단 한 것을 볼 수 있다.

### 좌측면에서 본 변화된 모습

▲작업 전 좌측면의 나무모습

▲가지 부착과 일어서는 상태를 본다. 아래 사진

개작 후 좌측면 가장 밑 가지는 진화되고 한층 더 위의 가지가 밑으로 숙여져 있는 것을 볼 수 있다

### 명수名樹에의 도전 개작 완성完成

숨겨진 분재작가의 기량과 미의식이 어떻게 반영되고, 나무의 나이가 천년이 된다해도 과언이 아닐 정도로 노목의 장엄한 모습은 신선한 기운을 감돌게 하면서 새로운 수격 향상에 이르렀다. 개작 후 바로 명품분재라 해야 할 필요도 없는 것인만큼 철사를 줄이고 싹이 나오기 까지의 미를 추구 한 일도 없었다.그리고 좋은 수형의 배양에만 최선을 다하고 나무의 수형 다듬기에 전념 하였다. 그후 분재 애호가 다카카 레이조씨가 소장하게 되었는데 씨는 개작 후의 모습이야 말로 진정한 미를 자아내고 "보주"를 : "소용돌이 치는 조수"로 개명 하기에 이르렀다. 처음부터 보주로 형성된 사리를 부분적으로 잡는 것이 아니고 노목의 전용을, 격렬하게 소용돌이 치는 조수의 에너지를 확산하는 조류로써 평가 하였기 때문에 개명을 하였다고 생각 한다.

큰 소용돌이 때문에 수형의 변화가 최소키 위해 우측으로 옮기고 다시 작은 소용돌이를 묘사 하면서 새로이 초출된 사리의 흐름에 따라서 원만하게 수용한다. 격렬한 조수의 흐름과 그리고 상승의 에너지와도 "소용돌이 치는 조수"의 이미지 제고에 적합하다.

# 뿌리 이상형理想形의 조건 -너도밤나무-

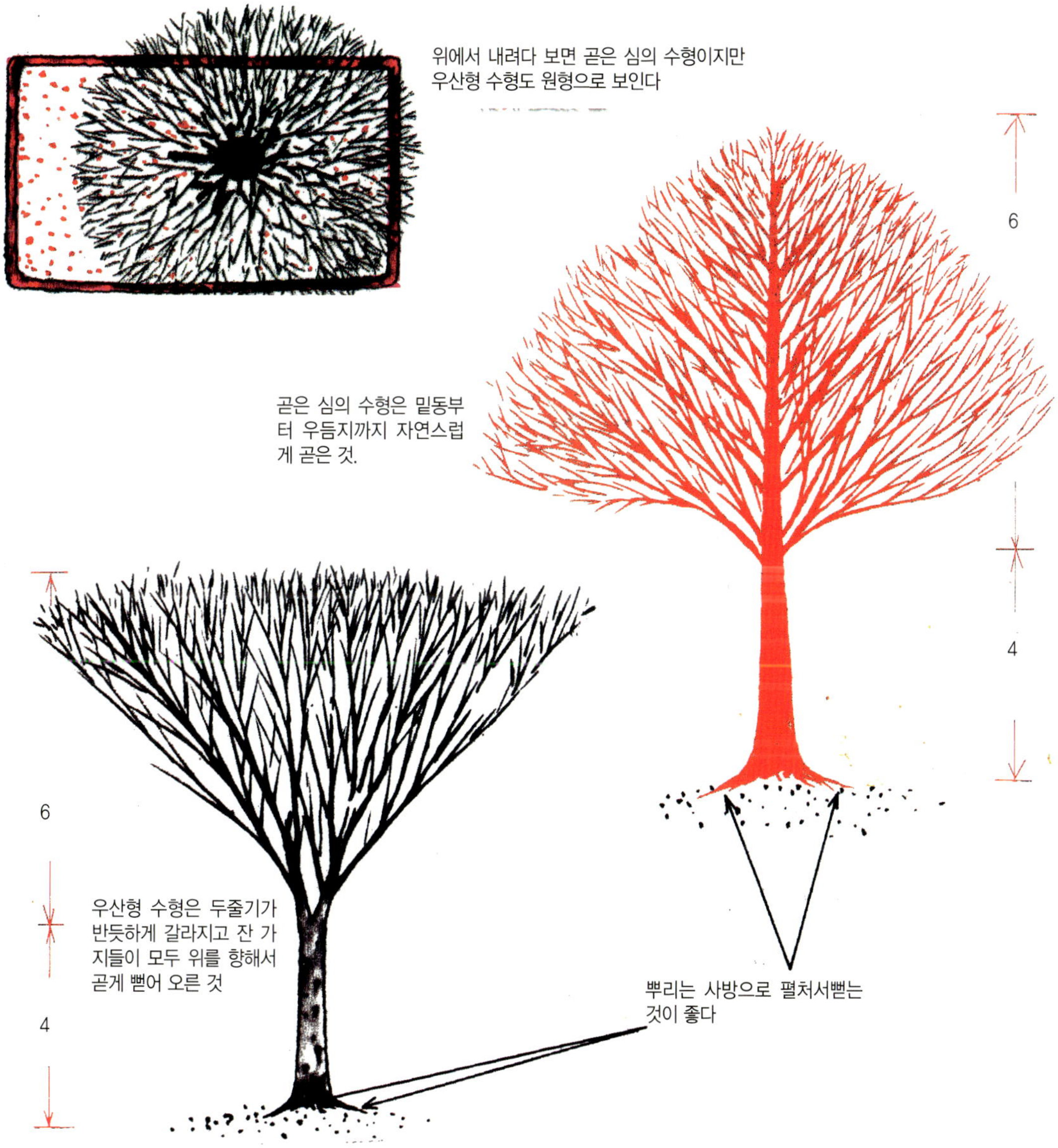

위에서 내려다 보면 곧은 심의 수형이지만 우산형 수형도 원형으로 보인다

곧은 심의 수형은 밑동부터 우듬지까지 자연스럽게 곧은 것.

우산형 수형은 두줄기가 반듯하게 갈라지고 잔 가지들이 모두 위를 향해서 곧게 뻗어 오른 것

뿌리는 사방으로 펼쳐서 뻗는 것이 좋다

여가 선용을 위한 분재 기르기의 실제 • 197

## 중급편

### 잡목류 뿌리 뻗음의 교정

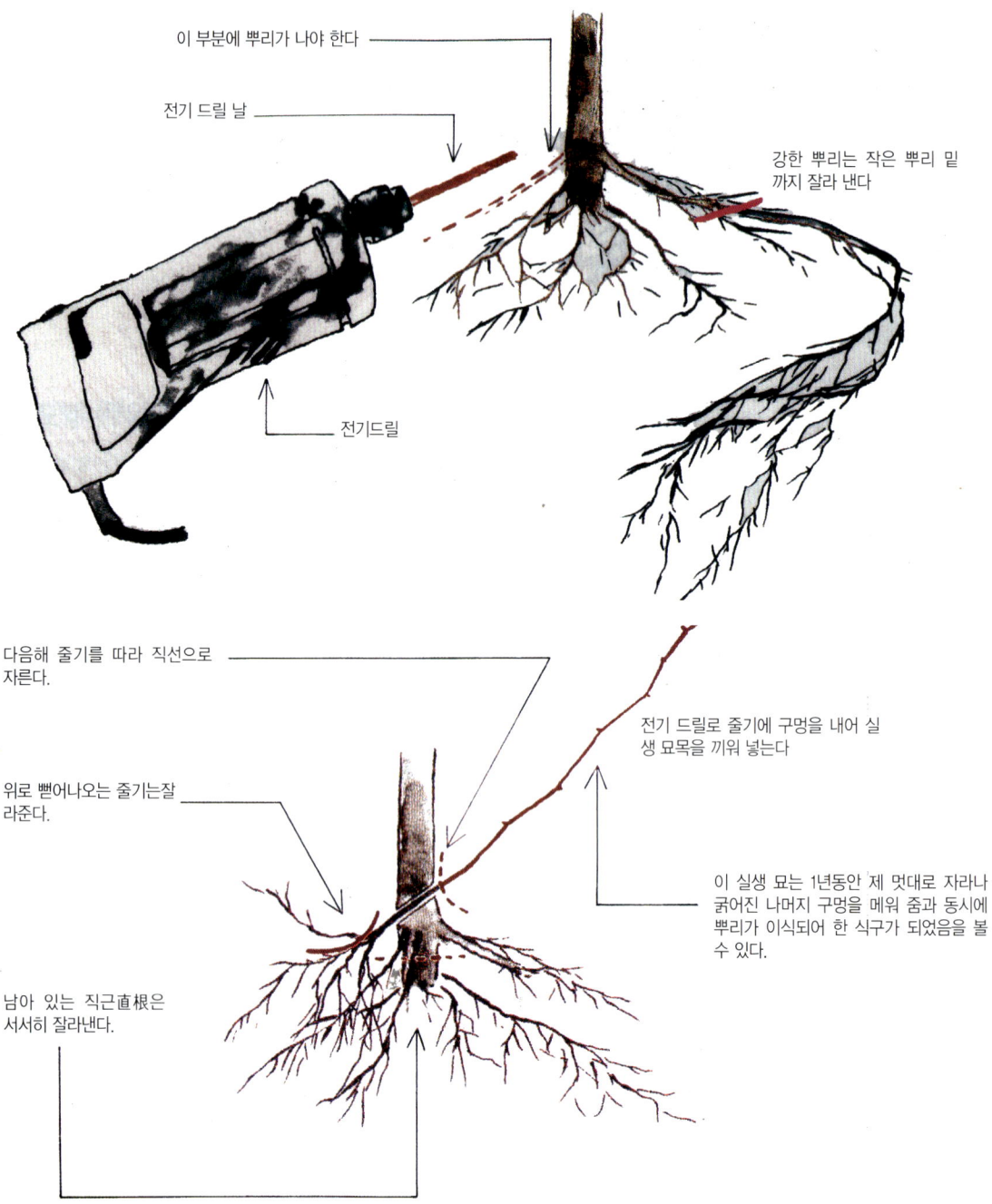

## 잡목류 비뚤어진 밑동의 교정

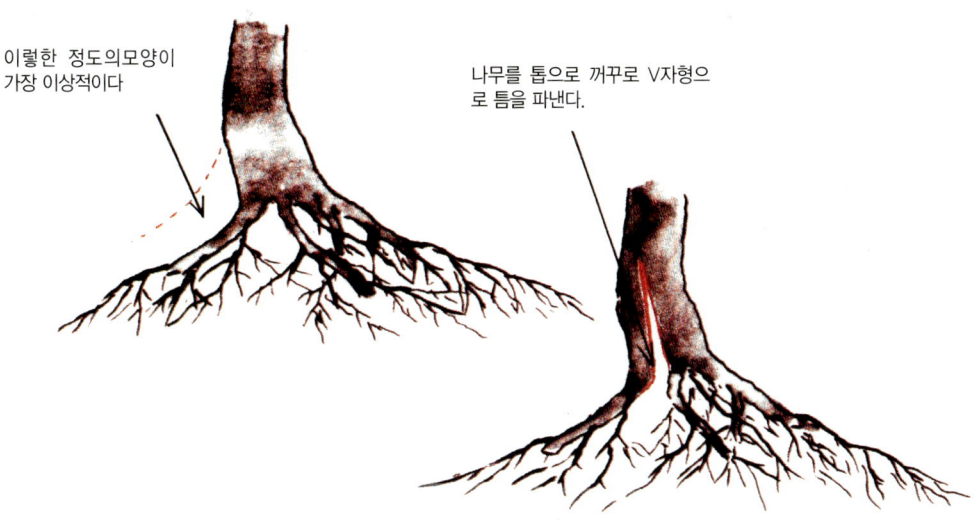

이렇한 정도의모양이 가장 이상적이다

나무를 톱으로 꺼꾸로 V자형으로 틈을 파낸다.

드디어 파낸곳이 새 살이 돋아 난다

쐐기를 박은다음 살이 돋아나면 쐐기를 뽑아 주면 서서히 살이 차서 교정이 된다.

**중급편**

# 잡목류 분지分枝의 교정 – 양 가지가 좌,우로 벌어짐 교정.

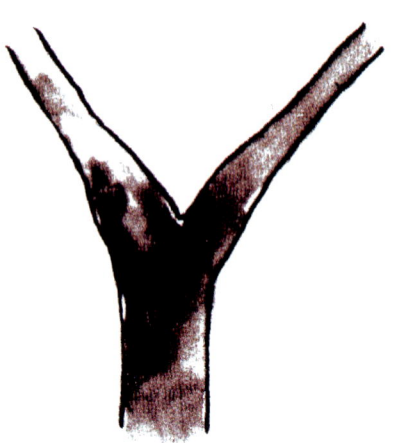

좌우로 너무 심하게 벌어진 가지라든가, 가지의 밑동이 너무 굵은 것 등은 이 방법으로 교정 한다.

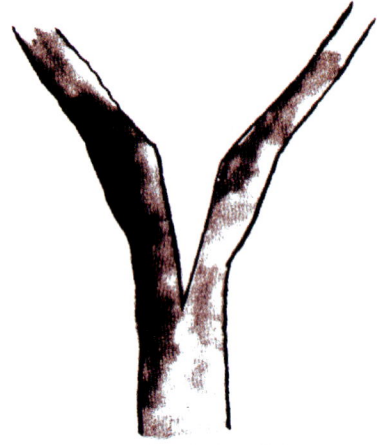

갈라진 부분에서 위로부터 밑으로 향해 톱으로 V자 형으로 홈을 판다.

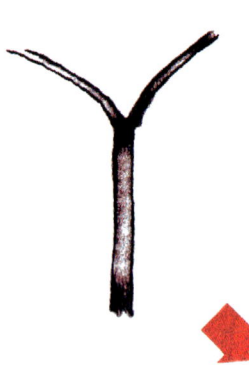

나쁜가지는 제거한다
곁가지, 엇갈린가지, 수레바퀴가지車枝, 아래로 처진가지 下向枝, 선가지立枝 등을 제거한다. 이때 선 가지의 긴 것은 자르지만, 짧은 것은 남겨서 선반가지로 만든다.
위와같이 좋지않는 가지를 제거하지 않고 그대로 두고 이용하는 묘미를 살릴수도 있으니 너무 빨리 제거하지 않아도 된다.

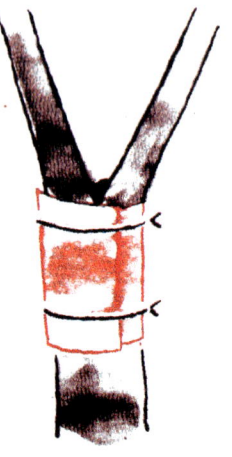

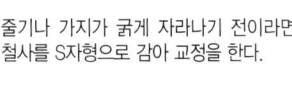 

줄기나 가지가 굵게 자라나기 전이라면 철사를 S자형으로 감아 교정을 한다.

덮계를 만들어 감싸고 철사를 감아 조인다. 상처가 난 곳에는 유합제를 발라서 물이 들어 가지 않도록 한다

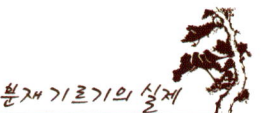

# 느티나무의 개작

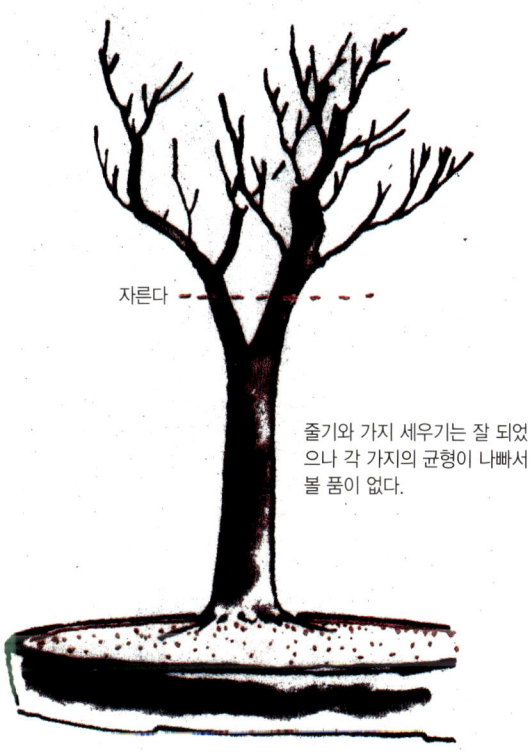

자른다

줄기와 가지 세우기는 잘 되었으나 각 가지의 균형이 나빠서 볼 품이 없다.

자르는 방법은 반드시 V자 형이나 물결형으로 깍는다.

물 이끼를 덮고 마르지 않도록 한다.

다음 해 이른 봄에 가지치기를 한다.

6월 경에 새 줄기는 철사를 감아 바르게 세운다.

잘라낸 부분에서 돋는 새 순은 살리고 가장자리에서 나온 순은 잘라낸다.

불필요한 순

불필요한 순

**중급편**

## 느티나무 배양상培養相의 요점

### 줄기를 굵게 만드는 법

이따금씩 칫솔 등으로 줄기를 씻어 주면 줄기가 빨리 굵어진다.

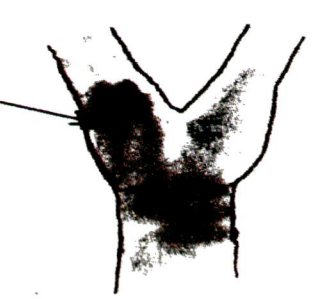

그러나 가지가 갈라지는 부분을 너무 굵어 주면, 그 부근에 혹이 생기는 경우가 있으니 주의할 것

### 헛자란 순 자르기

장차 잘 기르려고 생각하는 가지 중에서 자칫 방심하면 헛 자라서 굵어져 버리는 경우가 있다.

**(어린 나무의 잎 따기)**
어린 나무는 6,7,8월 3차례의 잎 따기를 해도 된다. 이때 잎을 모조리 따도 좋다.(단 충분히 힘이 있는 나무라야만 한다.

**(어린 나무의 비료 주기)**
어린 나무일 때는 봄, 여름 관계없이 항상 고형 비료를 분토위에 놓아둔다.

## 느티나무 잎치기 – 장마때

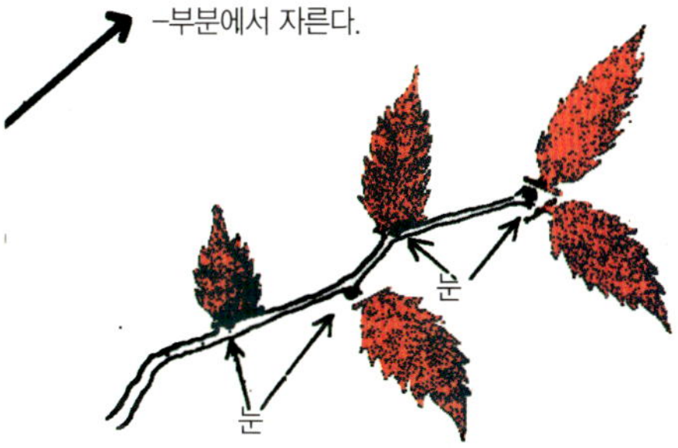

—부분에서 자른다.

눈만 남기고 잎을 모두 가위로 자른다. 이와 같이 작업을 하면 잔 가지가 많이 난다. 힘이 없는 가지나 늙은 가지는 작업을 하지 않는 것이 좋다.

■ 수격의 향상

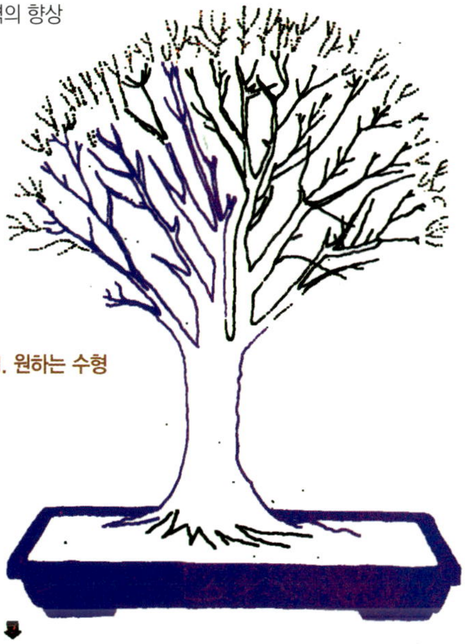

**1. 원하는 수형**

뿌리 뻗음이나 줄기는 좋지만, 느티나무다운 가지 끝의 섬세함이 결여 되어 있으므로 점선 부분과 같이 가지를 손질 한다.

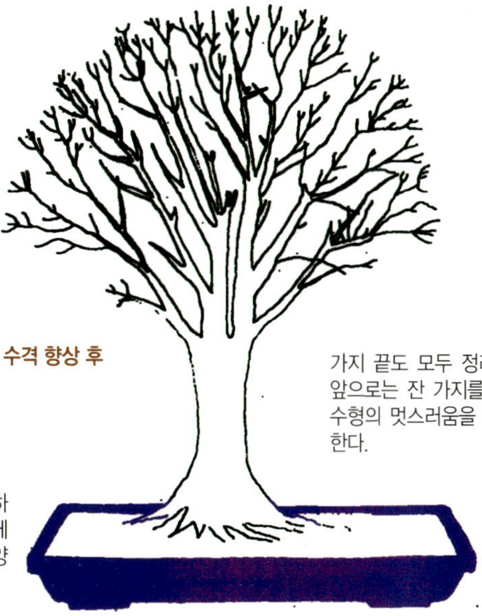

### 가지의 철사감기-잎을 친 직후

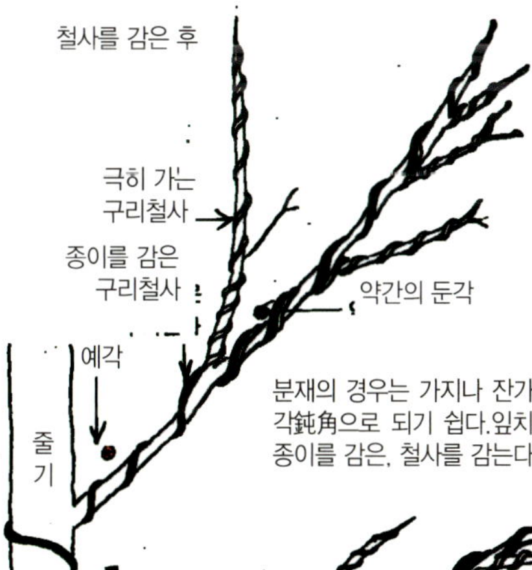

철사를 감은 후
극히 가는 구리철사
종이를 감은 구리철사
약간의 둔각
예각
줄기

분재의 경우는 가지나 잔가지가 둔각鈍角으로 되기 쉽다. 잎치기 뒤에 종이를 감은, 철사를 감는다.

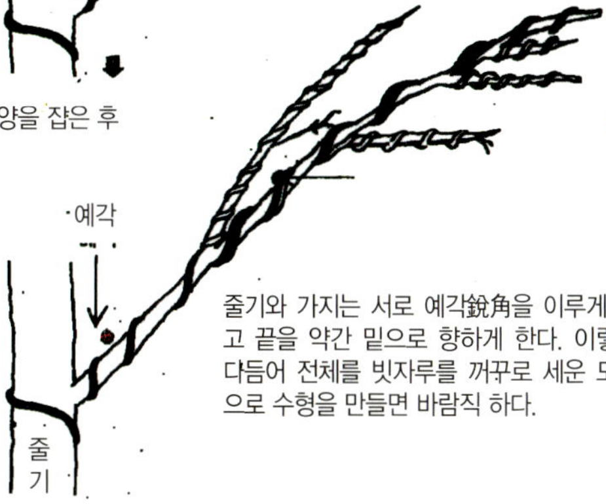

모양을 잡은 후
예각
줄기

줄기와 가지는 서로 예각銳角을 이루게 하고 끝을 약간 밑으로 향하게 한다. 이렇게 다듬어 전체를 빗자루를 꺼꾸로 세운 모양으로 수형을 만들면 바람직 하다.

**2. 수격 향상 후**

가지 끝도 모두 정리 되었다. 앞으로는 잔 가지를 밀생시켜 수형의 멋스러움을 구가 하려 한다.

## 중급편

### 느티나무 가지자르기

시기 : 2월 하순~4월 상순

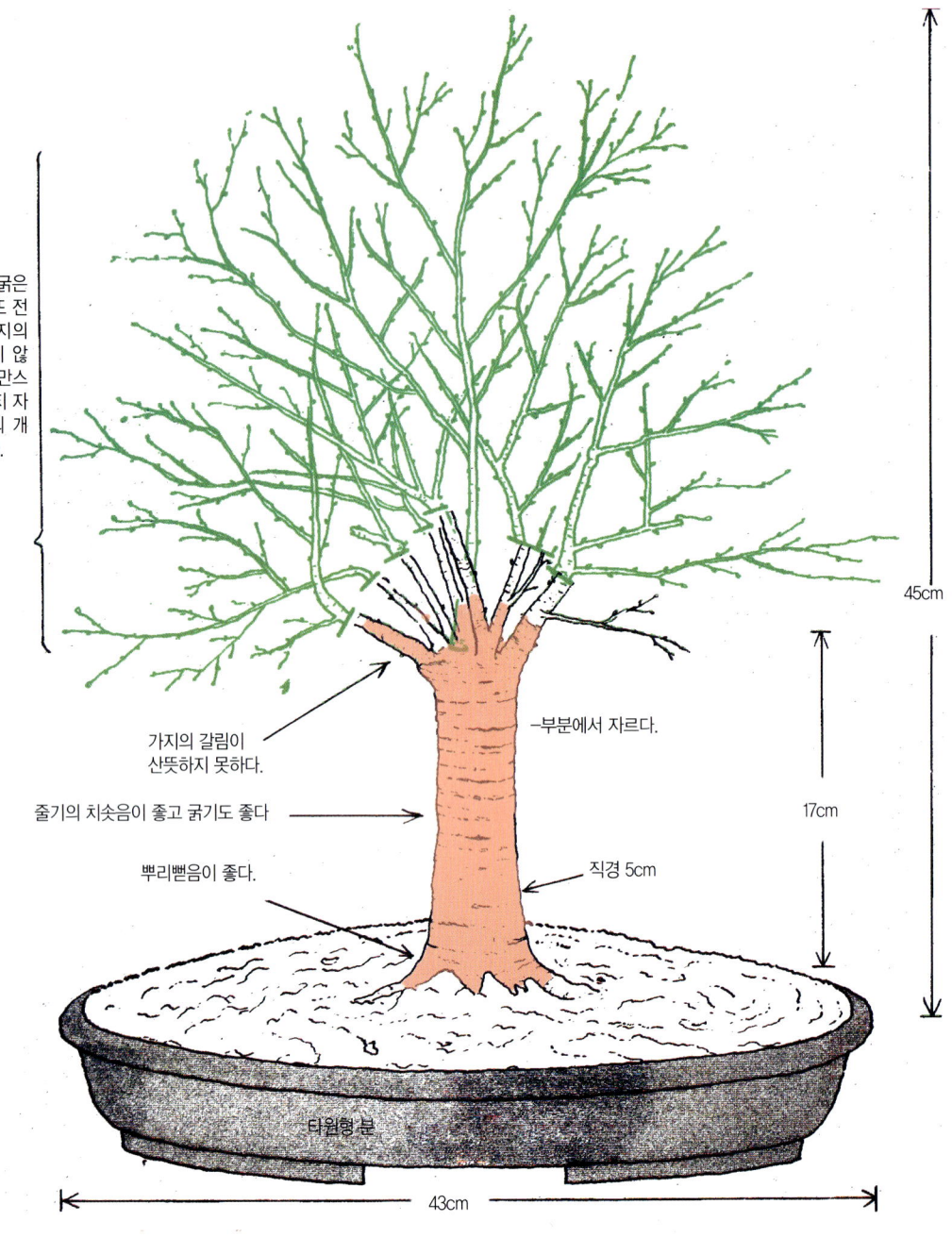

줄기에 비해 굵은 가지가 많고 또 전체적으로 가지의 질서가 잡히지 않아 모양이 산만스럽게 보여 가지 자르기로 수형의 개작이 필요하다.

가지의 갈림이 산뜻하지 못하다.

줄기의 치솟음이 좋고 굵기도 좋다

뿌리뻗음이 좋다.

-부분에서 자르다.

직경 5cm

45cm

17cm

타원형 분

43cm

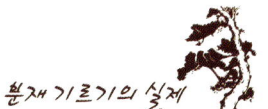

## 느티나무 갈아심은 후

3월중순의 가지자르기 직 후

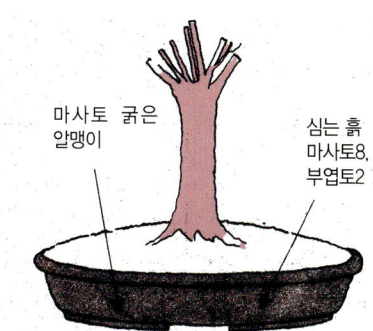

대대적으로 가지를 친 직후에 갈아 심기를 한다. 분은 본래의 것을 이용해도 된다. 갈아 심었으면 물을 충분히 주고 반그늘에서 일주일 동안 둔다.

물주기를 계속하면 남겨놓은 가지에서 새로운 눈이 조금씩 나온다. 이 눈으로 새로운 가지를 만들어 나간다.

### 잎이 무성해 진다 - 5월 하순

가지가 점점 자라서 새 잎이 무성해 진다. 강한 가지는 5월 하순에서 10~15cm 정도 자란다.

## 중급편

### 느티나무 잎치기 후 철사감 – 6월상순

잎줄기 부근에 나와있는 잎 모두를 자른다. 이것이 느티나무의 잎치기이며, 이 작업을 하고 10여일 있으면 새 눈이 나와서 잔 가지가 밀생하게 된다.

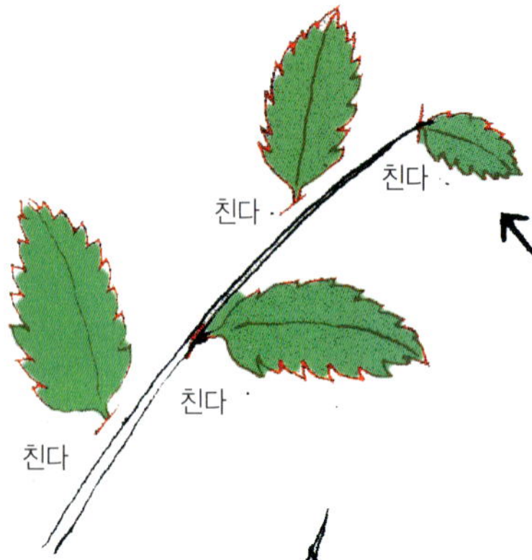

친다
친다
친다
친다

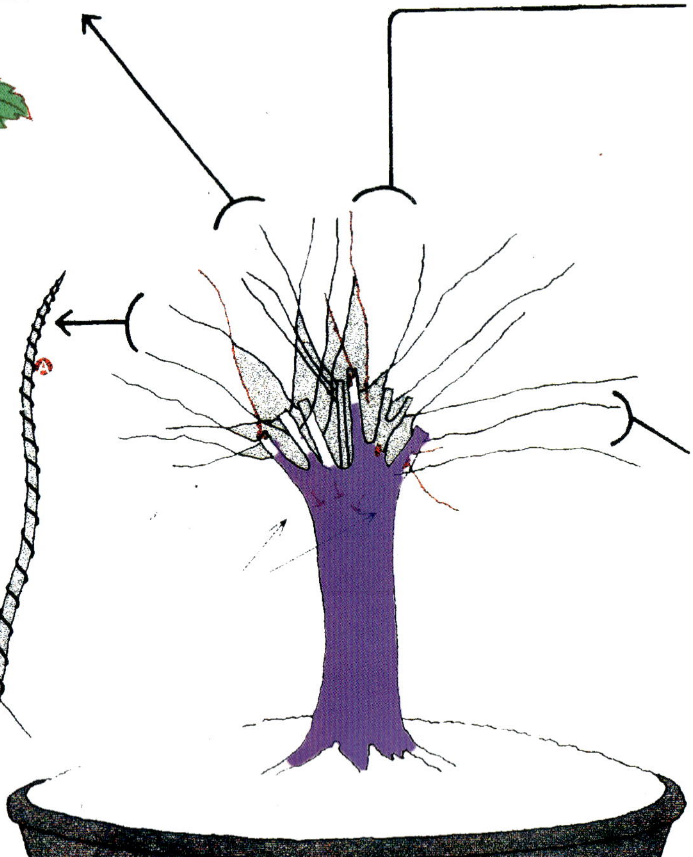

### 새로운 가지의 철사감기
– 잎치기 직후 –

새 가지는 남겨둔 원 가지에서 흩어져 나와 있으므로 0.5mm의 철사를 감아서 원 가지의 방향과 같은 방향으로 향하게 한다.

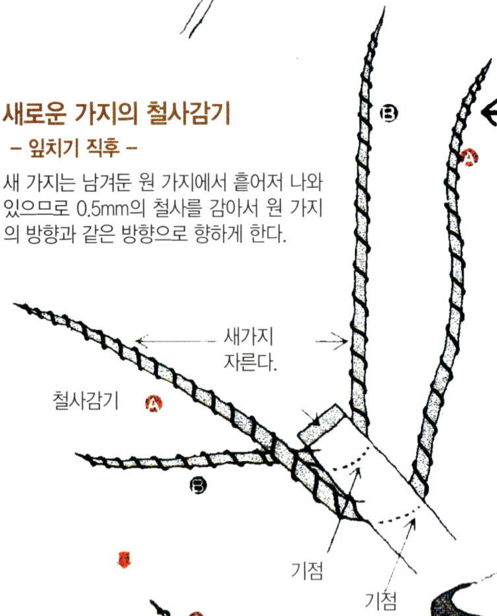

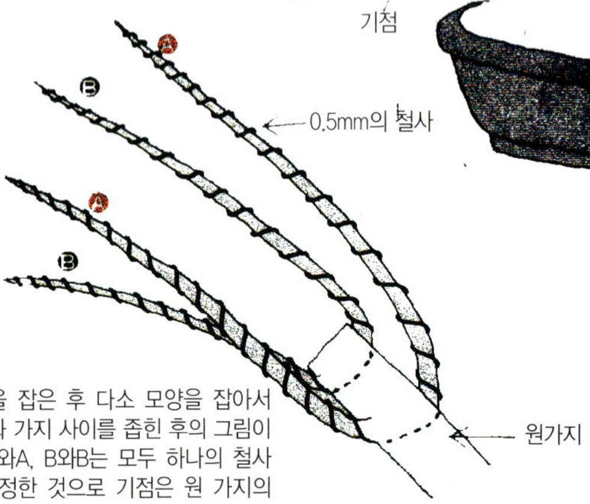

철사감기
새가지 자른다.
기점
기점

0.5mm의 철사
원가지

모양을 잡은 후 다소 모양을 잡아서 가지와 가지 사이를 좁힌 후의 그림이다. A와A, B와B는 모두 하나의 철사로 교정한 것으로 기점은 원 가지의 뒷쪽에 잡는다.

철사감기 전의 나무

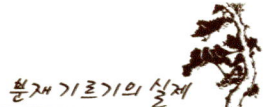

## 느티나무 잎치기 후 철사감 - 6월상순

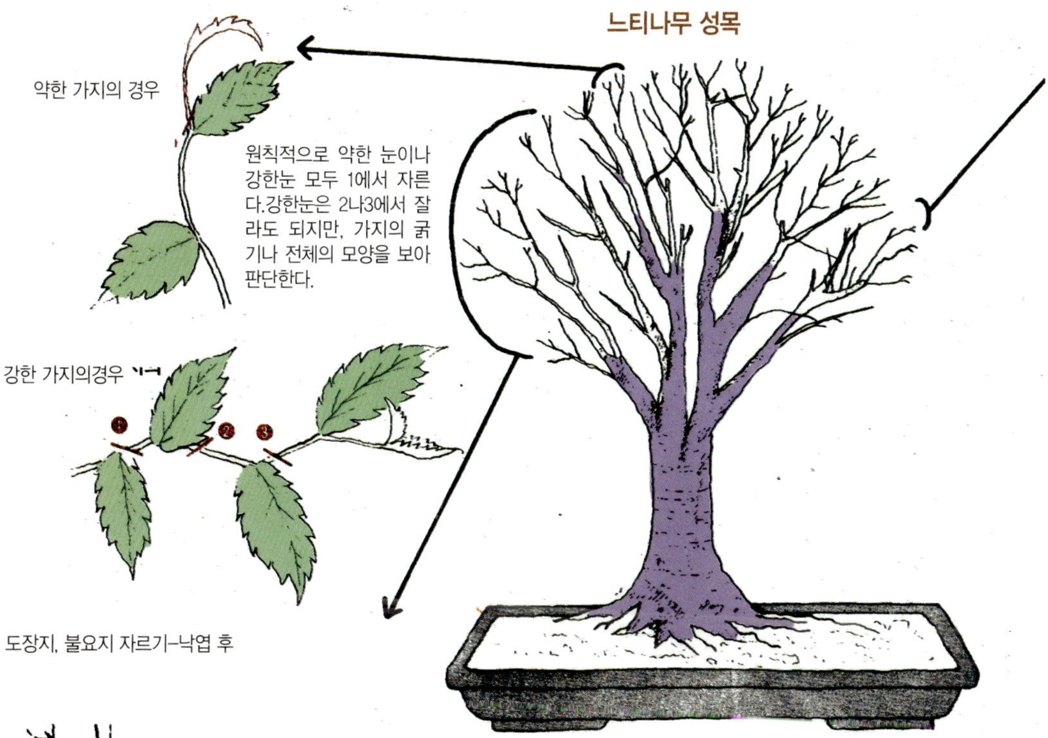

**약한 가지의 경우**

원칙적으로 약한 눈이나 강한눈 모두 1에서 자른다. 강한눈은 2나3에서 잘라도 되지만, 가지의 굵기나 전체의 모양을 보아 판단한다.

**강한 가지의경우**

**느티나무 성목**

도장지, 불요지 자르기-낙엽 후

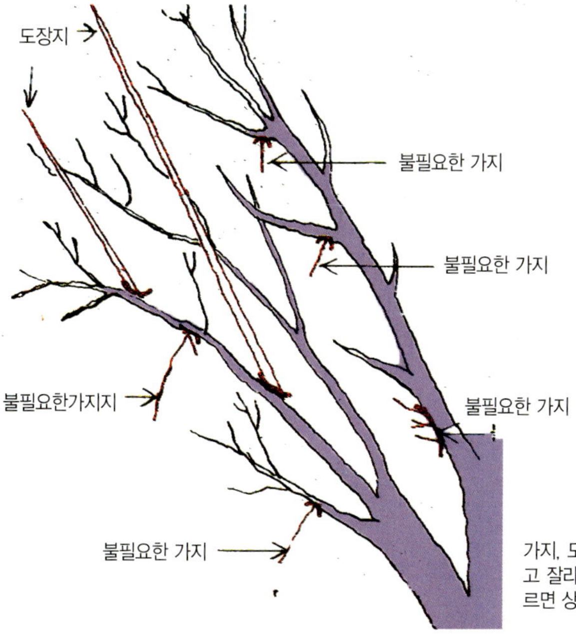

도장지
불필요한 가지
불필요한 가지
불필요한가지지
불필요한 가지
불필요한 가지

이 느티나무는 상부를 가지 치기를 하여 수형 만들기를 한 것이다. 가지의 갈라짐이나 가지 끝에 난점(難点)이 있는데 이 가지 끝을 어떻게 가꾸어 나가는 가에 따라서 결점을 카바할 수 있다.

관리 방법으로는 3월 하순에 보호실에서 꺼내어 4월 상순에서 10월 상순까지 매월 1회씩 비료를 준다. 12월 중순에는 다시 보호실에 넣는다. 그리고 2년에 한번씩 갈아 심기를 한다. 물은 적당히 주어야 하며 흙이 마르는 것은 금물이다. 그러나 다습하면 잎이 커지므로 표토가 마를만 하면 물이 분 밑구멍으로 빠질 정도로 한번씩 주는것이 좋다.

분을 두는 장소의 조건은 오전중에 햇빛이 잘 들고 오후에는 그늘이 지는 곳이 바람직 하다. 겨울은 보호실에서 관라 하는 것이 무난하다.

가지, 도장지, 불요지는 낙엽 후에 자른다. 조금만 남기고 잘라서 마르는 것을 기다리든가, 1년 후에 다시 자르면 상처가 적게 생긴다.

## 느티나무 느릅나무과 학명 / Zekova serrata Makino

### 느티나무 배양관리

**갈아심는 시기와 방법**–새순이 막 돋아나는 3월 중순경부터 하순이 적기이다. 어린 나무일 때는 매년 갈아주고 성목은 너무 자주 갈아 심으면 가지가 억세지기 때문에 2~3년에 한 번씩 갈아심는다. 갈아 심을 때는 묵은 흙을 반쯤 털어내고 엉킨 뿌리의 반은 잘라준다.

**용토**–느티나무는 매우 성장이 왕성한 나무이다. 용토는 마사토7 부엽토3으로 혼합한다. 부엽토는 느티나무 기르기의 필수 조건이다. 시중에서 파는 부엽토는 더러 믿을 수 없는 것들이 있으니 직접 등겨를 섞어서 썩히던가, 채로 흙을 쳐서 고운것을 쓰는 것이 좋다. 왜 고운 흙을 써야 하는 것은 가지의 헛 자람이나 마디의 덧 자람 을 방지하기 위함이다.

**두는장소**–햇빛이 잘 닿고 통풍이 잘 되는곳에 둔다. 여름은 종오부터 그늘이 지는 곳이 좋지만, 그런 장소가 아니면 가리개로 가려 잎이 마르지 않도록 한다. 겨울은 실내에 들여놓아 분토가 얼지 않도록 한다.

**물주기와 비료주기**–느티나무는 보편적으로 물을 좋아한다. 단 많은 양의 물을 주면 잔가지가 웃자라니 적당히 준다. 물주는 횟수는 다른 잡목류와 비슷하다. 여름의 엽수는 필요하고 표토가 마르면 물을 듬뿍준다.

비료는 4월상순에서 중순, 5월 중 하순 9월 중, 하순의 3회정도 기준으로 준다. 과다한 비료를 주면 가지가 웃자란다. 그러므로 깻묵 한가지만으로 충분하다.

## 산딸나무 층층나무과 학명 / Cornus kousa Buerger.

　분재수盆栽樹의 소재는 산기山寄와 기식이寄植으로, 산기는 산야에서 씨앗이 바람에 날리거나 동물의 방분放糞으로 파종되어 실생實生 된 것과 기식은 사람이 인위적으로 나무를 심어 모양을 만드는 것을 말한다.

　이 분재목은 개발로 길가에 버려진 나무를 분재를 아는 사람의 눈에 띄어 이처럼 좋은 명품분재가 되었다.

　-마치 길에 옥이 묻혀 있으나 오는이 가는이 흙이라고 밟고 가지만, 분재를 아는 사람은, 집에 가져다가 이렇게 명품 분재를 만들어 놓는다.

**중급편**

## 뿌리 올림이된 소재

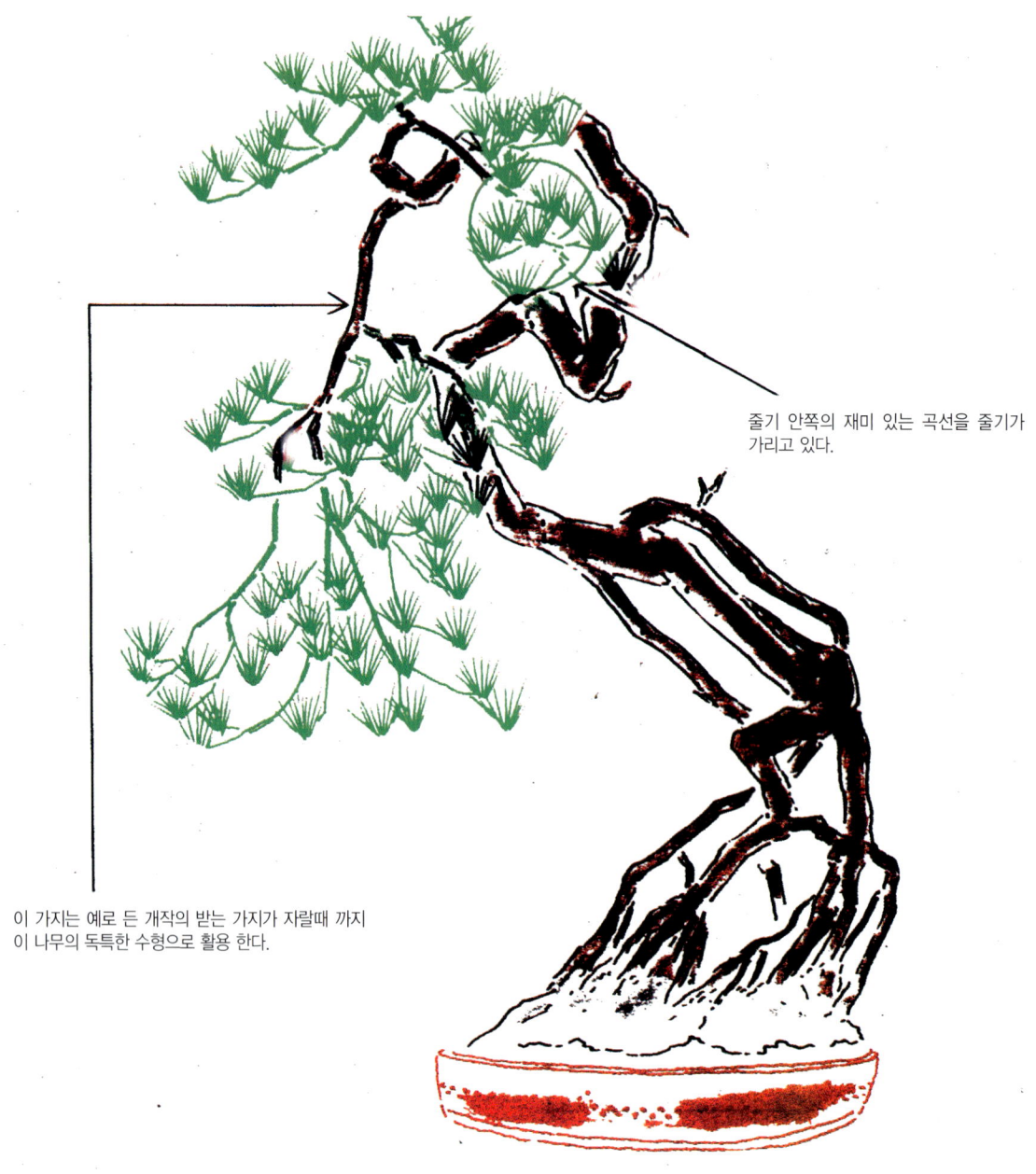

줄기 안쪽의 재미 있는 곡선을 줄기가 가리고 있다.

이 가지는 예로 든 개작의 받는 가지가 자랄때 까지 이 나무의 독특한 수형으로 활용 한다.

## 개작改作의 예

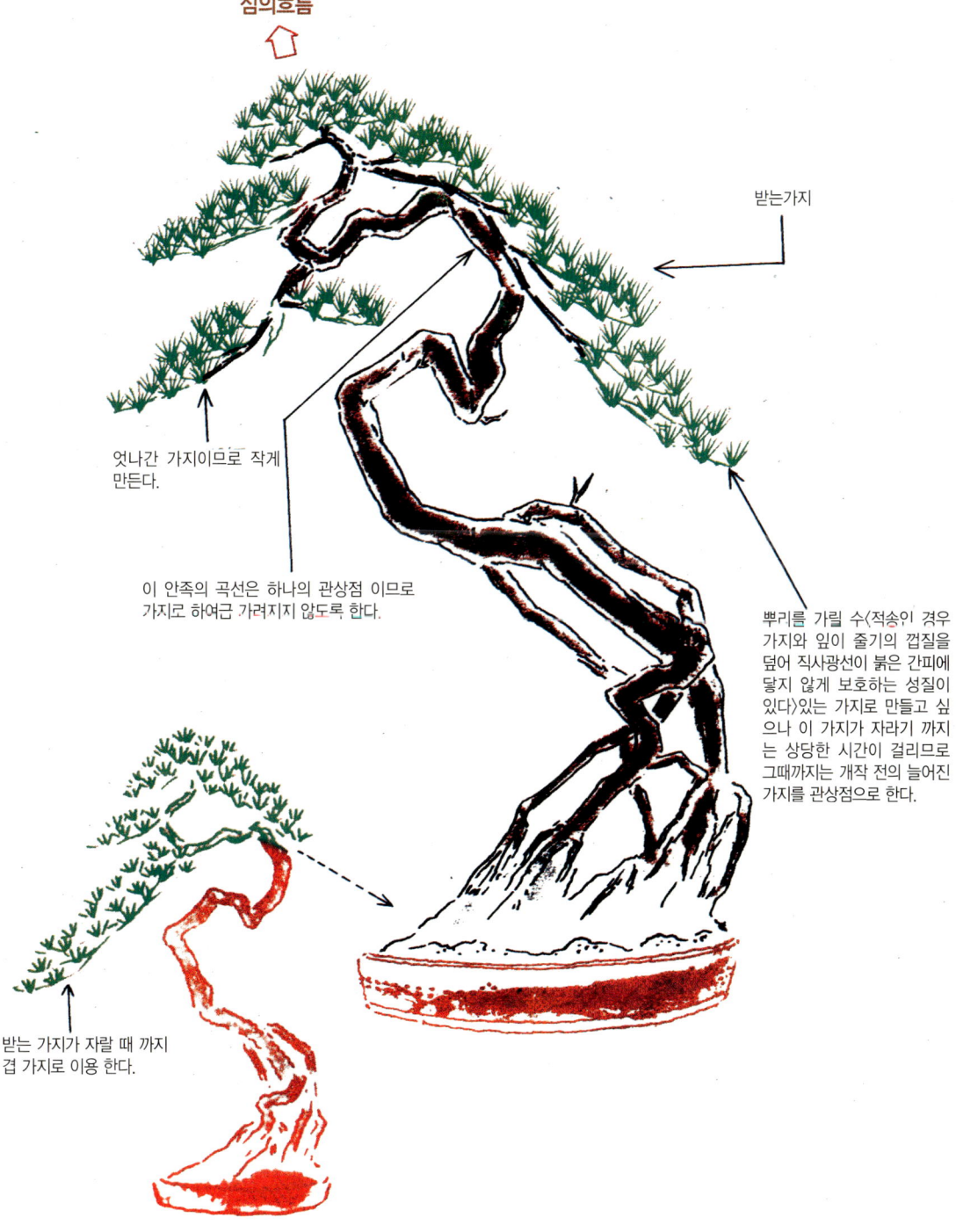

**중급편**

## 만일 당신이라면 어떻게, 가지치기를 하겠는가?

**잡목분재의 예**

**포인트1**
심(芯)이 두개 서 있다. 한개로 정리 하고 싶은데, 돋은 자리에서 잘라도 되는가?

**포인트2**
가지가 너무 빽빽하다. 어느 가지를 잘라야 하는가?

**포인트3**
겹 가지로써 가장 좋은 가지이다. 많은 활용을 하도록 한다.

**포인트4**
아랫 가지가 너무 낮다. 그렇다고 돋은 자리에서 자르기도 아까운데, 어떻게 처리 하는것이 좋은가?

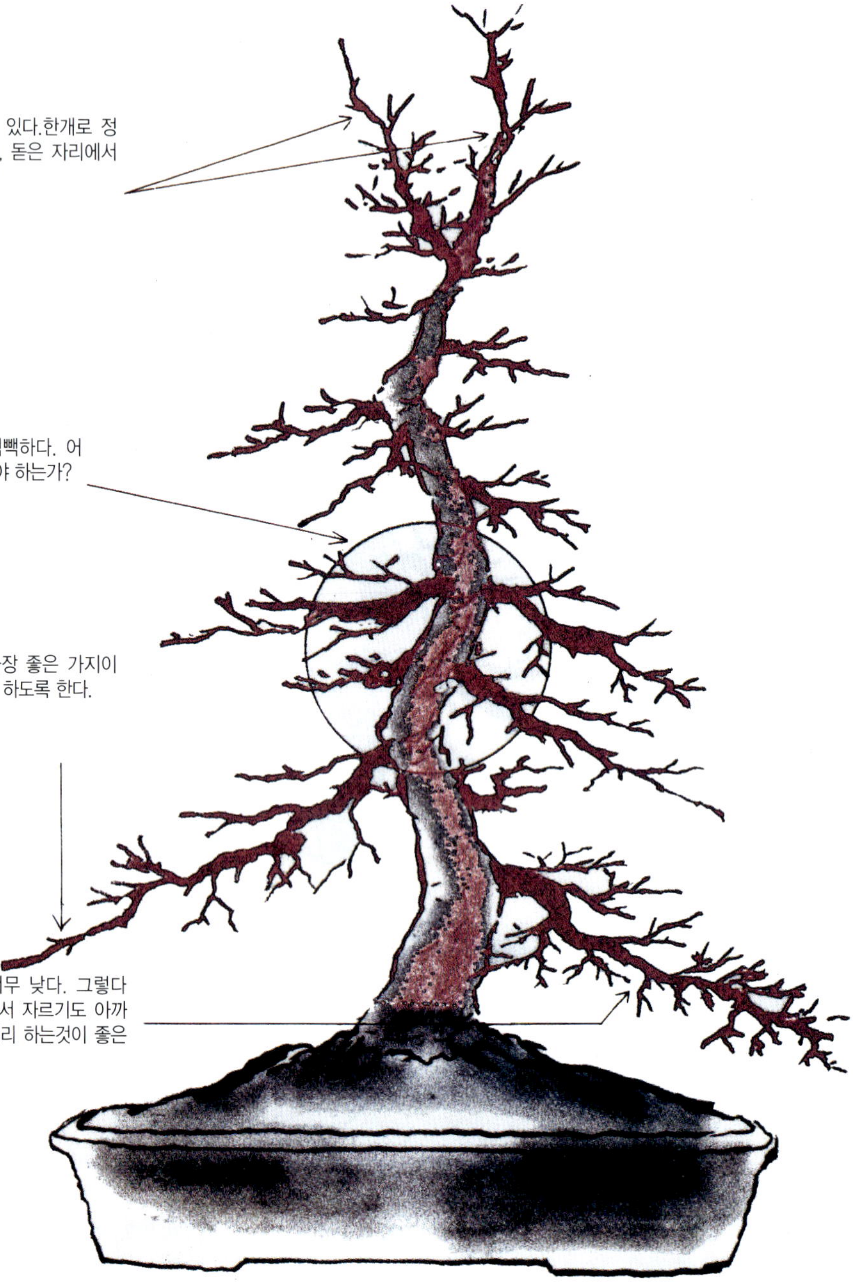

## 가지치기 실제

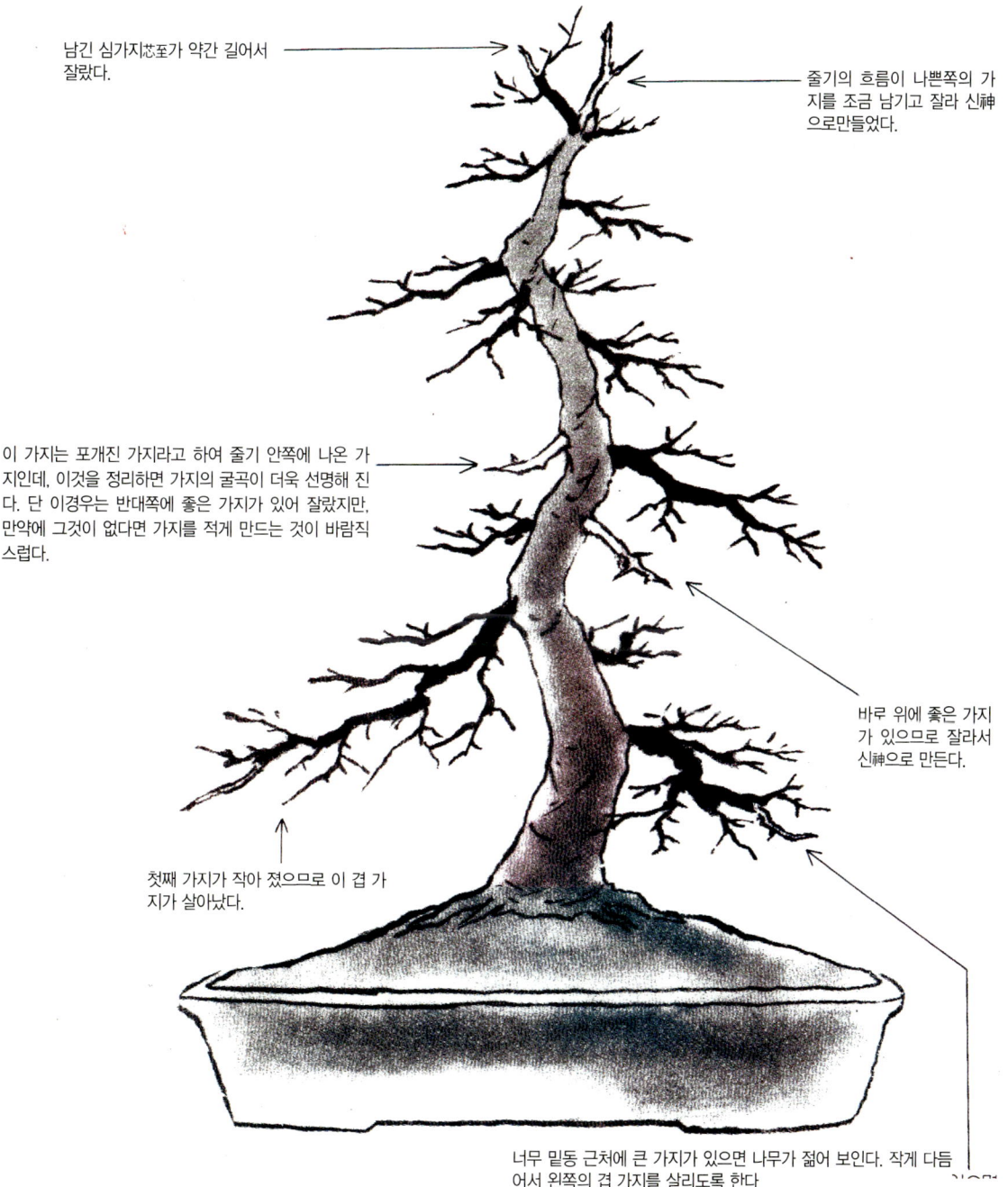

남긴 심가지芯가 약간 길어서 잘랐다.

줄기의 흐름이 나쁜쪽의 가지를 조금 남기고 잘라 신神으로 만들었다.

이 가지는 포개진 가지라고 하여 줄기 안쪽에 나온 가지인데, 이것을 정리하면 가지의 굴곡이 더욱 선명해 진다. 단 이경우는 반대쪽에 좋은 가지가 있어 잘랐지만, 만약에 그것이 없다면 가지를 적게 만드는 것이 바람직 스럽다.

바로 위에 좋은 가지가 있으므로 잘라서 신神으로 만든다.

첫째 가지가 작아 졌으므로 이 겹 가지가 살아났다.

너무 밑동 근처에 큰 가지가 있으면 나무가 젊어 보인다. 작게 다듬어서 왼쪽의 겹 가지를 살리도록 한다

## 중급편

## 잡목류 어린나무 심(芯) 갈아세우기

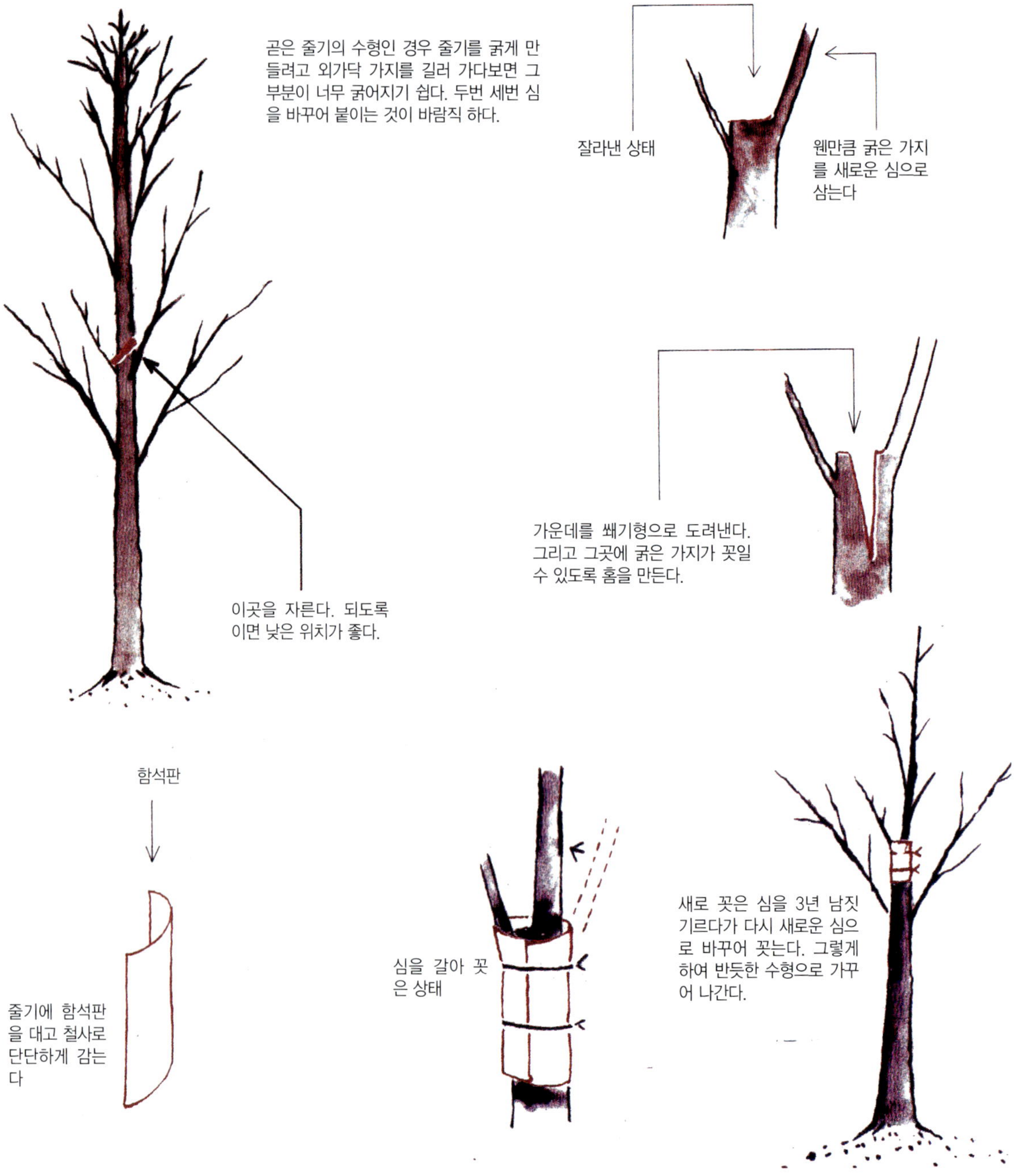

곧은 줄기의 수형인 경우 줄기를 굵게 만들려고 외가닥 가지를 길러 가다보면 그 부분이 너무 굵어지기 쉽다. 두번 세번 심을 바꾸어 붙이는 것이 바람직 하다.

잘라낸 상태

웬만큼 굵은 가지를 새로운 심으로 삼는다

이곳을 자른다. 되도록 이면 낮은 위치가 좋다.

가운데를 쐐기형으로 도려낸다. 그리고 그곳에 굵은 가지가 꽂일 수 있도록 홈을 만든다.

함석판

줄기에 함석판을 대고 철사로 단단하게 감는다

심을 갈아 꽂은 상태

새로 꽂은 심을 3년 남짓 기르다가 다시 새로운 심으로 바꾸어 꽂는다. 그렇게 하여 반듯한 수형으로 가꾸어 나간다.

## 가지 치기의 이론理論과 실제實際

가지 치기는 일반적으로 9월 중순에서 11월 상순 또는 2월 중순에서 3월 상순에 한다. 가급적 엄동기에는 피하는 것이 좋다. 특히 노간주나무, 삼나무, 향나무 등은 추운 시기에 잘리는 것을 싫어 하므로 늦은 봄에 하도록 한다. 가지치기에는 몇가지가 있는데 그 모든것이 수형을 만드는데 절대로 간과할 수 없는 것이다.

### 가지 치기의 이론理論과 실제實際

겹가지, 엇 갈린가지, 수레바퀴 가지車枝, 아래로 처진 가지下向枝, 선가지立枝, 등을 제거한다. 여기서 긴 선 가지는 자르지만, 짧은 가지는 남겨서 선반 가지를 만들기도 한다. 위에서 열거한 가지들을 무조건 적으로 자르는 것만이 능사는 아니다. 최근에는 나쁜가지도 교묘하게 이용하여 묘미를 살리는 경향이 있다. 그리고 팔방八房 섬잣나무는 수레바퀴 가지가 있어도 흠이 되지 않으므로 처리할 필요는 없다.

### 불필요한 가지를 자른다

수형을 만드는데 있어서 불필요한 가지는 잘라 버린다. 자른 자리는 약간 패이도록 도려내고 유합제를 발라주어 새살이 돋도록 도와준다. 또한 자를 때에도 자르는 부분에서 5~10cm쯤 남기고 잘라서 자연적으로 마른 것을 기다렸다가 신神으로 이용하는 방법도 있다. 특히 좀솔송나무는 이 방법이 효과가 있다.

필요없는 가지를 자를 때 주의 할 점은 최종적으로 필요 없다고 하여서 한꺼번에 모두 제거 해서는 안된다. 그것들은 예비가지로 작용하며 줄기의 비대를 촉진 시키기도 한다. 당장에 있어도 무방 한 것이라면 성급하게 잘라 버리지 말도록 한다.

### 희생지犧牲枝의 처리

어린 나무를 양성할 경우 줄기의 비대를 촉진하기 위하여 희생지로써 아랫 가지를 키우는데 너무 굵게 키우면 자른 자리의 처리가 어려워 지므로 적당한 시기에 자르도록 한다.

가지치기의 실제實際 예-소나무

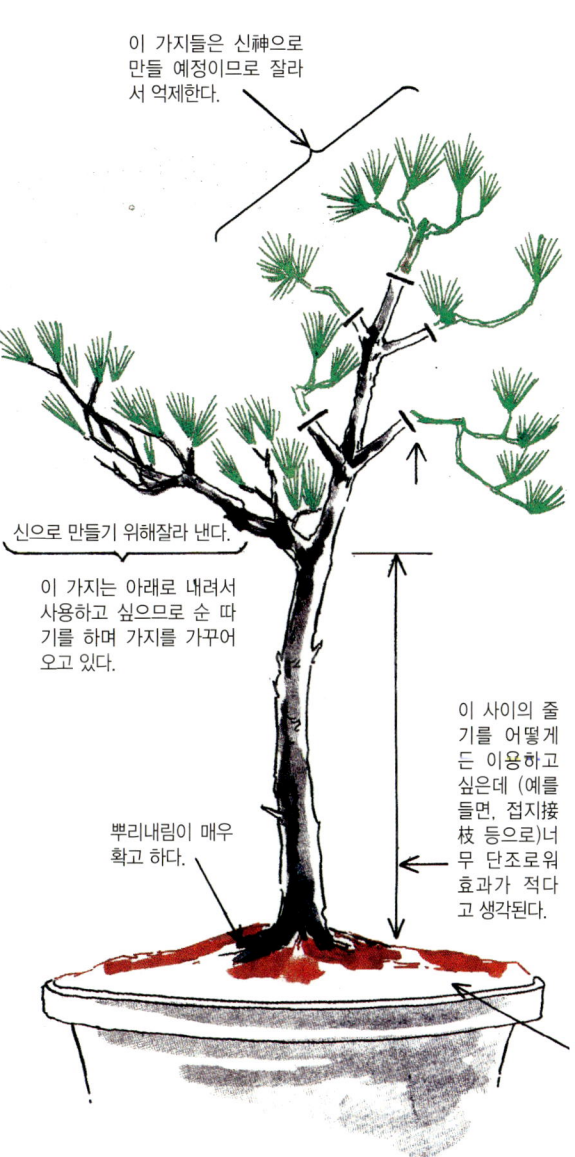

산 캐기 후 분에서 2년정도 배양하고 있다.

**중급편**

## 수형 만들기와 관상점

### 섬잣나무〈五葉松〉

섬잣나무는 오엽백태五葉百態라고, 말할 것도 없이 분재수盆栽樹의 대표이다. 환경에 대한 적응성이 좋아 초심자나 숙달된 분재인들이 즐겨 기르기 하고 잇는 수종이다. 또한 튼튼하고 별다른 무리가 없기 때문에 어떻한 수형으로 만들건, 부자연스러운 느낌을 주지 않는 장점이 있다. 초심자에게 친밀감을 주며 수형 만들기도 쉬우며 한편으로는 아무리 기르기 하여도 실증이 나지 않을 뿐더러 심오하기 까지 한가하면, 풍부한 정취가 있어 가장 흥미있는 나무가 아닌가 싶다. 아울러 섬잣나무의 수형 만들기는 자생지에서의 감각을 염두에 두어야 할 것이다. "오엽백태" 라는 말이 나타내듯 자연에서는 약동감 넘치는 수형들을 볼 수가 있다.

섬잣나무는 지금 우리나라 어디에서나 분재소재로 쉽게 입수할 수 있기 때문에 원래는 생육 환경이 험준한 고산에서 자생하는 나무라는 것을 자칫 망각하기 쉽다. 고산의 자연 환경의 냉엄함과 가열苛烈함을 견디면서 살아가는 섬잣나무의 모습을 배우는 것이 수형 만들기의 첫 걸음이다.

### 직간-수형 만들기 전의 모습

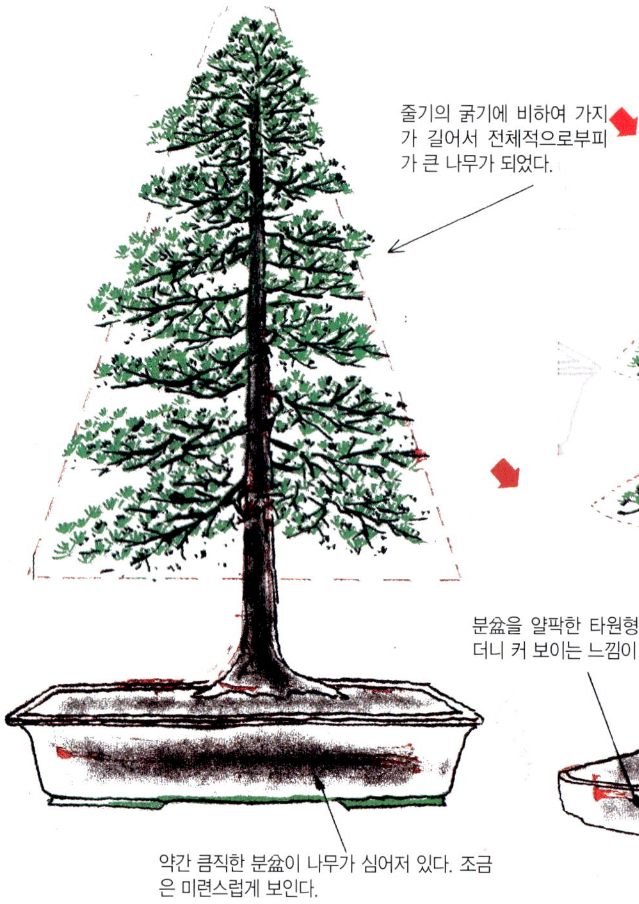

줄기의 굵기에 비하여 가지가 길어서 전체적으로부피가 큰 나무가 되었다.

약간 큼직한 분盆이 나무가 심어저 있다. 조금은 미련스럽게 보인다.

### 직간-수형 다듬기 후의 모습

나무의 부피를 한 단계 줄이고 각 가지의 길이에 변화를 주었다.

분盆을 얄팍한 타원형으로 바꾸었더니 커 보이는 느낌이 든다.

## 쌍간雙幹—수형 다듬기 전의 상태

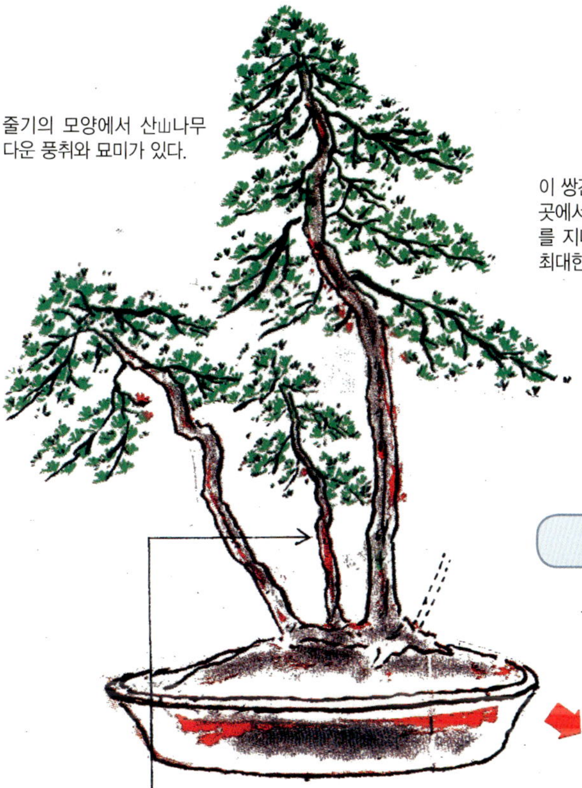

줄기의 모양에서 산山나무다운 풍취와 묘미가 있다.

이 쌍간체의 나무는 산 캐기한 나무로써 조건이 매우 열악한 곳에서 자랐듯한 삼간三幹이지만, 연륜과 운치가 있는 줄기를 지니고 있음이 시선을 머물게 하고 있다. 이렇한 장점을 최대한으로 살리려 한다.

## 수형 다듬기 후의 모습

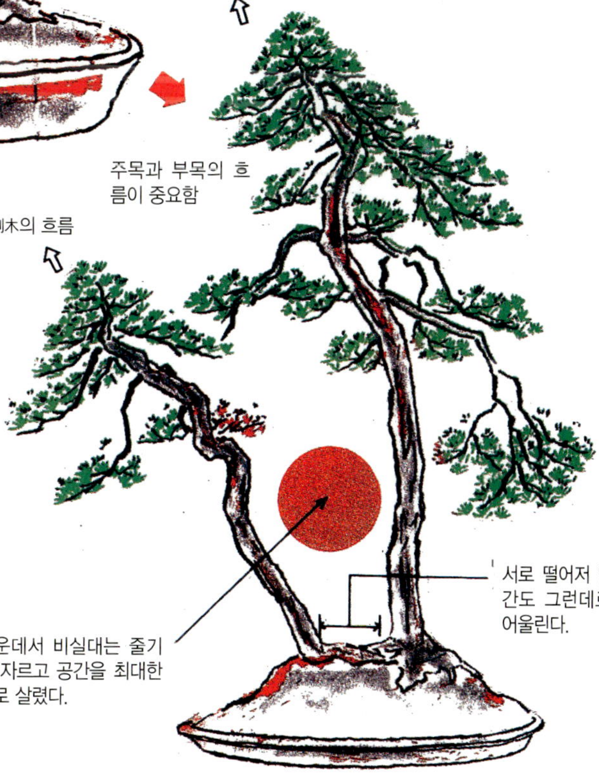

주목主木의 흐름

주목과 부목의 흐름이 중요함

부목副木의 흐름

중앙에 작은 줄기가 서 있는 삼간三幹이 었으나, 양 줄기에 치이고 햇빛을 제대로 받지 못하여 제대로 자라지를 못했다. 만일 이것이 점선으로 표시한 주간 바깥쪽에 있었다면 그늘이 지지 않아 크게 자랐으면 삼간수형으로 좋았을 것이다.

가운데서 비실대는 줄기를 자르고 공간을 최대한으로 살렸다.

서로 떨어져 있는 쌍간도 그런데로 어울어울린다.

여가 선용을 위한 분재 기르기의 실제 • **217**

## 삼간三幹 - 수형 다듬기 전의 모습

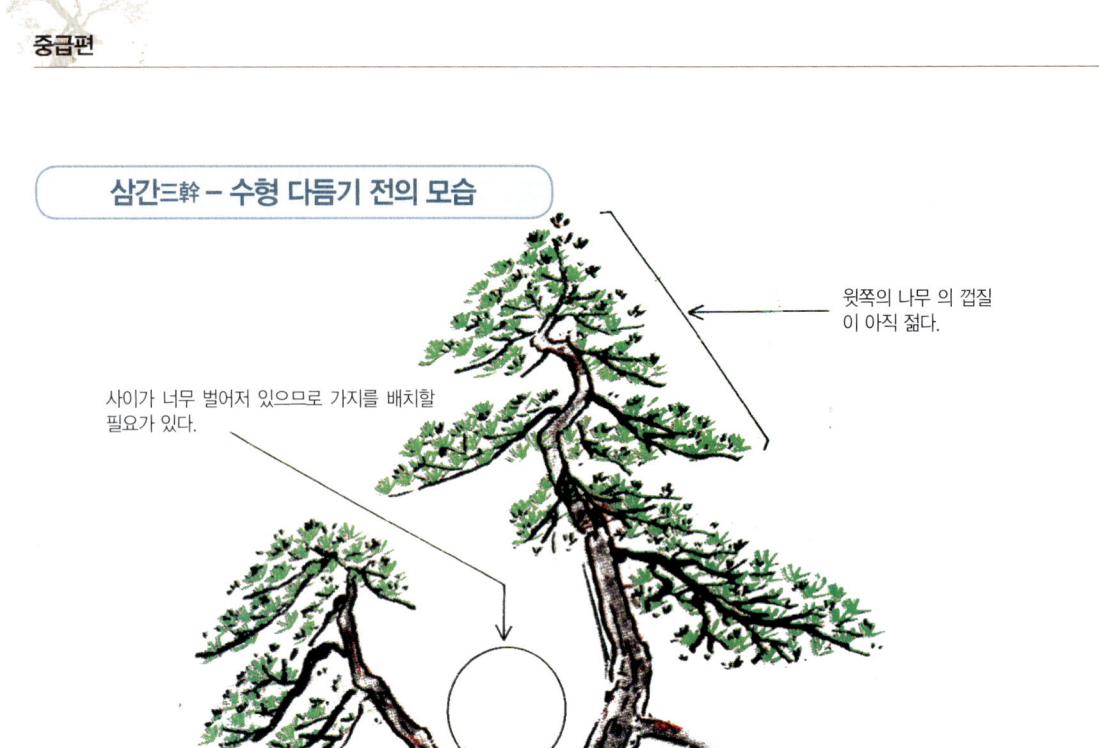

윗쪽의 나무 의 껍질 이 아직 젊다.

사이가 너무 벌어저 있으므로 가지를 배치할 필요가 있다.

앞으로 돌출해 있는 가는 줄기가 원 줄기를 가려 걸린다.

### 상간雙幹

앞에서는 작은 줄기가 두 줄기 사이에 있어 삼간三幹이였는데 사이의 줄기가 생육이 나쁘고 또한 두줄기 사이에 방해가 되어 제거해 버렸다. 쌍간으로써는 친간親幹과 어린 줄기가 너무 떨어져 있다고 보는 경향이 있을지도 모르겠으나, 오히려 그것 때문에 풍취가 은은 하다고 생각된다.

### 삼간三幹

이 분재수도 삼간으로써는 특이한 수형에 속할지 모르겠으나, 앞으로 뻗은 지간이 바로 관상점이 되어있다. 이 지간은 꽤 굵었는데 눈에 거슬림으로 사리간으로 만들어 수형상의 변화를 주었다. 친간의 겹 가지는 다소 길게 자랐으나 되독이면 늘어뜨려서 대담하게 보임으로써, 오히려 이 분수의 전체에 독특한 분위기를 자아내는데 성공 하였다. 그리고 분이 조금 적었으면 좋앗지 안을까 생각기운다.

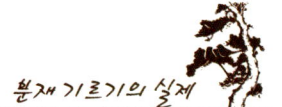

## 삼간三幹 - 수형 다듬기 후의 모습

다소 길게자란 가지이지만, 반대로 보이게 하므로써 개성이 있는 수형으로 거듭났다.

가지의 수를 줄이고 줄기를 바으로 쪼개서 사리간舍利幹을 만들었다. 〈작게 만든 것이 좋다.〉

분은 조금 작았으면 하는 생각에 변함이 없다.

**사간斜幹**

이 나무는 아랫부분의 첫 굴곡이 최대의 특징인데 전체적으로 너무 다듬어진 경향이 있어 박력감이 부족하다. 문인풍의 아취를 연출하는 것이 수형 다듬기의 포인트다. 우선 아랫가지의 위치가 너무낮아 나무의 연륜이 부족한 듯하여 가지신枝神을 만들기로 하였다.

가지신은 줄기의 윗 부분의 섬세한 분지分枝를 알아 볼 수 있게끔 깎지만, 아랫부분에는 극히 생략화한 모습으로 남겨야 한다.

그래야만 나무의 고태감과 아랫부분의 굳센힘이 살아나기 때문이다. 다음에는 곁 가지를 과감하게 내려서 질서정연한 나무의 흐름을 강조하고자 하였다.

겹 가지나 반대쪽에 잇는 가지는 모두 짧게 만들어 전체적인 윤곽선의 흐름을 손상 시키지 않는 것이 중요하다. 다소 단조로왔던 윅 줄기도 굴곡을 주어 아랫 부분의 국곡과 하모니를 이뤘다.

## 사간솞幹 – 수형 다듬기 전의 모습

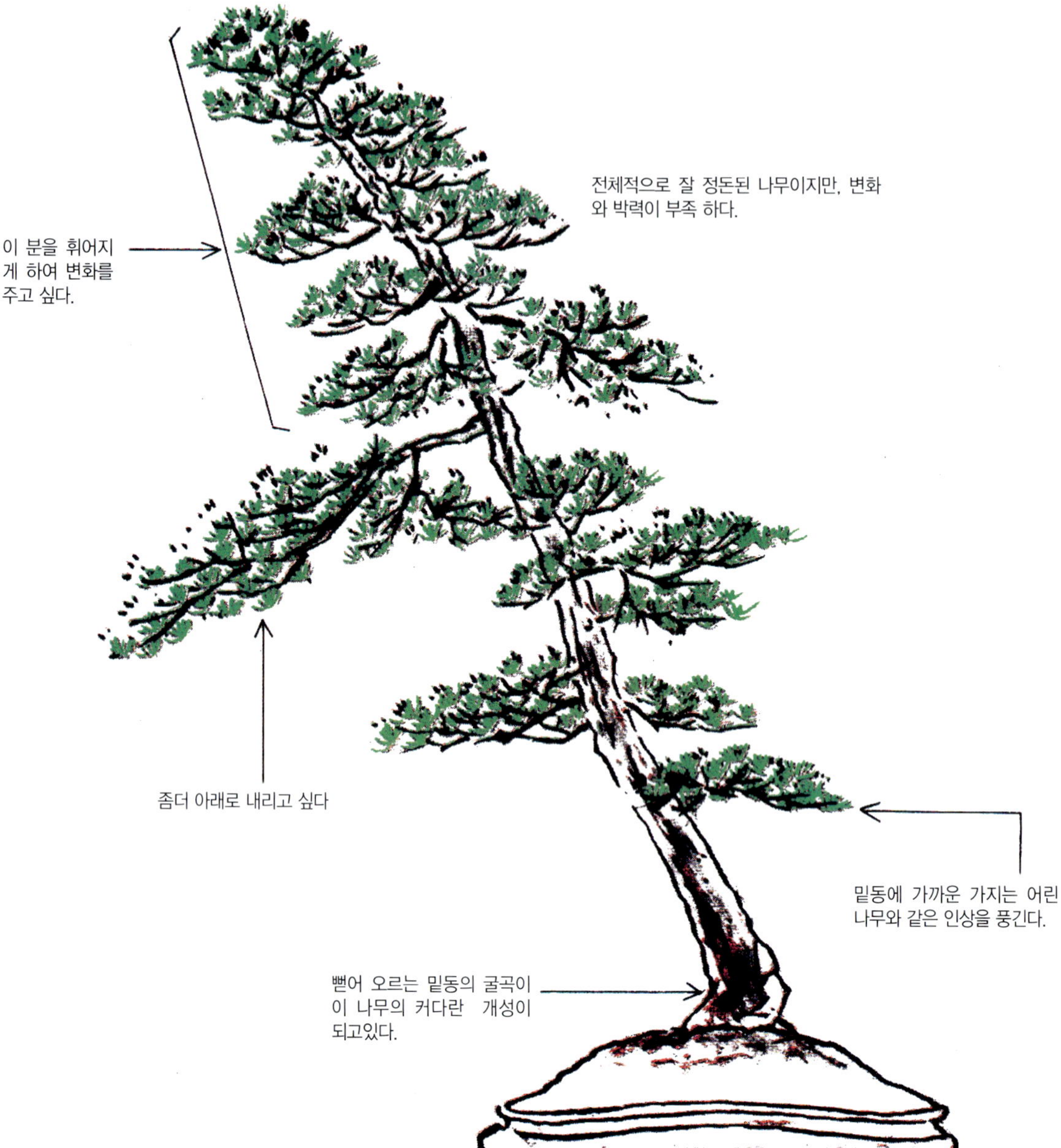

전체적으로 잘 정돈된 나무이지만, 변화와 박력이 부족 하다.

이 분을 휘어지게 하여 변화를 주고 싶다.

좀더 아래로 내리고 싶다

밑동에 가까운 가지는 어린 나무와 같은 인상을 풍긴다.

뻗어 오르는 밑동의 굴곡이 이 나무의 커다란 개성이 되고있다.

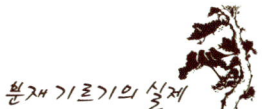

## 사간斜幹 - 수형 다듬기 후의 모습

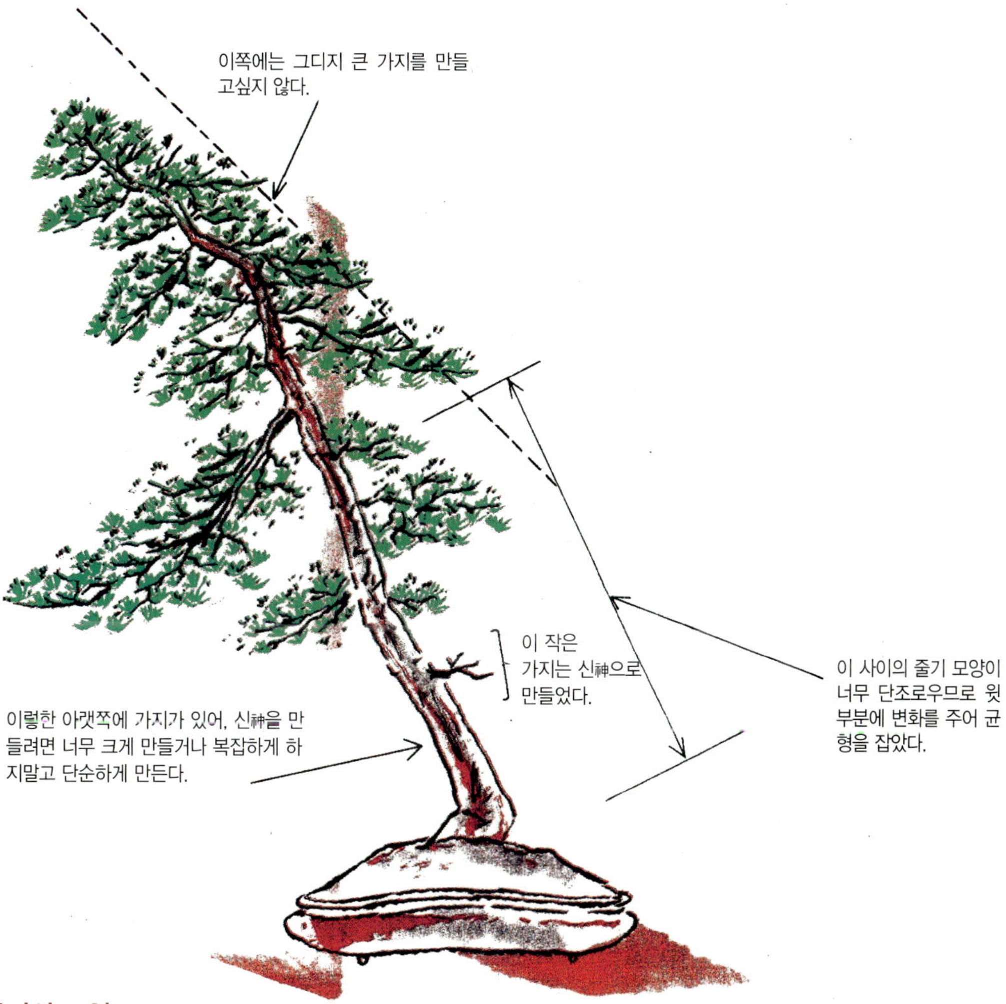

이쪽에는 그다지 큰 가지를 만들고싶지 않다.

이 작은 가지는 신神으로 만들었다.

이렇한 아랫쪽에 가지가 있어, 신神을 만들려면 너무 크게 만들거나 복잡하게 하지말고 단순하게 만든다.

이 사이의 줄기 모양이 너무 단조로우므로 윗부분에 변화를 주어 균형을 잡았다.

### 수형 다듬기의 포인트

수형 만들기의 기초 지식으로써, 극히 일반적인 순따기, 2차순따기, 묵은 잎 제거, 가지치기, 철사감기의 방법을 소개한다.

**순따기** - 목적은 가지를 단단히 조여서 만들고, 가지의 강약과 균형을 잡는 두 가지 점이다. 새순이 1cm 자란 것에서부터 차례로 2/1, 3/1 남기고 딴다. 약한 순은 따지 않는다. 또한 품종에 따라서 새순이 5mm 정도밖에 자라지 않는 것도 있는데, 이것은 딸 필요가 없다.

**2차 순따기** - 약한 새순이 1cm 정도 자란 시점에서 그 순을 키우고 싶지 않은 곳이라면 순을 따 버리고, 그렇지 않으면 1년 쉬게 하려면 그대로 자라게 하면 된다.

**묵은잎 제거** - 11월 중순에 지난해의 묵은 잎을 뽑아 수세의 조절을 도모한다. 나무의 꼭대기 부분과 가지끝은 수세가 집중되기 쉬우므로 그곳은 많이뽑고 안쪽이나 아랫가지 등의 약한곳은 조금 뽑는다.

중급편

# 사리舍利와 신神만들기

**사리와 신** - 사리(일명 백골)는 나무의 줄기가 풍화하여 마른 것을 말하고, 신이란 나무의 가지가 풍화하여 마른 것을 말한다. 사리와 신도 분수盆樹의 일부분 이므로 이것은 전체의 모양과 조화를 이루며, 그것이 있음으로써 분수의 멋을 돋구고 가치를 높이는데 있다.

**사리와 신을 만드는 시기** - 사리나 신은 자연스럽게 조화있게 생긴것이 바람직하지만, 그런것을 얻기란 매우 어렵다. 그래서 분수의 말라죽은 부분을 이용하여 인위적으로 만드는 경우가 많다. 만드는 시기는 사리가 2~3월의 눈이 나오기 전, 신은 언제라도 만들 수가 있다.

**사리나 신이 있는수종** - 송백류에서는 노간주나무 등에 많고 곰솔, 섬잣나무, 향나무 등에서 볼 수 있다. 잡목류에서는 매화나무가 대표적이다.

**사리와 신을 만드는데 필요한 연장** - 사리나 신은 각각 크기가 여러가지 이므로 연장도 여러가지가 있어야 한다. 여기서는 분재 기르기 초심자에게 필요한 도구들을 열거 한다. 쌍가지 자르는 가위, 나이프, 껍질 벗기는 칼, 끌, 각종 조각도, 줄, 가는 톱, 쇠망치 등 정도면 충분하다.

**만드는 법** - 아래 그림을 참조바람.

**석회유황합제의 도포塗布** - 사리나 신이 만들어 졌으면 그 표면 전체에 2~3배로 묽게한 석회유황 합제를 붓으로 칠해서 희게하여 그 부분을 미화한다. 이경우 주의할 것은 사리를 만들어도 곧 칠하지 말고 만든 부분이 굳어졌을 무렵에 칠한다. 곧 칠하면 액이 스며들어 나무가 마르는 일이 있기 때문이다.

### 사리 만드는 법-예, 노간주나무, 시기-2~3월

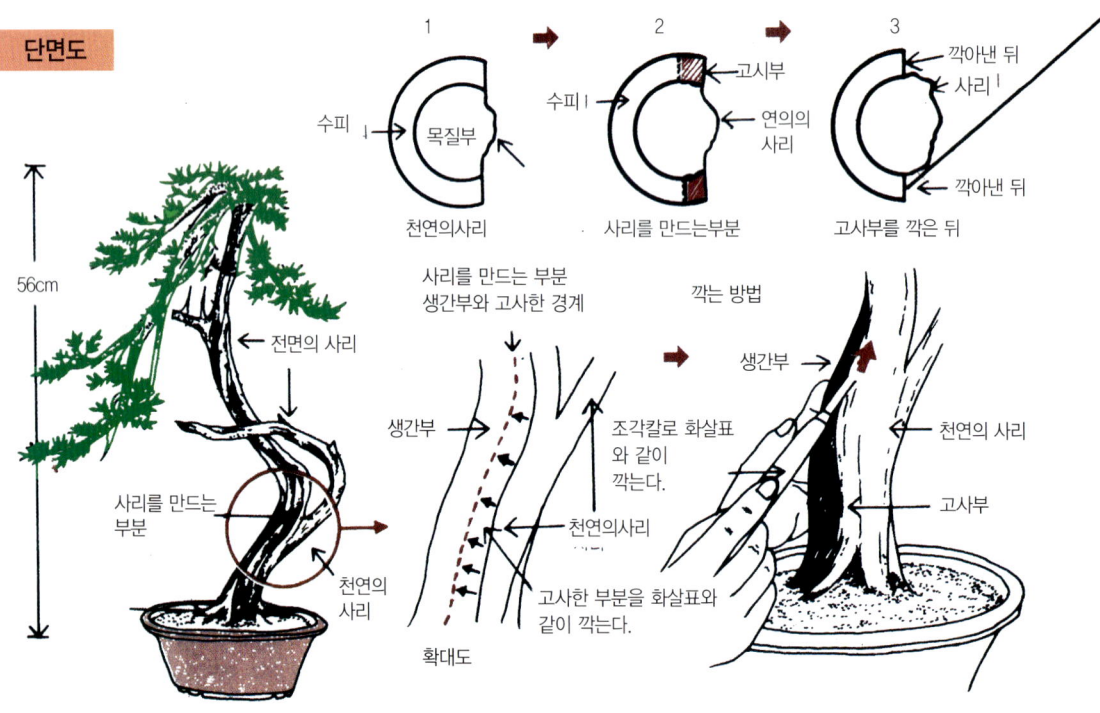

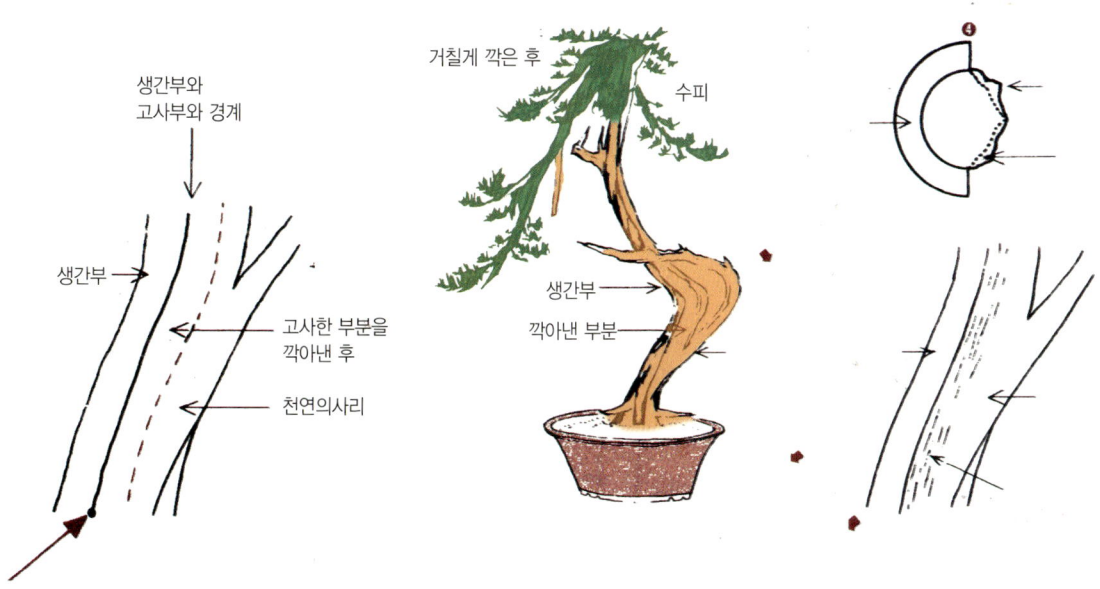

눈 향나무의 사리간舍利幹과신神

## 사리간舍利幹 만드는 법

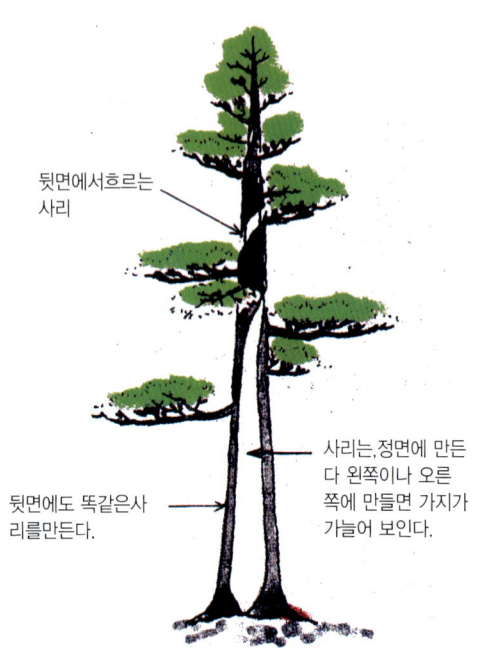

뒷면에서 흐르는 사리

뒷면에도 똑같은 사리를 만든다.

사리는, 정면에 만든다 왼쪽이나 오른쪽에 만들면 가지가 가늘어 보인다.

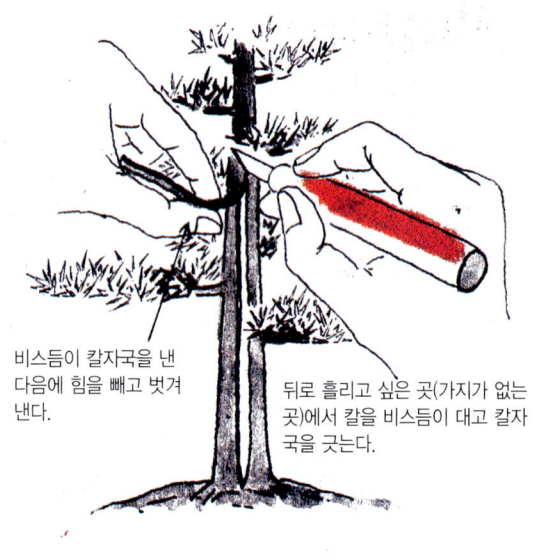

비스듬이 칼자국을 낸 다음에 힘을 빼고 벗겨낸다.

뒤로 흘리고 싶은 곳(가지가 없는 곳)에서 칼을 비스듬이 대고 칼자국을 긋는다.

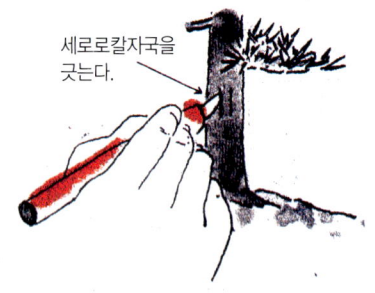

세로로 칼자국을 긋는다.

가로로 칼자국을 긋는다.

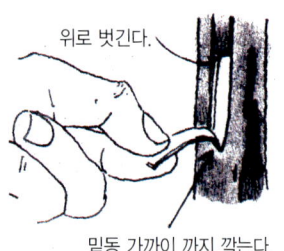

위로 벗긴다.

밑동 가까이 까지 깎는다.

목질부木質部

나무껍질

남은속 껍질도 깨끗이 자른다.

최종적으로는 이정도까지 도려낸다.

## 신을 만드는 법 −시기, 수시로.

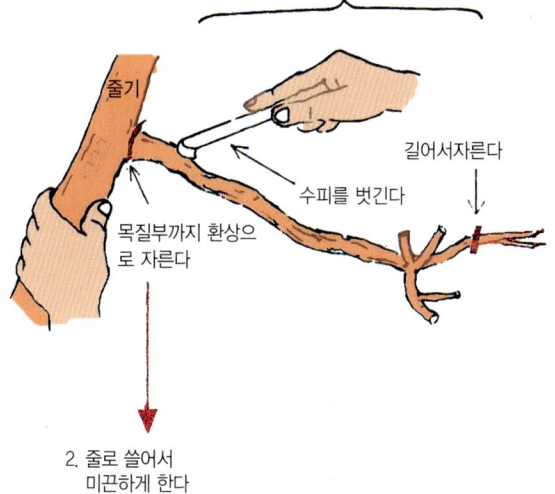

1. 신으로 만들 부분의 수피를 벗긴다.
2. 줄로 쓸어서 미끈하게 한다.

## 신으로 만들 가지가 너무 굵은 경우의 처리

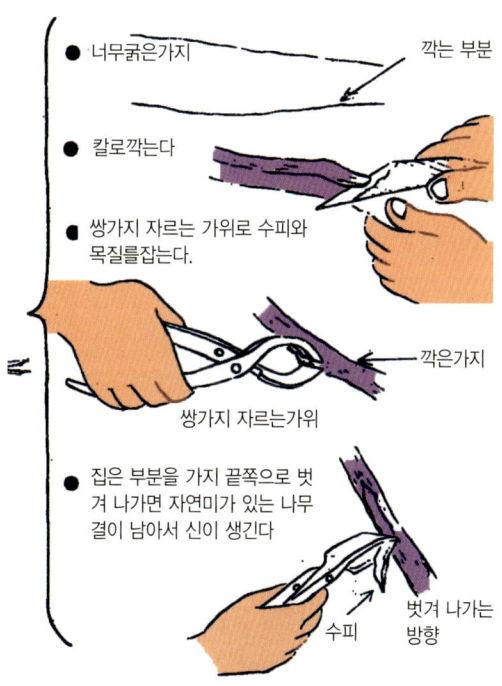

- 너무굵은가지
- 칼로깎는다
- 쌍가지 자르는 가위로 수피와 목질를잡는다.
- 집은 부분을 가지 끝쪽으로 벗겨 나가면 자연미가 있는 나무결이 남아서 신이 생긴다

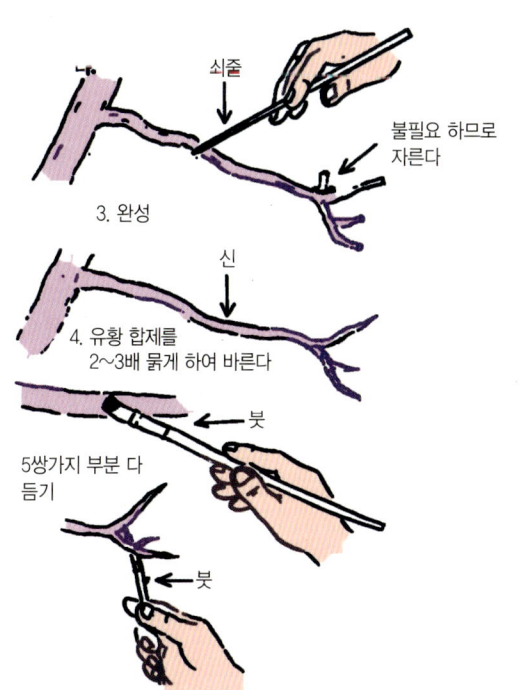

3. 완성
4. 유황 합제를 2~3배 묽게 하여 바른다
5. 쌍가지 부분 다 듬기

노간주나무 사리간舍利幹

여가 선용을 위한 분재 기르기의 실제 • 225

중급편

## 사리간숨利幹의 보호

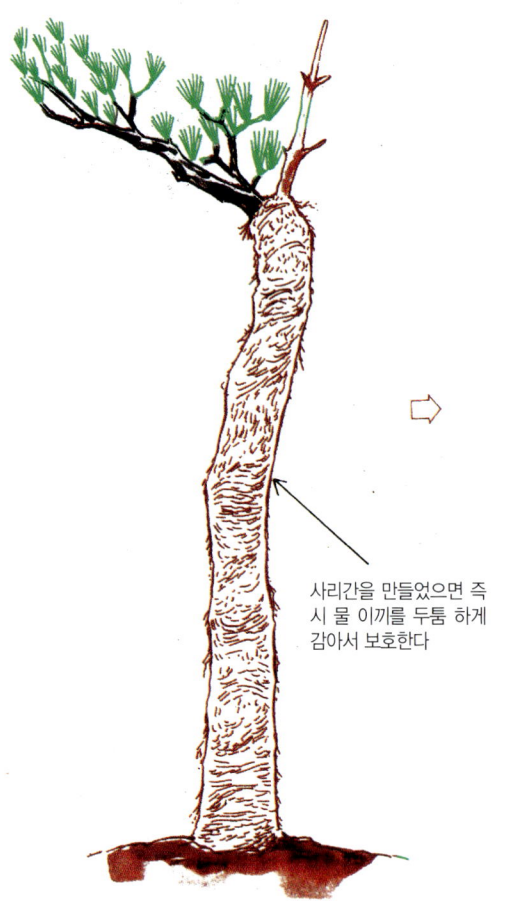
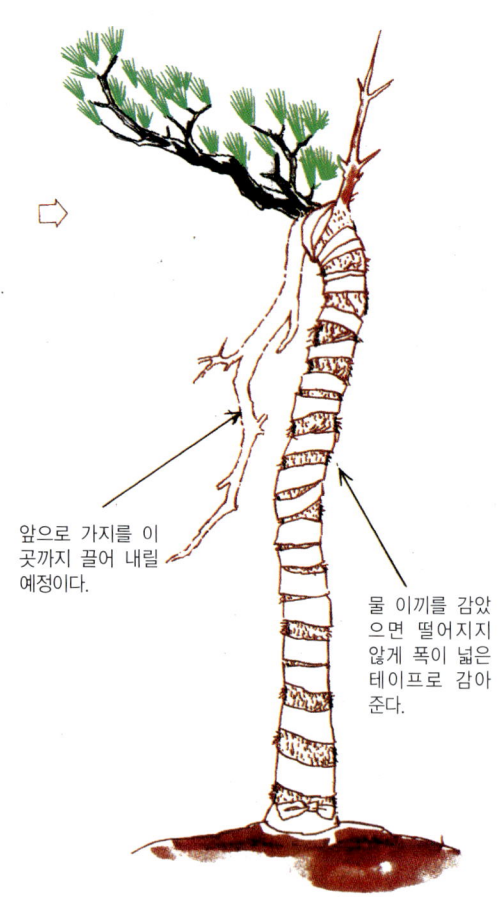

사리간을 만들었으면 즉시 물 이끼를 두툼 하게 감아서 보호한다

앞으로 가지를 이 곳까지 끌어 내릴 예정이다.

물 이끼를 감았으면 떨어지지 않게 폭이 넓은 테이프로 감아 준다.

### 사리숨利와 신神 만들기 포인트

줄기가 구부러지지 않아 단조로움을 극복하고 외 줄기를 교정 하고자 정면의 껍질 일부를 벗겨 사리간숨利幹으로 한다. 그러면 줄기에 변화도 생기고 낙뢰落雷를 맞은 듯한 나무의 처절함도 엿 볼 수가 있다. 또 목표의 수고樹高에 해당되는 위치에 있는 가지 하나만을 남기고, 그 보다 위의 가지나 심芯은 신神으로 만든다. 단, 작업시 나무 껍질을 완전히 벗길 뿐 아니라 에리하고 섬세하게 각여 나간듯이 만들도록 한다. 그리고 반드시 도움가지役枝의 옆까지 깍고 사리간과 서로 조화를 이루도록 하여야 한다. 시술施術 후에는 석회 유황합제의 액을 2배로 바르고 물 이끼를 두껍게 감아 1주일간 보호실에 둔다.

사리와 신 만들기의 적당한 시기는 1월 상순에서 2월 하순이 좋다. 이는 나무에게 큰 부담이 가는 시술이므로 미리 충분한 비료를 주어 나무의 수세를 올리도록 한다. 그리고 산캐기 후 적어도 2년은 분에서 길러야 한다. 도움가지로 남기는 외가지에 대해서는 너무 올라가 있어 아래로 끌어 내릴 예정이다.

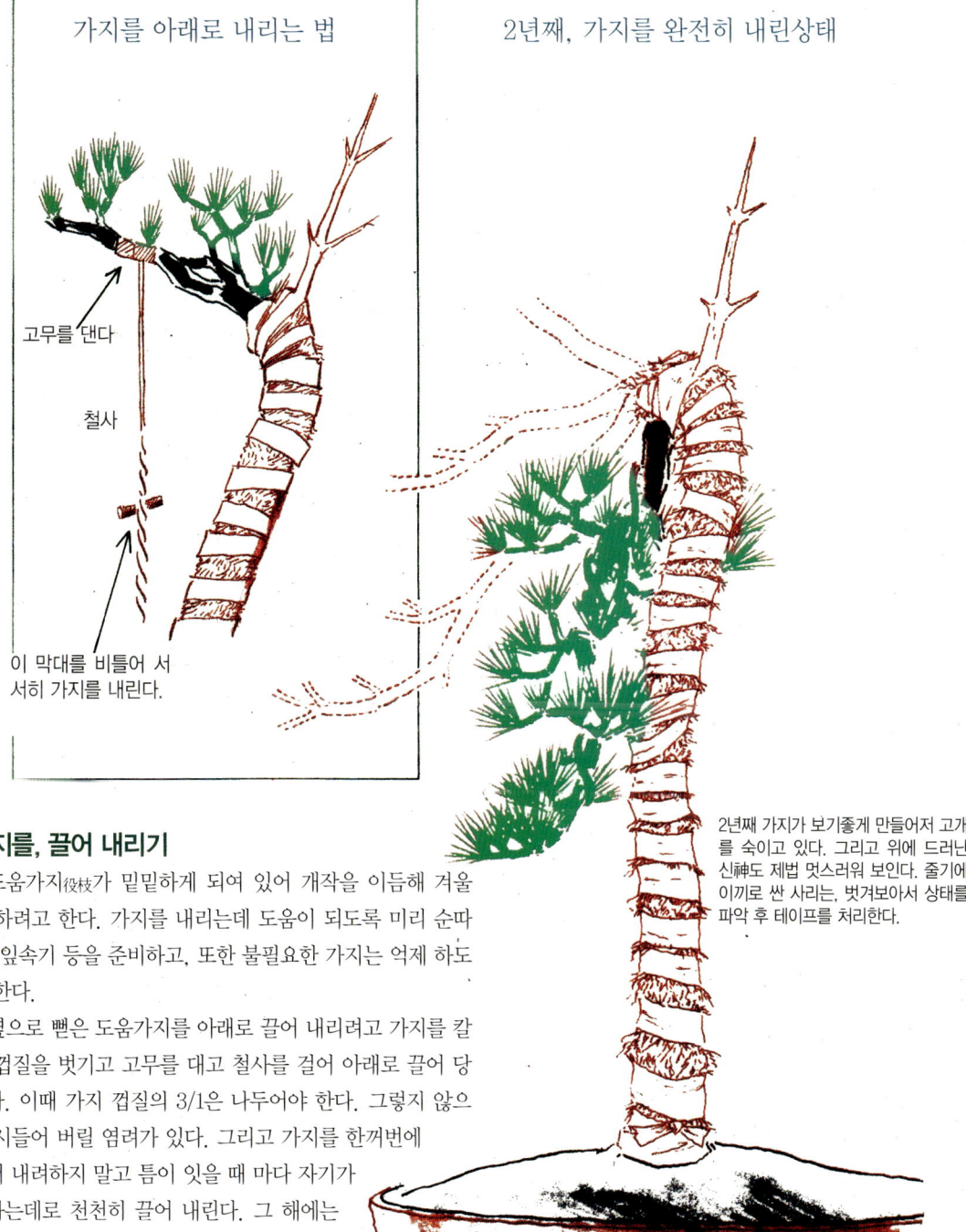

분재 기르기의 실제

가지를 아래로 내리는 법

고무를 댄다

철사

이 막대를 비틀어 서서히 가지를 내린다.

2년째, 가지를 완전히 내린상태

2년째 가지가 보기좋게 만들어저 고개를 숙이고 있다. 그리고 위에 드러난 신神도 제법 멋스러워 보인다. 줄기에 이끼로 싼 사리는, 벗겨보아서 상태를 파악 후 테이프를 처리한다.

## 가지를, 끌어 내리기

도움가지役枝가 밑밑하게 되어 있어 개작을 이듬해 겨울에 하려고 한다. 가지를 내리는데 도움이 되도록 미리 순따기, 잎속기 등을 준비하고, 또한 불필요한 가지는 억제 하도록 한다.

옆으로 뻗은 도움가지를 아래로 끌어 내리려고 가지를 칼로 껍질을 벗기고 고무를 대고 철사를 걸어 아래로 끌어 당긴다. 이때 가지 껍질의 3/1은 나두어야 한다. 그렇지 않으면 시들어 버릴 염려가 있다. 그리고 가지를 한꺼번에 글어 내려하지 말고 틈이 잇을 때 마다 자기가 원하는데로 천천히 끌어 내린다. 그 해에는 어느정도 잎속기와 가지치기를 하지만, 작은 가지에 대한 철사감기는 이듬해 겨울까지 기다려야 한다. 작업은 생각대로 되었다 싶으면 중지한다.

여가 선용을 위한 분재 기르기의 실제 • 227

**중급편**

## 단풍 굵은 줄기 삽목으로
## 일대一大 명수名樹 탄생!

야마사키 사카에〈쌍수원〉

### 무모한 도전적 시행

1981년 4월 2일에 베어진 단풍나무의 무모하리만치 베어진 단풍나무의 밑동을 엉뚱한 생각으로 줄기 둘레가 23cm인 소재를 삽목을 하려는 것이다. 소재는 개발을 하면서 베어낸 15년된 것으로, 극히 작은 싹만 달랑 붙어 있을 뿐이지 뿌리는 완전히 톱질이 되어 없었다. 아무리 활착률이 좋은 단풍나무라도 밑동이 큰 소재로 지금껏 누구도 시도하지 않은 삽목을 해보고 싶었다. 주변에서 무모한 행동을 한다고들 수근 거릴때 자신도 과연 이처럼 큰 밑동에서 싹이 날까를 반신반의 하였다.

일단 유약을 바르지 않은 분에 삽목을 한 후 건조를 방지 하기 위하여 분의 흙 표면에 물 이끼를 덮었다. 봄이지만 추위를 피하기 위하여 비닐하우스에 넣은지 2개월이 조금 경과 하였다.

소재는, 뿌리는 없고 한 줄기 싹만 있다. 과연 결과는 어떨런지?

삽목할 소재가 굵으면 굵을 수록
나무만들기의 기간은 짧아지지만…
과연 그 결과는 어떨런지,
궁금증만 쌓여 가는데 ?

용토는 마사토8 산모래2로 삽목할 줄기의 3/1정도를 파묻고 물이끼로 표면을 덮는다.

분재 기르기의 실제

삽목 약 2개월경과한 시점의 저혈

1982년 2월 24일 분에서 빼낸다.

뿌리를 확인, 예상 하였지만 작입한 줄기 밑에는 뿌리가 없다.

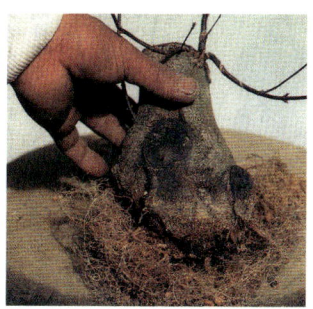

싹이 나온쪽은 뿌리가 왕성하게 나와 있다

## 드디어 발근發根을 확인! 흥분된 순간이다.

동년 6월10일 비닐하우스에서 밖으로 옮긴 단풍나무 소재는 아주 작은 싹들이 신기하게도 흰 뿌리가 돋아나고 있었다. 그것을 분 밑구멍을 통해서 확인할 수 있었다. 삽목한 소재는 몇개 안된 뿌리로는 살수가 없으니 발근이라는 방법으로 뿌리를 내어 생명을 유지하려고 한 것이 참으로 오묘하엿다.

동년 10월 15일 우듬지까지 싹 길이 53cm 그리고 순조로운 생육을 볼 수 있다.

### 줄기의 작입灼入, 그 측면에 뿌리는?

싹이나오는 기쁨도 잠시, 줄기의 싹이 나오지 않는 쪽에서 검은 작입灼入이 생긴 것이다. 그것은 싹이 자라지 않는쪽은 살아 있지 않다는 암시였다. 거기에 연관되는 뿌리는 어떻게 되는 것인가, 재차 불안이 날이 갈 수록 더해갔다. 이듬해 1882년 2월 24일, 분에서 빼내어 보니 예상 한데로 그 측면에는 뿌리가 없었다. 그래서 작입한 곳을 불로 태워 태운곳을 씨멘트로 메워넣고 문제점을 껴않은채 밭에 심기로 하였다. 불로 태운곳이 문제만 없다면 이 소재는 계속 살수 있을 것이다. 한편으로는 한쪽 뿌리로만 살수 있을까 의문이 늘었다. 그것이 이 작업 시도의 분수령이라고 한다면, 역시 실패였단 말인가?

나무가 힘을 얻기 휘하여 밭에 심으며, 과연 기대한 분재수가 될 것 인가의 의문을 품은채 그리고 세월이 가며오 시간나는데로 관찰의 결과는 상상을 초월하는 것이였다. 새생명이 만들어진 모습을 보는 것은 경이 그 자체였다. 그리고 희망이고 기쁨이고 행복이였다.

여가 선용을 위한 분재 기르기의 실제 • 229

### 중급편

1988년 4월 23일, 나무높이 85cm 밑동주위 53cm 뿌리는? 그리고 작입 한 곳의 결과는?

아직 가늘면서 상처밑에서도 많은 뿌리가 생기고 있었다. 불로 태우고 씨멘트로 메꾼 주위에도 나무 섬유질이 돌려지기 시작 하였다.

### 과연 분재가 될 것인가? 과제를 남긴 채 밭에 심었다.
# 밭에 심고 마음 졸이며, 6년이란 세월歲月이 흘러 흘러가…

밭에 이식 한다음 소재가 살아 있는가를 확인하였다. 하지만, 그 작입과 편근이 앞으로 어떻게 될까? 그리고 과연 원하는 분재수를 얻을 수 있을까? 결과를 볼 때 까지는, 여리가지 문제집 때문에 어써면 기대하는 결과물을 얻는다는 것은 희박 하는지도 모른 일이었다.

1988년 4월 23일 여러 분재동호인들과 함께 6년이란 세월을 기다린 끝에 나무를 파냈다. 파낸 소재는 놀랍게도 뿌리가 팔방으로 퍼져 나간 것이 아닌가? 그동안 줄기는 1m정도 자라 가지에 잎도 붙어 건전한 모습을 보여 주었지만, 늘 뿌리에 대한 궁금증은 있던차, 그것을 파내는 순간, 그동안 갖고있던 염려는 다 가시고 동호인들과 기쁨을 나눌 수 있었다.

그리고 불로 태운곳이 들어간 자리도 가느다란 뿌리가 나와 있었다. 그것들은 나온지 얼마 되지 않은 것 같았다. 아무튼 뿌리는 밑동에서 나 퍼져서 장래에 팔방근이 될 것이라 예견 시켜 주었다.

다행히 불에 태우고 시멘트로 바른 곳 주위도 나무 섬유질이 돌기 시작 하였다. 아! 6년이란 세월의 결과물인, 훌륭한 분재수를 얻는 기쁨은 무어라 말로 할 수 없었으며 그동안 주변의 곱지 않던 시선들을 말끔이 씻을 수 있어 행복 하였다.

흙을 떨어 뜨려 간다.
팔방으로 퍼지는 뿌리들이 신기하게도 살기위해 나고 있었다.

아래에서 본다

## 세심細心한 뿌리의 처리處理로, 장래의 명품 분재수를 기대한다.

밭에서 파내어 뿌리가 정리된 모습

　나무의 고토를 털어내고, 들뜬 뿌리와 그 둘래의 뿌리 등은 일찍 처리 해 두지 않으면 다음에 뿌리에 상처들을 나게 할 수 있다. 그리고 가는 뿌리에 힘이 집중 하도록 굵은 뿌리는 정리한다. 앞에서 말 하였듯이 뿌리와 가지는 밀접하게 연결이 되어 있어 관계가 있다. 그러므로 깔끔한 뿌리의 처리없이 균일한 수세의 균형을 기대하기 어렵다. 불로 태운쪽의 세근에 힘을 보태기 위해 반대쪽의 뿌리는 굵은 뿌리, 잔 뿌리 모두 짧게 채워졌다. 이 뿌리에 대한 작업에는 분재수가 아니고는 생각 할 수 없다는 것을 알 수 있다.

　정성을 다하여 작업을 마친 나무는 다시 밭에 심어 졌다.

들뜬뿌리 주위의 뿌리 정리 후

굵은 뿌리는 가까이 밀어 넣고 분기를 촉진 시킨다

짧게 밀어 넣는다

우(줄기에 상처가 없는측)의 뿌리와 좌(상처가 있는측)뿌리의 차이는현저

절단한 곳의 아래에는 방향, 굵기와 함께 좋은 뿌리가 남아 있다.

뿌리의 운치는 거의 사라졌다

자잘하게 분열한 뿌리 확장을 만들기 위해 뿌리를 몰아 넣어 간다

굵은 뿌리와 함께 잔 뿌리의 정리도 진행한다

수평에서 보면(빨간 원 안의)염려되는 들뜬 뿌리

뿌리 자르기 종료시, 작업 한 쪽의 잔 뿌리에 힘을 실어주기 위해, 반대쪽은 거의 잔 뿌리가 없어질 정도까지 몰아 넣어저 있음을 알 수 있다

중급편

1991년 3월 분에 오린 직 후, 그때의 감격은 평생 잊을 수 없다.
나무높이,28cm 밑동폭 29cm.

## 삽목을 시도한 시간은
## 이미 많이 흘렀다.

　나무의 수형을 만들기 위해 윗 줄기를 과감하게 자른 것이 초심자들은 다소 이해가 가지 않겠지만, 그것이 삽목의 활착점을 극복하고 지금 이렇한 모습으로 만들어 졌다. 밑동의 폭 35cm, 뿌리 확장의 강력함을 앞으로 지켜 볼 것이다.

　나목裸木에서 불과 1년 반 사이 가지가 이 정도 만들어 저 갔다. 두심을 만들기 위하여 웃자란 가지를 정리하면 이 나무의 아웃트라인은 확실한 형태를 이루고 있다. 아직은 완전한 완성은 아니다.

　그러나 앞으로 수형 만들기는 그다지 많지 않다. 지금와서 뒤 돌아보면, 이 분재수 가꾸기 시작은 어떻게 된 것인가? 아득히 멀게만 느껴진다. 그리고 감회가 새롭다.

　만일 이것이 굵은 줄기 삽목이 아닌 보통의 삽입 이삭을 사용 햇다면 지금까지 10년이란 세월에 어느정도 성과가 잇었을 것인가? 모르면 몰라도 삽목 형태로 질질 끌고 있을 것임에 틀림 없다 하겠다. 처음 무모한 도전 같았지만 결론은 성공이지 않은가?

## 명품 분재수를 만들기 위한,
## 만반의 기초는 이루었다.

　1991년 봄 나무의 수세 올리기와 굵기를 촉진하기 위하여 웃자란 가지는 자르고 수형의 중심이 되는 나간裸幹의 모습으로 분에 심었다. 밑동 폭 29cm 그 위용도 당당한 거간巨幹이 묵직 하게 서 있다. 뿌리의 확장을 만들기 위해 얕은 분에 심고, 봄부터 싹이 트기를 이제나 저제나 하고 기다리고 있었다. 가지는 이제부터 이지만, 분재수로써 기초도 지금부터 만들어 진다.

　굵은 줄기 삽목이란 당시로써는 무모하다고 생각 햇던 것을 시도하여 각고의 노력끝에 드디어 그 성과를 얻었음은, 분재인의 한 사람으로써 뿌듯한 긍지를 가지며, 분재 삽목의 한 장을 열었다고 자부를 하며 분재인들에게 매우 고무적이라 생각 한다.

1992년 9월 12일 나무높이40cm 좌,우 54cm밑동 35cm
이 나무는 이미 시작을 망각이라도 한 것 처럼 멀리 아주멀리 명품분재수가 될 것을 꿈 꾸며 비상을 하고 있다. 다음장에 이 나무의 앞으로의 여정을 다음장에 예시한다.

1982년 4월23일 나무높이70cm, 좌,우110cm 뿌리둘레 123 cm 입수 후 2번째 분갈이 하기전 모습.한 그루의 싹도없이 굴러 다니던 것을 발견하여 삽목으로 분재 기르기를 시도하여 지금의 늠름한 모습을 보는 작가의 감회는 남 다르다

1991년 3월31일
나무높이 77cm 좌, 우 102cm

1992년 10월9일 제18회 일본작품 전시 심사 시, 나무높이 76cm, 줄기직경 60cm 단정을 넣은 애배愛培에 의하여 가지 만들기 10년으로 이처럼 수격이 향상되었다.

## 앞으로 10년 명수名樹 탄생에의 궤적軌跡

앞 장에서 소개한 최종 모습과 닮은 단계의 소재가 완성 되기 까지의 예이다. 위풍을 안은 굵은 줄기에 알맞게 들어간 것에 착안해서 입수한 것이 1982년, 그러고서 10년 후 제18회 일본분재 작품전에 도전을 하였다. 줄기의 굵기에 상응하는 가지를 만들고, 탄력적인 가지 만들기에 필요한 시간이 딱히 10년정도라고 말을 할 수 있을까? 앞으로 줄기와 뿌리 확장이 갖추어지면 명수에의 길은 그리 멀지 않으리라고 본다. 삽목 시작을 1에서 시작하여 여기까지 오게 된 것은 대단 하다고 내 자신이 생각 한다. 그리고 주변의 조소에 답할 수 있어 다행이고 거듭 희망이고 분재 기르기의 진면목이다.

중급편

# 씨앗심기〈實生〉

식물 번식의 원점인 씨앗심기〈實生〉는, 한 알의 씨앗에서 발아한 작은 묘가 제몫의 분재의 소재로 자라는 과정은 무엇과도 바꿀 수 없는 기쁨을 우리인간에게 준다. 씨앗심기는 파종해서 발아와 성장까지 시간이 많이 걸리지만, 실제로 시작하면 그것은 문제가 되지 않는다.

반드시 종자를 채취한 나무의 성질을 이어받은 종묘를 얻을 수 있다고는 할 수 없지만, 무에서 유를 낳는다고 하는 바와같이 뿌리뻗기, 줄기의 모양, 가지 순서 등 모두가 자기의 생각대로 기르기가 어느정도 가능하다. 그리고 많은 경비가 들어가는 설비가 필요로 하지않고 원하는 분재의 소재를 얻을 수 있는 장점이 있다.

물론 한마디로 실생이라고 해도 수종에 따라 갖가지 만드느 방법이 있어, 거기에 따른 연구가 필요하다. 이것만으로 우리인간에게 기쁨을 주는것이 아니고, 실생으로 발아한 다채로운 식물들의 모습을 보고 그것을 이용하여 분재 만드는데 있다고 하겠다.

실새은 송백류에서는 흑송과 섬잣나무, 느티나무, 단풍나무 종류들 그리고 너도 밤나무 등이 인기 수종으로 활발이 하고 있다.

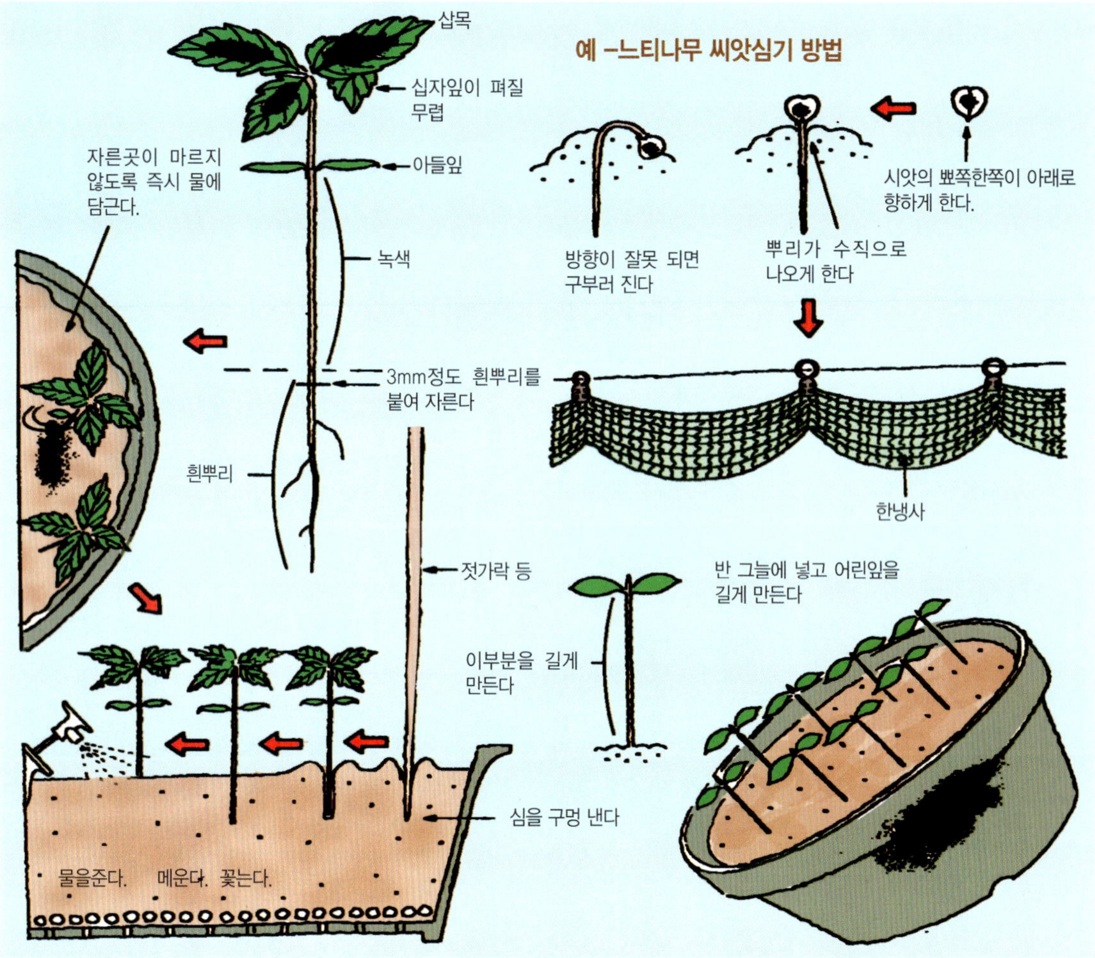

예 – 느티나무 씨앗심기 방법

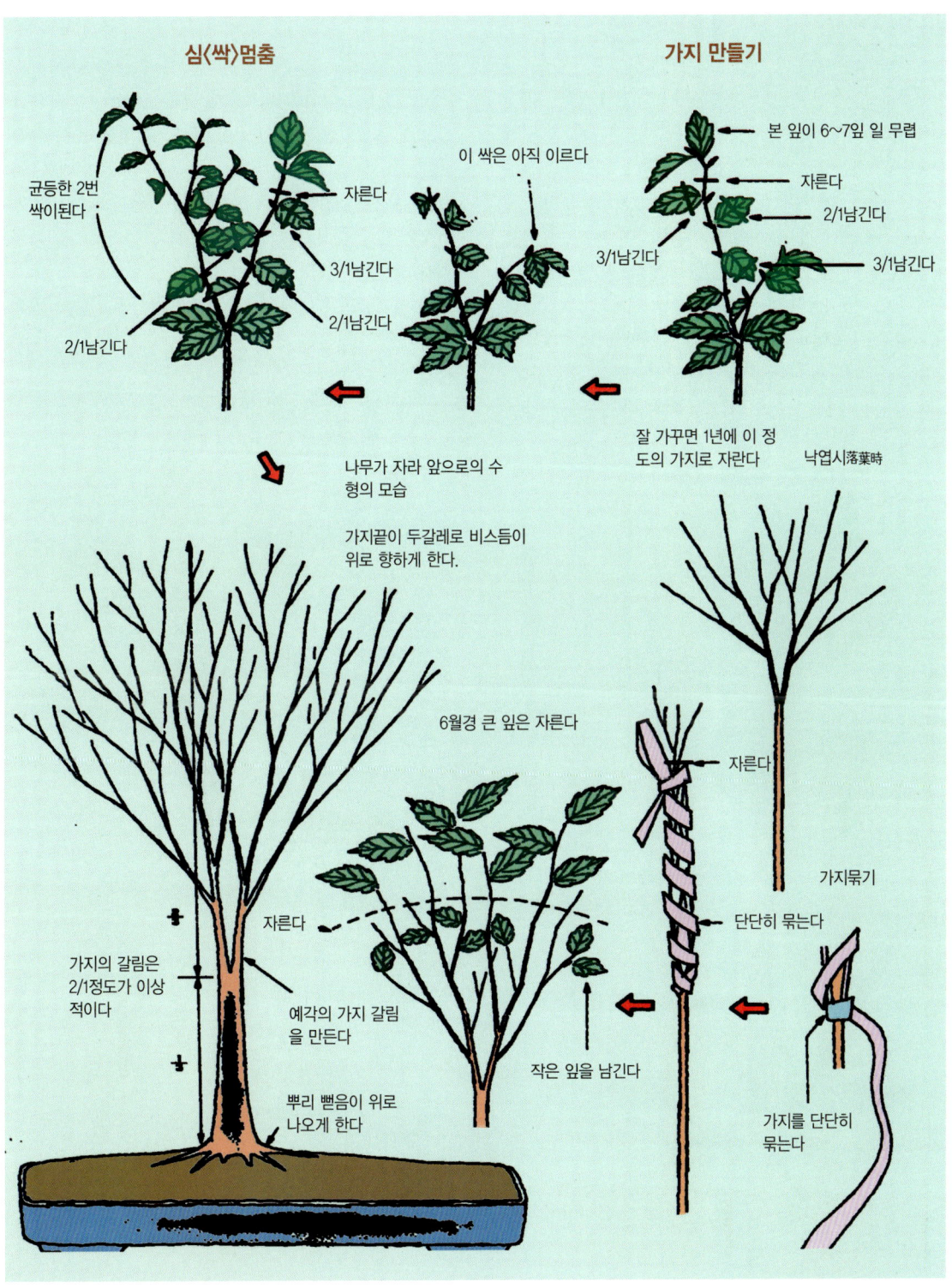

**중급편**

# 불필요한 가지 자른것을 삽목한다.

삽목은 단순히 한 번의 번식법에 멈추지 않고, 많은 기대와 낭만이 깃들어 있다. 특별히 기술을 요하지 않고 잘라서 버리는 하나의 가지를 이용하여 누구라도 즐길 수 있는것이 삽목법挿木法이다.

생활공간 한켠에 삽목묘판을 두고, 언제라도 불필요한 가지 잘라낸 것을 삽목의 즐거움을 맛보자. 봄 삽목(전년가지) 입매삽목(녹지) 가을 삽목(충실지) 와 잡목분재 거의가 수종은 4계절을 통하여 삽목이을 할 수 있다.

삽목은 실생과 달리 실생實生과 달리 대목의 형질(유전자)을 그대로 이어받은 소재를 얻을 수 있는 장점이 있으므로 귀중한(꽃과 엽성)을 보존 할 수 있고 또한 한 번에 많은 수량을 늘려 진귀한 품종은 다른 분재 애호가들에게 분양이 가능하여 환영 받는 일이 된다.

삽목으로 나무 기르기가 익숙해지면 삽목이식을 취하는 방법을 여러가지로 연구 해 볼만한 일이다. 즉 단간만이 아니고 쌍간雙幹, 3간三幹, 포기자람, 뿌리이음 등 여러가지 수형들을 연구하여 즐길 수 있는것이 삽목의 매력이다.

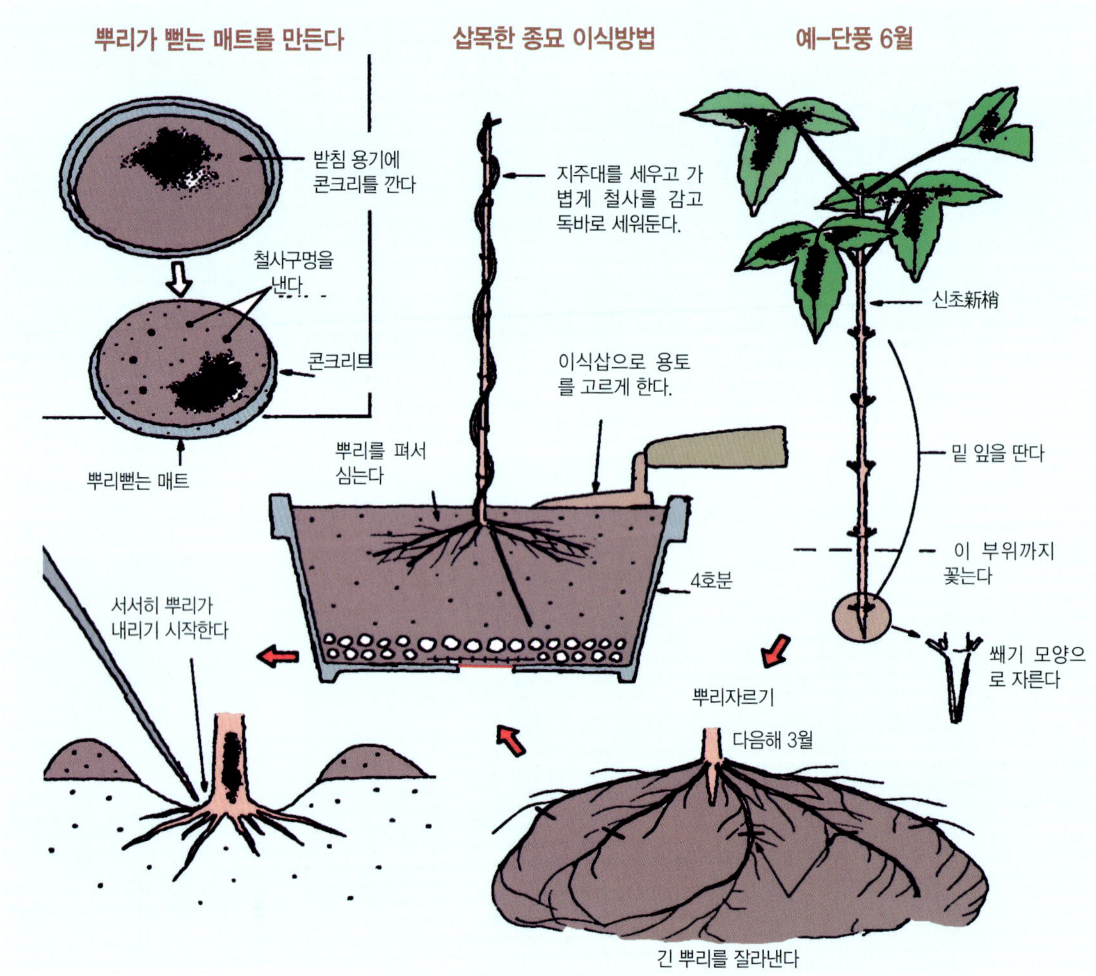

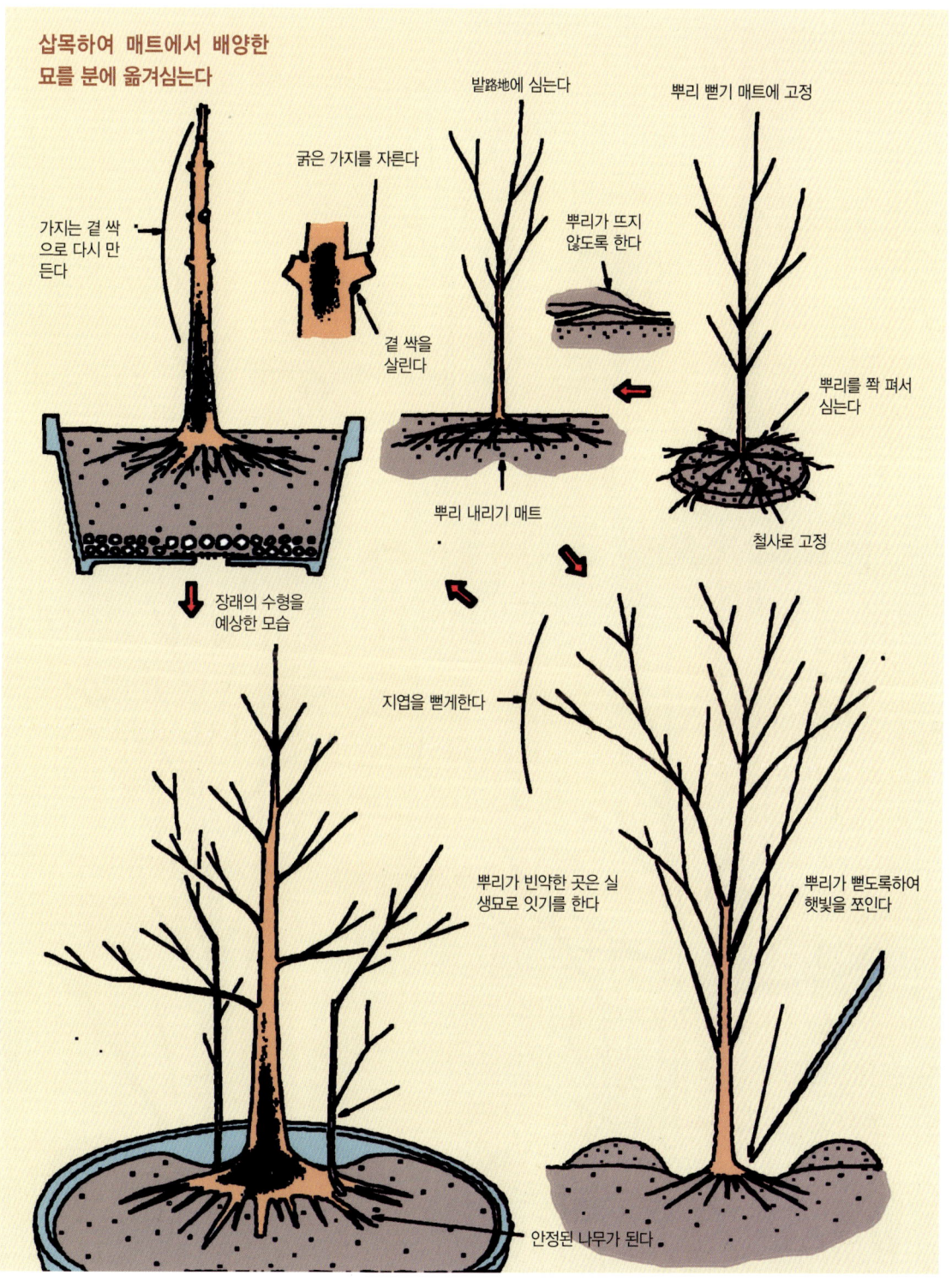

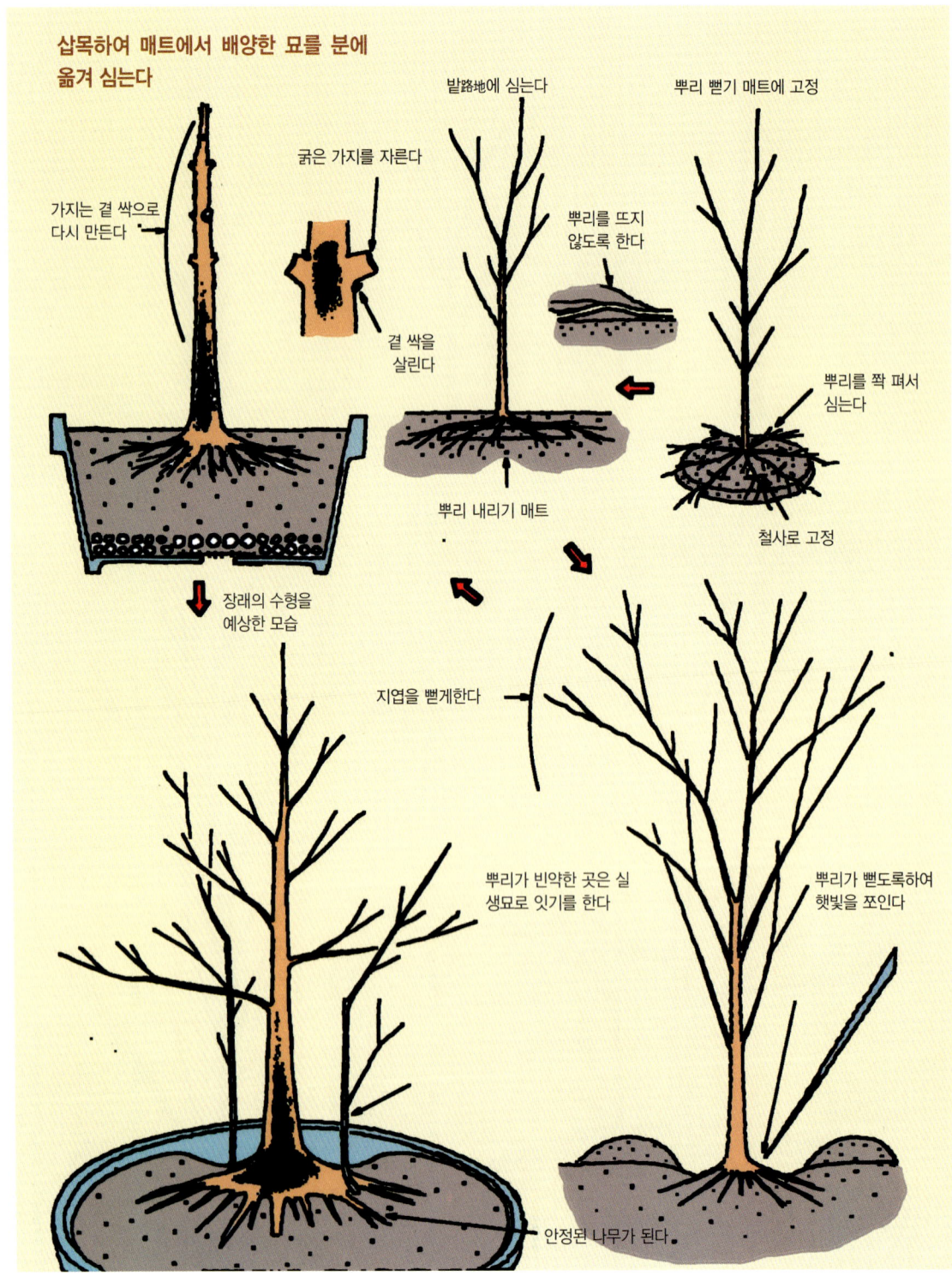

## 뿌리를 접목接木한다.

산 캐기한 소재는 줄기의 힘이 강함에 비하여 뿌리 뻗기가 한쪽 뿌리로써 안정감이 없는것이 적지 않다. 이렇한 단점 때문에 취목이 활발히 시도되고 있으나 줄기가 굵어지면 그에 따른 위험도 따르기 마련이다.

그래서 보다 안전한 방법이 호접을 응용하여 뿌리이음의 방법이 있다. 이것의 적기는 봄의 싹 트기 전이다. 뿌리뻗기가 나빠서 방치해 둔 나무가 있으면, 그것을 그대로 방치하지 말고 뿌리잇기에 의한 방법으로 새로운 분재수를 만들기에 도전 해 볼 일이다.

호접포接은 실생묘와 삽목묘를 대목의 밑동에 첨가 하여 서로 이어 맞추는 것으로, 이삭목의 가지는 활착 후에 잘라내야 한다. 이때 잘라내기를 너무 서두르면 이은 곳이 뚝 떨어지는 경우가 있으므로 주의가 필요하다.

호접의 방법은 잡목으로는 대목과 이삭목의 양방을 목질부까지 깍아서 서로 맞추고, 끈으로 결속 하기도 하고 못을 처서 두는 것으로 되지만, 송백류는 대목의 표피를 깍아서 이삭목을 꽂아 넣도록 한다.

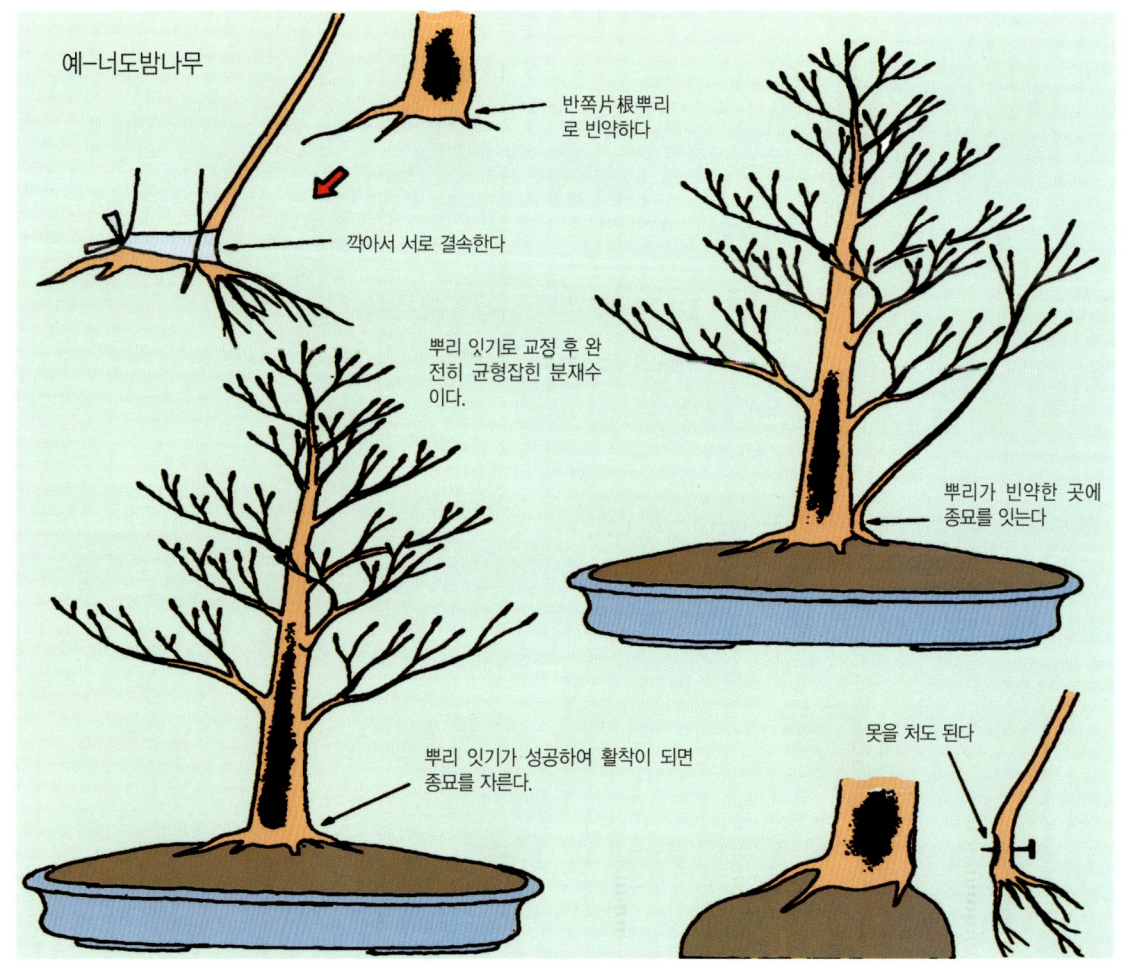

예-너도밤나무

반쪽片根뿌리로 빈약하다

깍아서 서로 결속한다

뿌리 잇기로 교정 후 완전히 균형잡힌 분재수이다.

뿌리가 빈약한 곳에 종묘를 잇는다

뿌리 잇기가 성공하여 활착이 되면 종묘를 자른다.

못을 처도 된다

## 가지를 접목接木한다.

가지 접목이란, 가지가 빈약 하던지 없던지 한곳에 가지(싹)를 잇는 것으로 곰솔과 섬잣나무, 가문비나무, 향나무 등의 송백분재와 잡목은 단풍나무류 등에 널리 이용되고 있다.

가지 접목의 시기는 대개 봄의 싹 나오기 전, 입매 전, 초가을의 3가지로 구분할 수 있다. 접목 이삭은 전년의 가지 또는 새 우듬지로 1~2마디(잎)로 잘라서 이용한다.

바탕을 비스듬하게 자르고 다시 반대쪽을 되 잘라넣고 접목할 구멍을 만들고 제1도쪽이 안 쪽이 되도록 대목에 접목한다. 이때 형성층끼리 서로 맞도록 접목 이삭을 대목의 한쪽에 붙여서 접목 하는것이 성공의 포인트이다.

접목한 곳을 테이프로 묶던가 접목용 가위로 고정하고 이어서 주위를 수태를 물에 적셔 감아 붙인다. 그리고 잎마다 비닐 봉지를 씌우고 결속하기도 하고 접목을 종료한다. 기타 가지가 필요한 곳에 미리 뻗은 가지를 돌려서 이어돌린 접목과 소재(실생 또는 삽목종묘)의 가지를 붙여서 이어 맞추는 호접목도 있다.

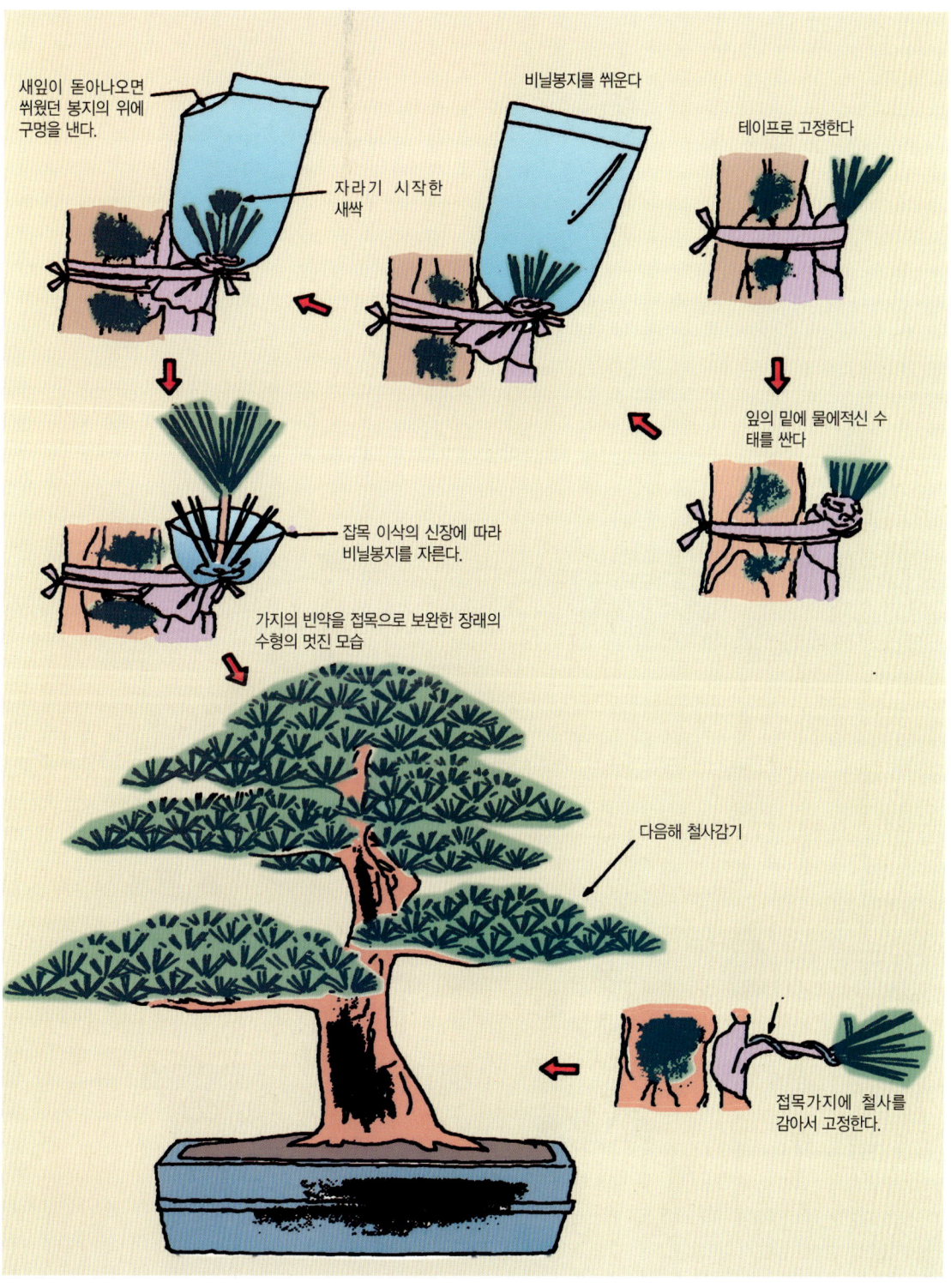

## 가지를 줄인다.

 분재 기르기에 있어서 어느정도 수형의 골격이 정해진 단계에서 수형의 개성에 맞게 가지 줄이기를 할 필요가 있다. 너무 가지수가 많은채 배양하면, 가지의 품안에 있는 잔가지에 햇빛과 통풍이 미치지 못하여 마르기도 하고 약해질 우려가 있다.

 그리고 각 가지에 한결같이 수세가 오르고 줄기의 굵기와 균형이 잡혀 온 단계를 끝까지 확인하고 장래의....라고 하는것은 실로 가지 줄이기의 어려움이라고 할 수 있으나 어린 나무이므로 어느정도 줄기도 줄어굵고 가지도 마무리 됨에 따라서 가지 선반의 두께를 더해가는 것을 염두에 두어야 하기 때문이다.

 따라서 가지 줄이기는 최초와 최후일 수도 없고 항상 몇 십년의 앞을 내다보면서 가지 줄이기를 하지 않으면 안 된다.

 현재의 나무의 모습을 올바로 판단하고 그 판단을 근거로 한층 더 한걸음 나아간 장래를 눈여겨 볼 수 있는지 어떤지 거기에서 가지 줄이기의 승패가 걸려 있다고 본다.

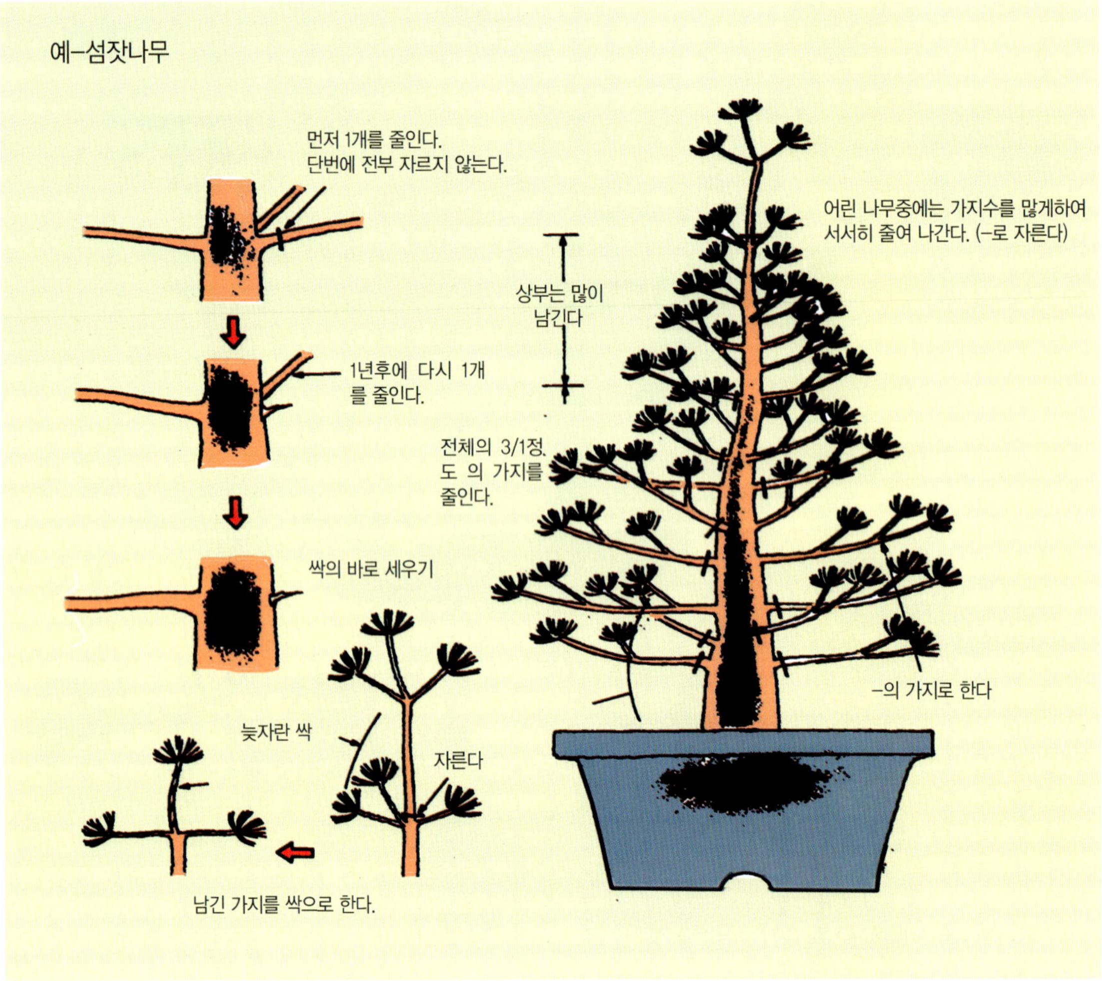

예-섬잣나무

먼저 1개를 줄인다.
단번에 전부 자르지 않는다.

1년후에 다시 1개를 줄인다.

싹의 바로 세우기

늦자란 싹
자른다
남긴 가지를 싹으로 한다.

상부는 많이 남긴다
전체의 3/1정도 의 가지를 줄인다.

어린 나무중에는 가지수를 많게하여 서서히 줄여 나간다. (-로 자른다)

-의 가지로 한다

## 앞가지와 뒷 가지를 남기는 법

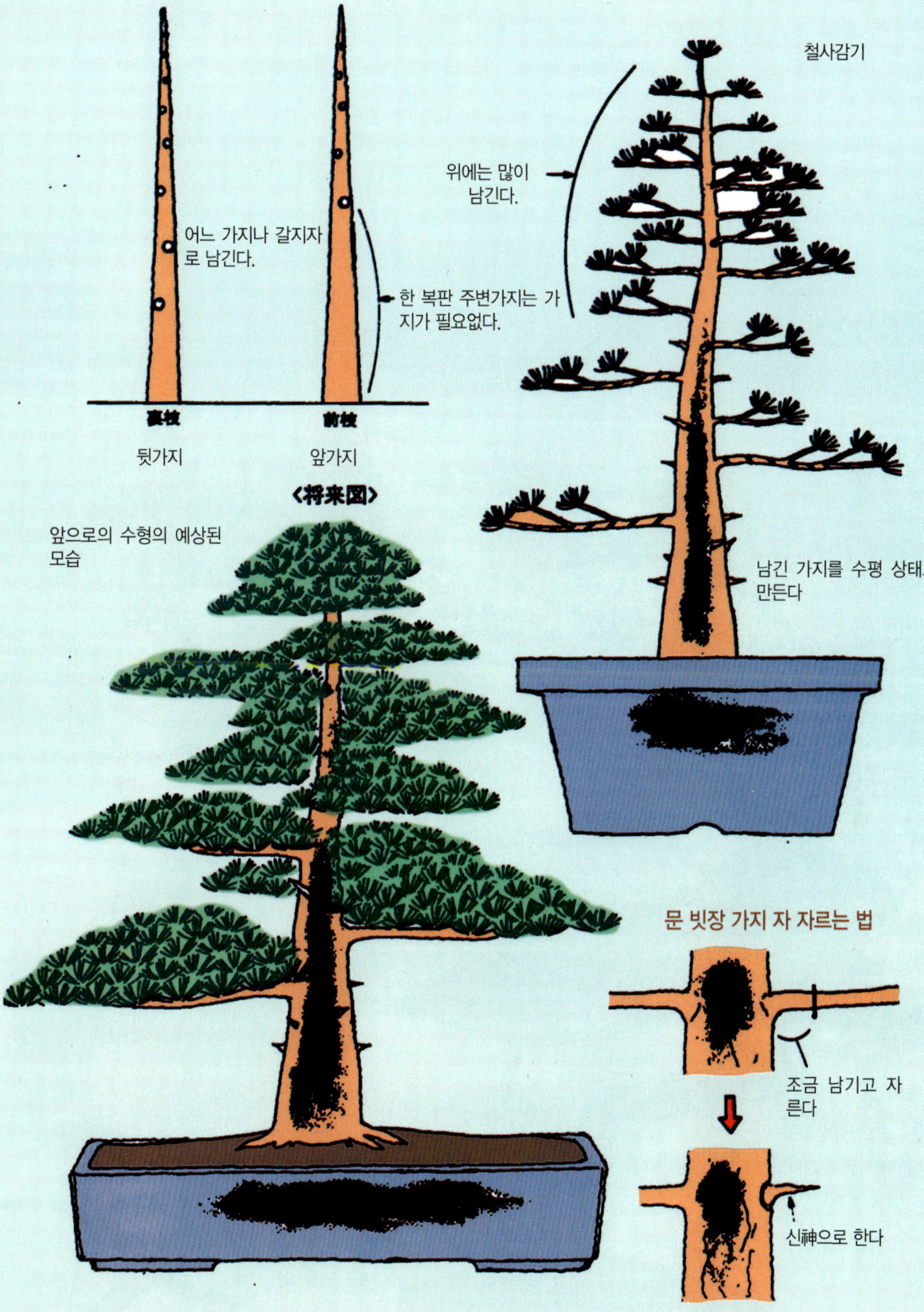

어느 가지나 갈지자로 남긴다.

한 복판 주변가지는 가지가 필요없다.

뒷가지   앞가지

철사감기

위에는 많이 남긴다.

남긴 가지를 수평 상태로 만든다

〈将来図〉

앞으로의 수형의 예상된 모습

### 문 빗장 가지 자 자르는 법

조금 남기고 자른다

신神으로 한다

## 중급편

# 싹을 갈아 세운다.

　분재에는 그 나무가 갖는 특성에 맞추어 높이에 제약이 다르다. 너무 자란 싹을 일단락하의 가지(싹)를 자르고 또한 새삭을 갈아 세우는 작업을 게을리 하거나 방치해서는 안된다.

　그리고 실생과 삽목으로 양성하는 경우에는 목표의 나무 높이까지 자라게 하는 작업 과정에서 수년에 한번은 삭을 갈아 세우고 줄기의 모양을 다듬을 필요가 있다. 전문 더러는 분재원에서 기르는 완성수에서 종종 줄기와 가지의 모양이 단조로운 것을 볼 수 있다.

　이것은 어디가지나 나무의 양성養性 단계에서 싹의 갈아 세움이 불충분한 결과라고 할 수 있다. 싹의 바꿔 세움을 잘못하면 수형 전체의 바란스를 현저하게 저하시키는 결과를 초래한다. 아래로 부터의 줄기 모양에 대하여 수관의 매듭이 나쁘면 어딘지 중심의 균형이 불만스럽게 보인다. 극단적인 예로는 좌측 흐름의 나무이여야 하는데 수관이 우측으로 흐르는 것도 볼 수 있다. 창작과 개작의 중요한 테마로써 줄기 모양과 수관과의 바란스에 유의 하길 바란다.

예—곰솔〈黑松〉

- 수관부가 좌로 너무 치우첫다.
- 이곳에 싹을 갈아 세운다
- 이 가지를 새싹으로 한다
- 접붙인 가지
- 받은가지(접붙인 가지보다 길게 하지 않는다.
- 철사감기
- 아래로 부터 줄기 모양에 맞추어 구부려 나간다.

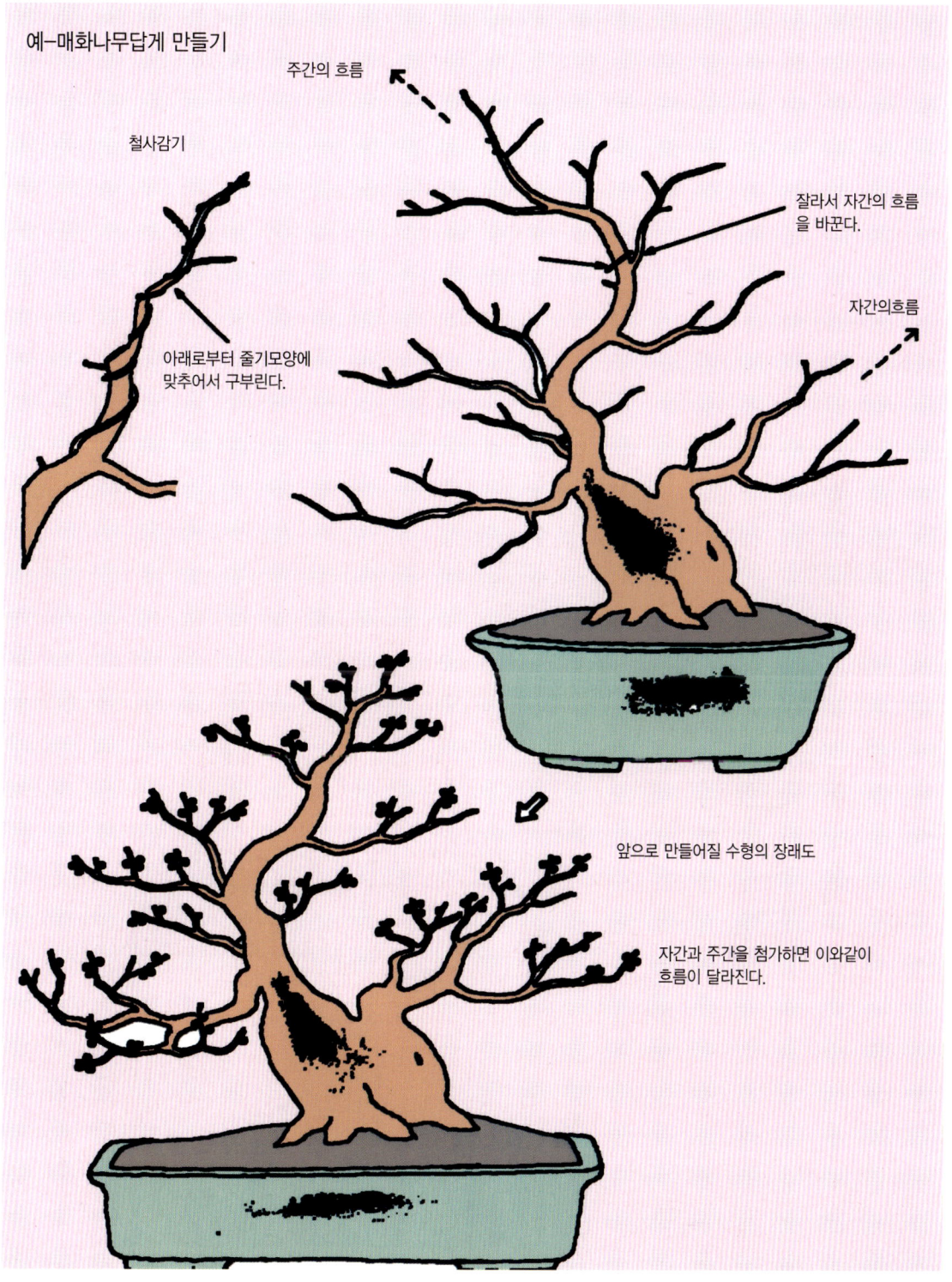

**중급편**

# 몸통에 돋는 싹을 살려 이용한다.

싹이 돋는 왕성한 잡목 분재의 가지 만들기에 있어서 줄기와 가지 만들기에 몸통에 돋는 싹의 이용이 절대적이라 할 수 있다. 고목과 어린나무는 묻지말라할 정도로 그 이용이 용이하다.

가지의 필요한 위치에 생긴 몸통의 돋은 싹은 참으로 "보물"이고 밭에심은 소재인 철쭉 드에서는 너무 굵어서 이용할 수 없는 원가지를 모두 자르고 싹을 새롭게 돋게 하여 가지를 고쳐 만든다.

그렇다고 몸통에 돋은 싹이라고 모두가 가지 만들기에 유효하게 이용할 수 있는것이 아니고 불필요한 삭은 서둘러 따내지 않으면 도리어 가지의 자세를 거칠게 할 수가 있다. 다라서 적절한 선택을 하여야만 가지 만들기에 도움이 된다.

몸통에 돋은 싹은 먼저 수세를 높이는 것이 선결 문제이기 때문에, 싹을 따지않고 기른다음 그것이 충실한 단계에서 철사로 모양을 굳힌다. 단, 끝은 잘라내지 말고 줄기와 가지의 굵기에 어울리는 단계가 될때까지 기다려야 한다.

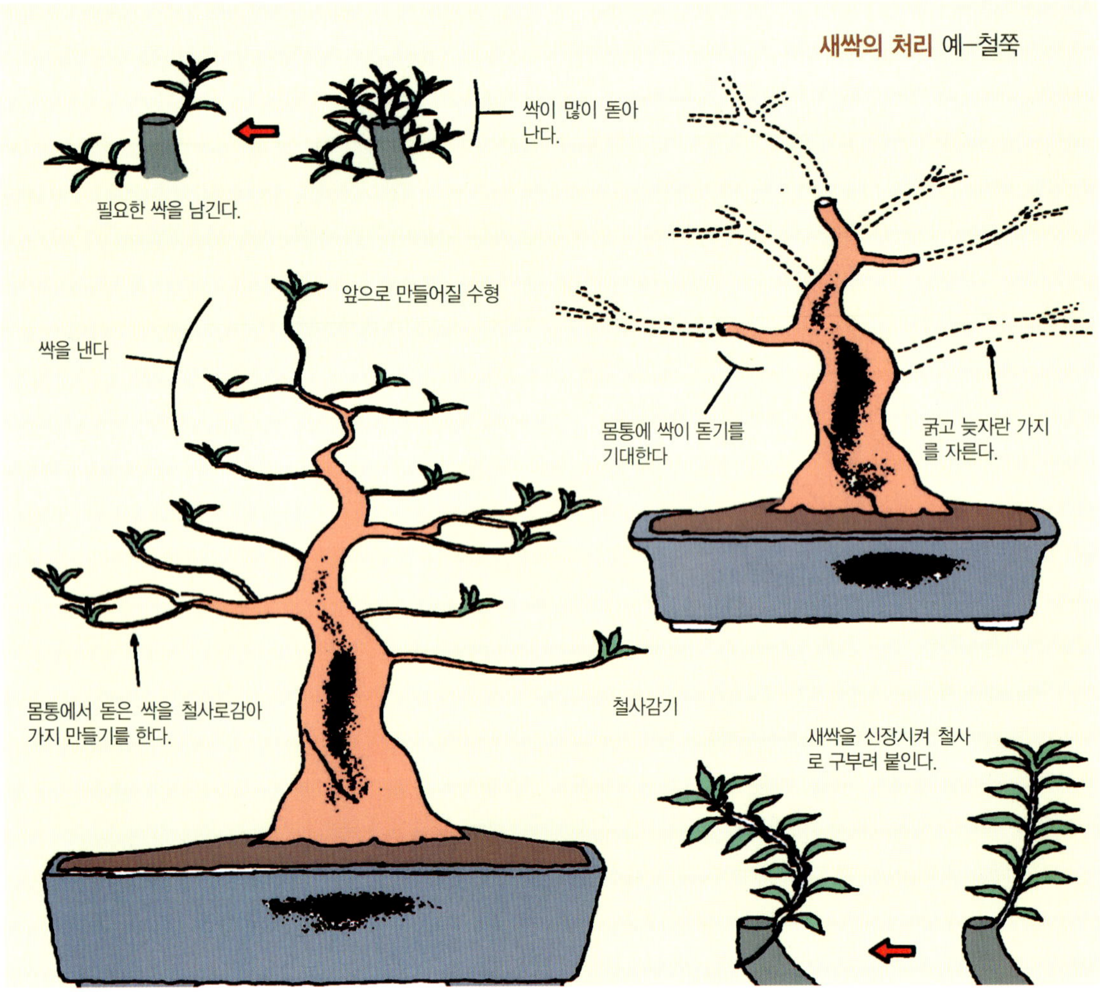

**새싹의 처리** 예—철쭉

필요한 싹을 남긴다.
싹이 많이 돋아 난다.
앞으로 만들어질 수형
싹을 낸다
몸통에 싹이 돋기를 기대한다
굵고 늦자란 가지를 자른다.
몸통에서 돋은 싹을 철사로감아 가지 만들기를 한다.
철사감기
새싹을 신장시켜 철사로 구부려 붙인다.

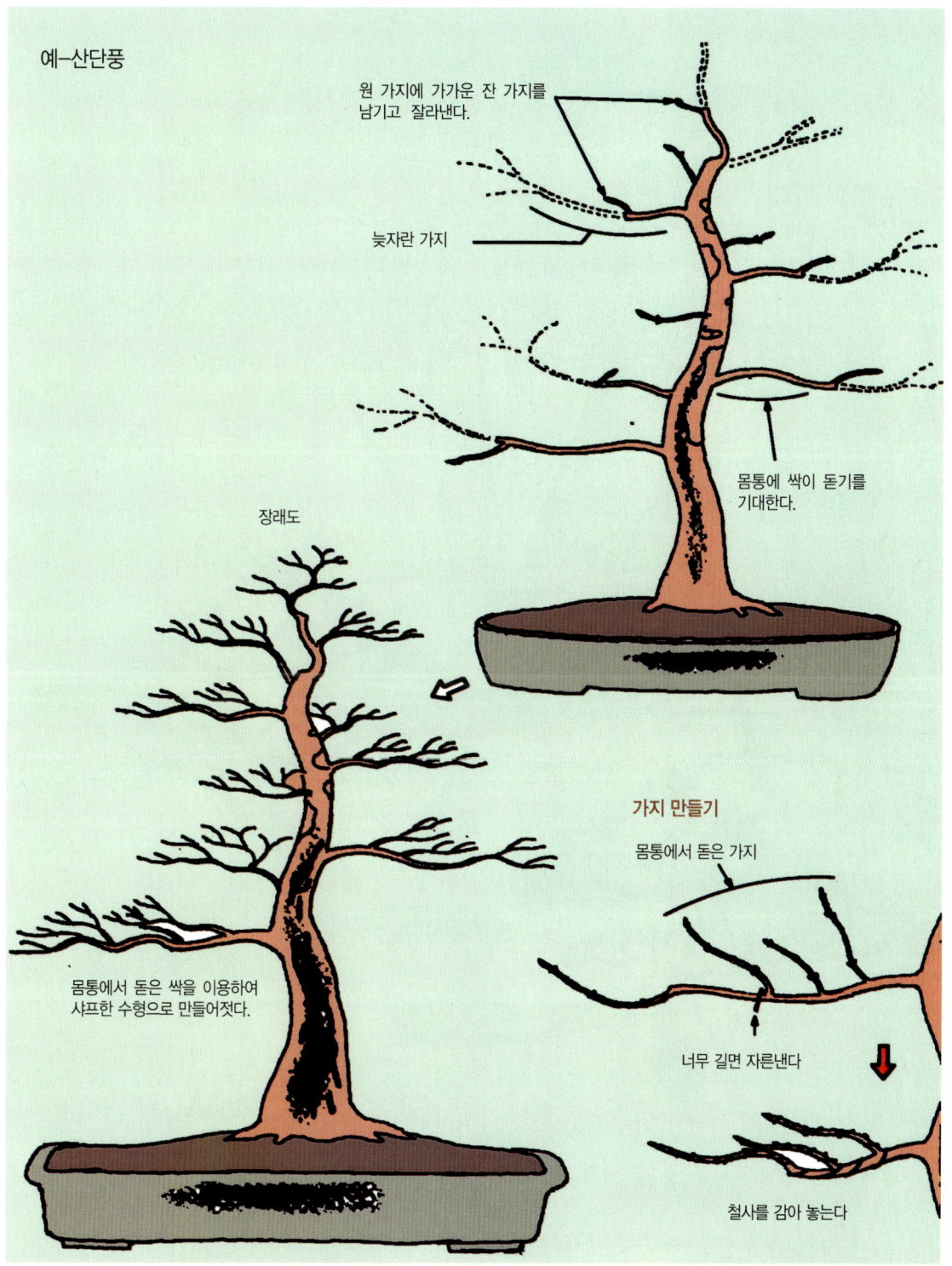

**중급편**

## 굵은 가지를 움직인다.

분재의 개작은 확실한 설계와 기술로 행하여야 한다. 그리고 기술적으로 그만큼의 어려움을 격지않고 할 수 잇는것도 있으나 때에 따라서는 줄기를 절단하기도 하고 굵은 가지를 이동하는 등의 시술에 대해서는, 먼저 나무를 단단히 고정하는 것이 대 전제가 되어야 한다.

또한 시술하는 도구도 면밀하게 체크해 두지 않으면 안된다. 굵은 가지의 이동은 내려 뜨리기도 하고 구부리기도 하여서 수형이 마음에 들지 않은것을 의도하는데로 개작을 하는 것을 목적으로 한다. 내려 뜨리는 경우에는 가지 바탕에 절단 면을 넣고 아래가지의 진을 이용해서 철사를 걸어서 그곳에 막대기를 넣고 조여서 가지를 내려 뜨리는 방법이 있다. 이대에 자른곳은 반드시 가지 윗쪽에 넣는 것에 주의 하여야 한다.

만일 아랫쪽에 넣으면 물 흡수가 차단되어 작업하고자 하는곳이 말라 죽는다. 또한 구부리기를 할 때에는 교정 하고자 하는 부분에 라피아를 감고 동선을 여러가닥으로 주위를 굳히고 다시 라피아를 감고 나서 철사를 감는다. 라피아는 물에 적셔서 사용 하여야 한다.

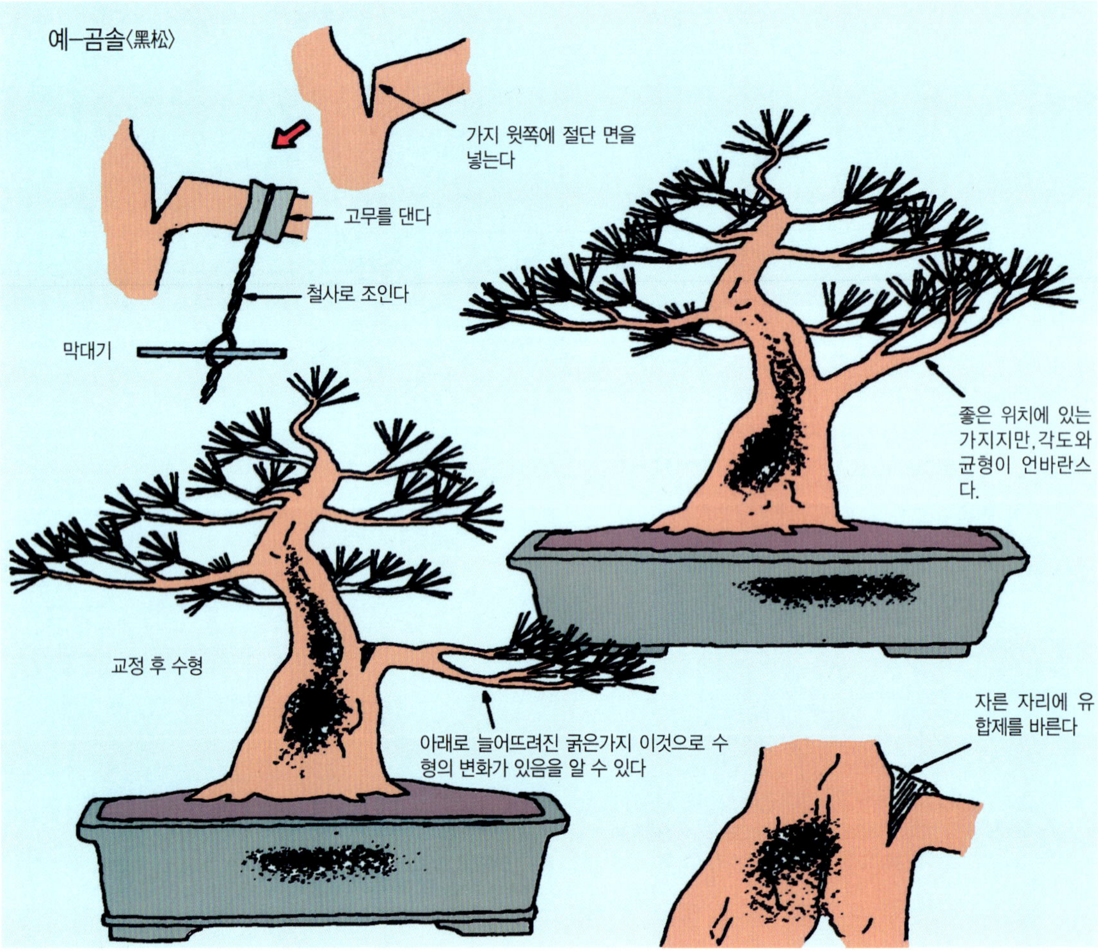

## 이식移植으로 각도角度를 바꾼다.

식물의 이식의 목적은 갖가지가 있다는 것은 잘 알려진 일이다. 먼저 이식을 하므로써 뿌리의 신진대사를 원활하게 하고 새로운 용토를 보충함에 따라서 생명을 유지하는 것은 물론이고 배양의 목적에 부응하여 분의 크기와 종류를 바꾸어 주는 것이기도 하다.

나무의 초기 양성養性 단계에서는 분을 조금씩 줄여서 나무를 줄여서 만들어야 한다. 나무는 자꾸 커가는데 왜 분도 같이 큰 것을 사용 않느냐고 초심자들은 의문이 들것이다. 그것은 분이 크면 뿌리의 번성으로 자칫 물이 많아 뿌리가 썩는 결과를 초래할 수 있기 때문이다. 그래서 분이적고 또한 물이 마를만하면 주는 것을 이해 하여야 한다. 그리고 이식도 개작의 한 수단이라고 하면 초심자들은 조금 의아하게 생각 할 것이다. 하지만 나무를 몇년을 배양培養을 하여도 수세가 오르지 않고 어딘지 부실한것 같으면, 한번쯤 이식각도의 변경을 시도하길 바란다. 나무를 이식을 하여 여러가지 각도에서 관찰하면, 과연 그렇구나 하고 생각하는 각도가 발견 될 것이다. 아무튼 이식은 2~3년에 한 번씩 하는 작업이므로 여러가지를 연구검토하여 자기가 원하는 즉 살아 숨쉬며, 멋스러운 분수盆樹가 되도록 하여야 한다.

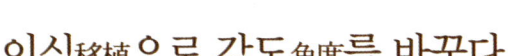

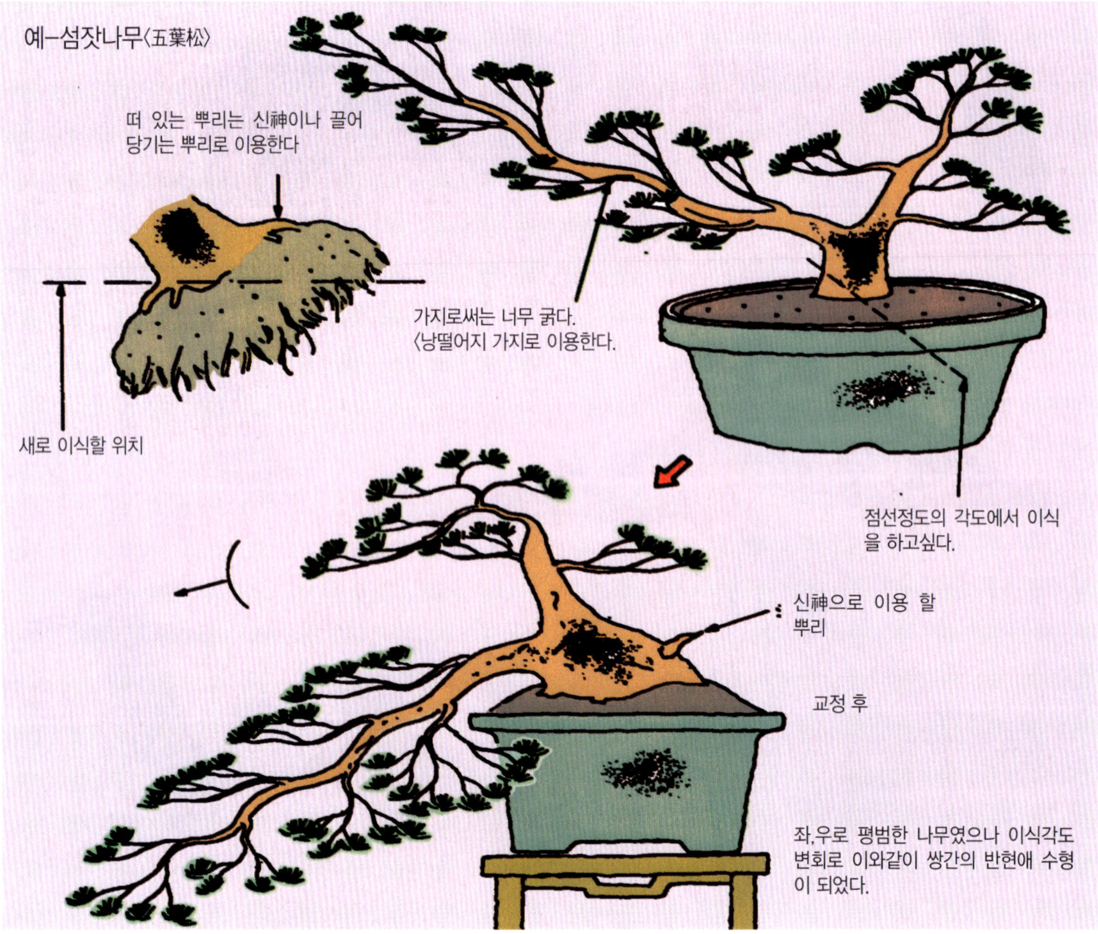

예-섬잣나무〈五葉松〉

떠 있는 뿌리는 신神이나 끌어당기는 뿌리로 이용한다

가지로써는 너무 굵다. 〈낭떨어지 가지로 이용한다.

새로 이식할 위치

점선정도의 각도에서 이식을 하고싶다.

신神으로 이용 할 뿌리

교정 후

좌,우로 평범한 나무였으나 이식각도 변회로 이와같이 쌍간의 반현애 수형이 되었다.

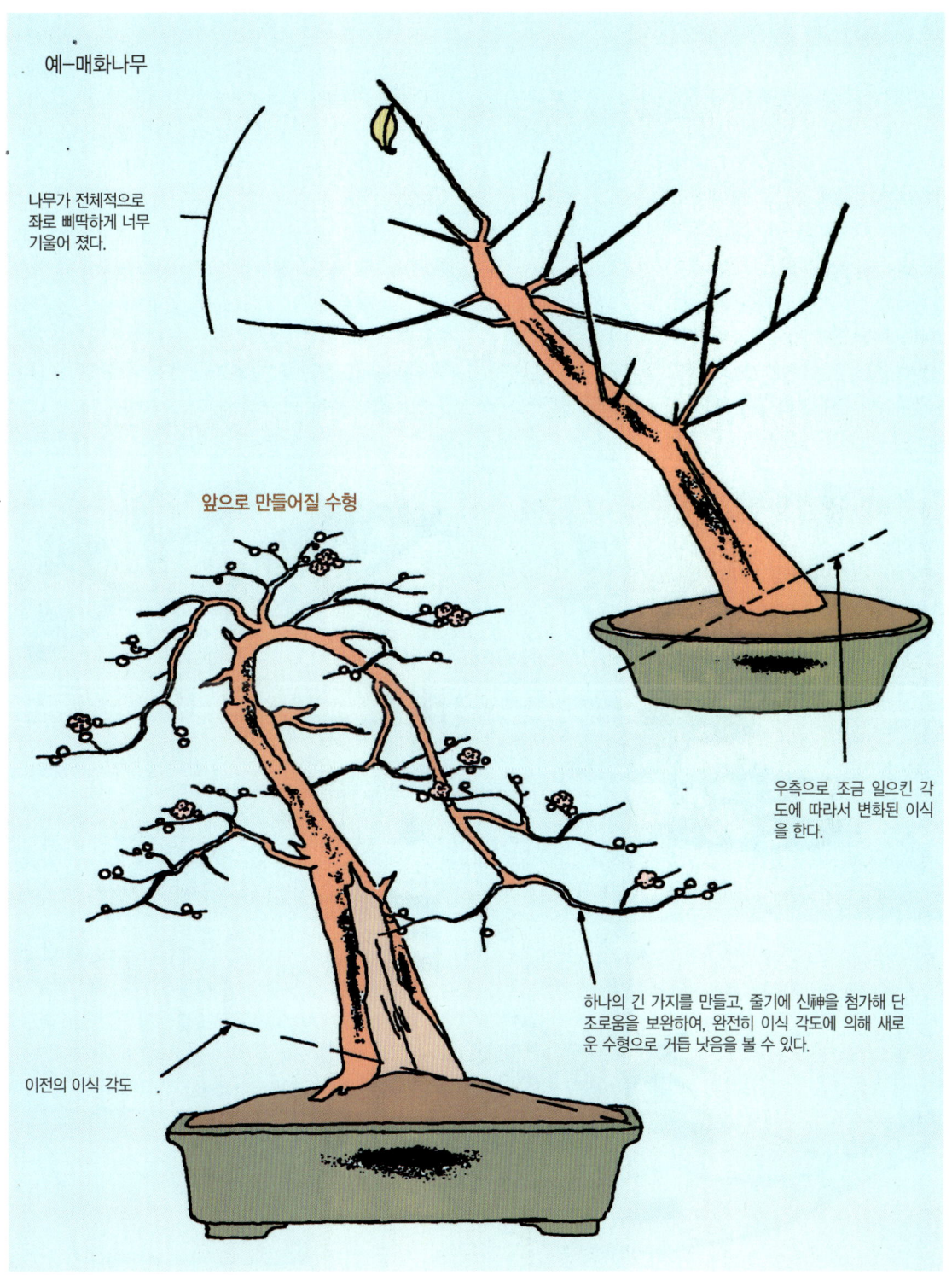

**중급편**

# 조각彫刻을 설비設備한다.

 분재수에 조각을 한다고 하니 조금은 의아하게 생각 할 것이다. 그도 그럴것이 조각이란, 조형 미술의 하나로 나무,돌,금속 따위에 서화를 새기거나 또는 물상 따위를 입체적으로 새기는 것을 말함인데 웬 분재수에 조각이냐구? 여기서는 줄기에 사리간舍利幹 줄기에 신神을 만드는 것을 말함이다.

 사리와 신을 만들기에는 송백류중에는 향나무와 노간주나무가 으뜸이고 잡목은 매화나무가 타의 추종을 불허한다 하겠다. 인위적으로 나무에 사리와 신을 조각함으로써 고태감을 표현 있는 장점이 있다. 따라서 단조로운 줄기와 가지에 사리와 신을 조각 하는것도 개작의 한 방법이다. 때에 따라서 가지를 자를때는 먼저 신으로 이용하는 것을 항상 염두에 둘 일이다. 사리와 신은 이미 말라있는 부분에 대해서는 특별히 시기를 선택하지 않고 할 수 있다. 산 나무에 조각 하는 경우는 수종에따라 다소 차이는 있겠지만, 대체로 봄의 싹 나오기 전 또는 입매경이 적당하다. 고온다습한 환경에서는 수세에 영향이 적게 미친다. 초심자중에는 한 번의 작업으로 대량으로 박피하는 것은 피하고 몇번인가 나누어서 조금씩 조각을하고 목표에 근접 하는것이 중요하다.

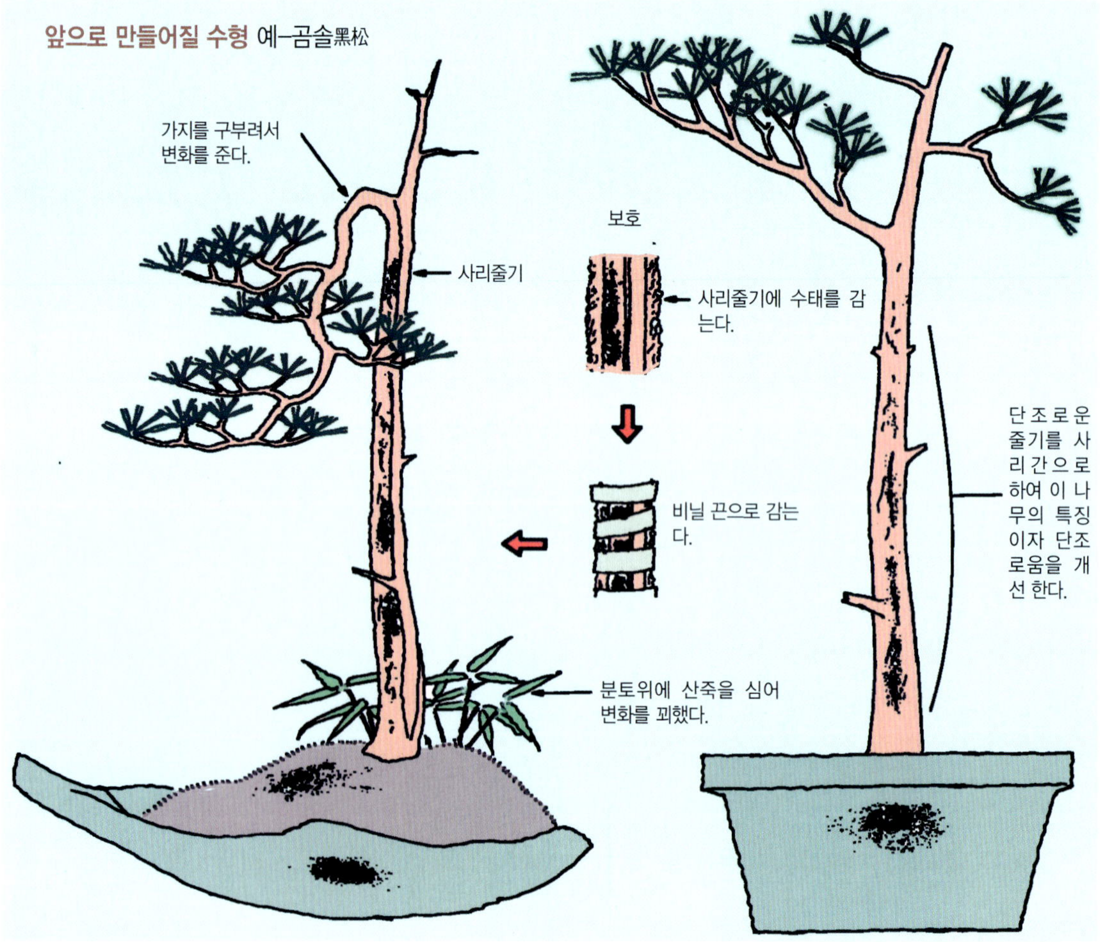

**앞으로 만들어질 수형** 예—곰솔黑松

- 가지를 구부려서 변화를 준다.
- 사리줄기
- 보호
- 사리줄기에 수태를 감는다.
- 비닐 끈으로 감는다.
- 분토위에 산죽을 심어 변화를 꾀했다.
- 단조로운 줄기를 사리간으로 하여 이 나무의 특징이자 단조로움을 개선 한다.

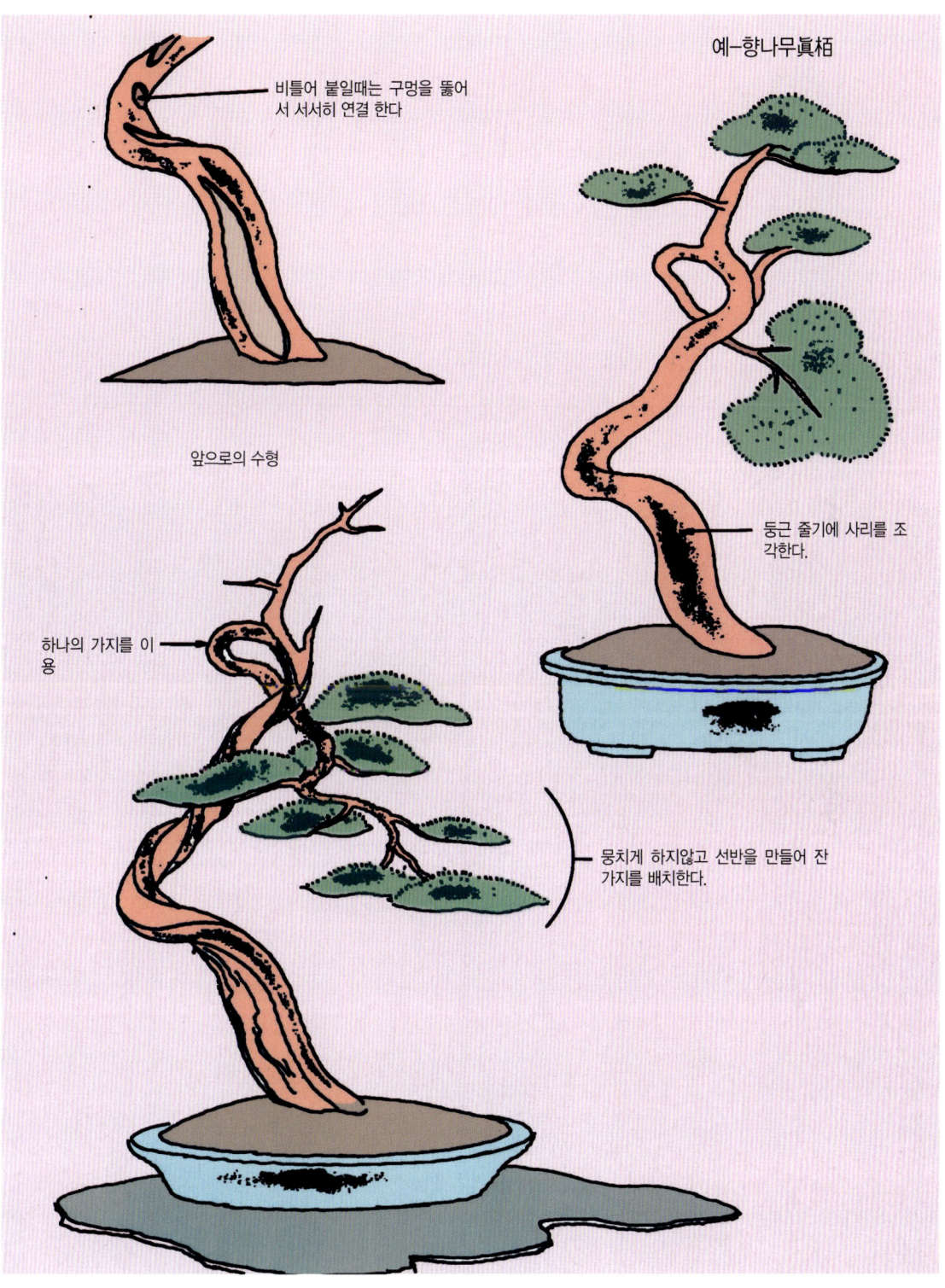

(사진) 본인 자가 옥상에서 단풍분재를 손질하는 제주분재협회 **강창운** 전 지부장

## 옥상을 이용하여 분재기르기

현대사회에서 많은 사람들이 여가선용으로 여러가지 들을 각자 취미에 따라 하고있다. 아울러 분재기르기의 회원들이 많이 생겨나고 있음은 분재가 갖고있는 무언가 커다란 매력이 있기 때문일 것이다. 그것은 어쩌면 "살아있는 소재"를 이용하여 분재라는 예술을 창작하는 데서 연유하지 않을까 싶다.

그런데 오늘날 많은 사람들이 분재기르기를 하려해도 마땅한 공간이 없다는 말들을 많이 한다. 물론 그렇다. 하지만 2009년도 서울시 통계에 따르면 옥상면적이 166km로 서울시 면적의665km의 27.4%에 이른다 한다. 어디 옥상이 서울 뿐이겠는가? 전국에 있는 옥상들을 이용하여 분재기르기를 하면 매우 바람직 스러운 일이 아닐까 한다.

아울러 옥상을 이용하면, 생활공간을 푸르게 하여 삶의 질도 높이고 도시미관이 아름다워질 뿐만 아니라 도심 열섬화 현상을 완화 시켜주고 기르는 사람의 여가선용에 옥상공간이 매우 유익하리라 생각한다.

## 노간주나무 杜松/측백나무과—모아심기/학명 Juniperus rigida S. et. Z.

## 노간주나무 배양관리법

### • 갈아심는 시기와 방법

노간주나무는 추위를 잘 탄다. 갈아심기 적기는 새 순이 트기 시작할 무렵인 3월하순~4월중순이 가장 좋다. 뿌리 치기는 반 정도로 한다. 묵은 흙은 실생묘일 경우 원래의 흙을 완전히 털어 버리지 않으면, 새 흙과 본래의 흙이 배수排水다르므로 뿌리의 잔 뿌리가 나기 어렵다. 갈아심기 횟수는 어린나무는 2~3년에 한 번, 완성된 나무라면 3~4년에 한 번 해주면 된다.

용토는 마사토7, 적토3이나 마사토만으로도 된다. 어린 실생묘나 산캐기한 나무 등, 뿌리를 내리려 한 나무는 다소 굵을 많이 섞어 배수가 잘 되도록 심어야 한다.

### • 물주기와 비료

물을 많이 좋아 하는 편이다. 봄, 가을은 하루에 한 번, 여름은 1~3회, 겨울은2~3일에 한 번 분 밑으로 물이 셀 정도로 충분히 준다. 특히 모래에 심은 것은 건조되기 쉬우므로 물이 마르지 않도록 한다. 옮겨심은 직 후의 나무나 수세가 약해진 나무는 잎에 물을 뿌려주면 효과가 있다. 비료는 많이 주어야 한다. 봄철 4, 5, 6월 각 1회씩 가을철 9, 10월에 1회씩 깻묵을 준다. 추비秋肥는 약간 많이 깻묵에 1~20%의 골분을 섞어 주면 더욱 효과가 있다. 노간주나무杜松는 원래가 잘 뻗는 성질이라 그 신장성이 극히 강하여 분에서 1년을 키워도 그 심芯이 1m나 자랄 정도이나 줄기의 비대성은 좋지않다. 또한 발근력發根力이 극히 왕성 하므로 삽목挿木에 의한 번식이 쉬우며 취목으로 포기 자람의 줄기나 가지를 구부려 취류나 부리이음 등의 창작이 가능하다.

아울러 다른 수종에 비해 뚜렷하게 많은 비료를 좋아하는 성질이 있다. 그리고 배수가 잘되게 심어 물을 충분히 주어야 한다. 그리고 추위를 싫어 하므로 추위에 가지나 뿌리를 자르는 것은 삼가한다. 또한 노간주나무는 가지와 줄기의 교정이 쉬운 수종이다. 삽목을하여 줄기와 가지가 자라면, 가지의 일부를 분토盆土에 휘묻이를 한다.

그러기를 반복 하면서 자기가 원하는 수형의 모습을 만들어 나간다. 삽목은 나무의 중간을 잘라서 이용한다. 중간을 자르는 것은 아랫 줄기를 굵게 하기 위함이다. 그러니까 위의 분수盆樹는, 삽목, 뿌리이음, 모아심기, 휘묻이 기법技法의 종합적인 개념概念으로 보면 된 노간주나무는 추위에다 이러한 기법을 구사할 수 있는 것은 고도의 테크닉의 결과이고 많은 세월이 요하는 것이다. 즉 1~2년에 숙달이 될 수 없다는 말이다. 참으로 흥미 진진한 일이며 누구나 한 번쯤 전문가의 자문을 받아 여가선용으로 도전 해 볼만한 일이다.

중급편

**비자나무** 비자나무과 / J Torreya nucifera L.sieb. et Zucc. • 수령 110년 • 수고 57

## "수종에 따른 나무의 개성을, 충분히 살려야"…

어느 수종이나 그 나무 고유의 줄기와 가지의 특성이 있기 때문에 분재기르기를 할 경우 그것들의 개성을 충분히 살려야 할 필요가 있다. 부자연 스러움이 한 눈에 들어오는 분재는 좋게 보이지 않는다. 분재기르기의 초심자는 그 소재가 갖는 특성을 충분히 파악하여 기르기를 하여야 한다.

어떤 소재이건 무리해서 만들려 하지말고 장점을 찾아서 만들어야 한다. 이런 자세로 분재기르기에 임한다면 자기도 모르는 사이에 분수를 보는 눈과 더 나아가 창작의 원리를 알게될 것이다. 또한 명목의 작품들을 보고 참고로 하여 수형을 만드는 것도 한가지 방법일 것이다. 처음은 모방일지라도 언젠가는 자기 창작의 안목이 생긴다. 어찌 되었던 꾸준한 마음으로 수형 만들기에 전념하면서 연구는 하지만, 절대로 유행을 쫓아서는 자기

발전을 기대 하기 어렵다. 왜냐하면 자기가 수형의 패턴을 찾아서 개발해야지 유행만 쫓으면 이것도 저것도 안된다

최근에는 일반 취미인들의 기술이 현저하게 향상되어 그것이 너무 선행先行되어 정작 나무의 상태라든가 시기 등을 소홀이 하는 경향이 있는 것 같다. 이것은 극단적인 예이지만, 수세가 쇠약해진 나무에 가위질 등으로 큰 부담을 준다든가, 뿌리가 충분히 내리지 않았는데 무리한 철사감기를 하는 등이다.

항상 나무의 상태를 관찰하고 그리고 적당한 시기를 지켜야 할 것이다. 간혹 분재 전시회에 가보면 극히 일부지만, 푸른 이끼나 죽은 잎을 붙인체 출품 하는 것을 보게 되는데 이것은 너무 기술적인 것에만 급급한 나머지 기본을 망각하는 일이라고 본다.

**느티나무** 학명 / Loropetalum Chinense ・수령 53년 ・수고 42cm

## 분재의 수형관樹形觀의 원점이란?

"분재의 아름다움이란 도대체 어디에 있는 것인가?" 이와같이 다소 엉뚱하고 본질적인 물음에 대하여 한마디로 대답한다는 것은 매우 어려운 일이다. 그것은 사람에 따라, 그리고 대상의 수형에 따라 여러가지로 대답이 나올 것 이기 때문이다.

그러나 분재에 있어서 수형樹形이라는 것이 없다면 그것은 분재라고 말 할 수 없다. 왜냐하면 분재에 있어서 수형미라는 것은 본질적인 요소이기 때문이다. 이미 반세기전 일본의 분재계의 명인은, "분재는 자연미의 구현을 필요로 한다. 그 첫째는 형태의 미관이며, 둘째는 색채의 미관이다. 이 두가지 요소에는 인간의 심미성과 창조성 즉 예술의 기교의 공작에 의해 저절로 발휘 된다고 하였다. 크고 오래된 나무의 관상을 표현하는 풍취와 품위도 결국은 이 형태와 색채 두가지로 귀결된다" 하였다. 이 두가지중 색채는 자연에 맡기는 경우가 많은데 비하여 창작의 가장 중요한 역할을 하는 것으로 자연수의 자연미에 대한 예술로서 구분 되는 것도 바로 여기에 있다. 즉 분재는 언제고 사람의 기교와 공작으로 자연스러운 관강 가치가 있는 예술적 형태가 된다. 다시 말하면 분재의 우월 기준은 거의 이 형태의 좋고 나쁨에 따라서 결정 된다고 할 수가 있다."라고 말 하였다.

반세기전 분재의 형태미 즉 수형의 중요성을 이처럼 명쾌하게 논거 하였다는 것은 지금으로서 놀라지 않을 수 업다 하겠다. 그런데 분재미의 본질이라 할 수 있는 수형에 대한 생각도 시대의 변천에 따라 상당히 변했다.

단순히 아름다운 수형을 만들기만 된다는 식의 이론은 조금은 진부하다고 본다. 이유는 "무엇이 아름다운 수형인가" 하는 것이 문제가 되는 것이다. 분재의 미래상未來像이 없으면 그에따라 미는 존재하지 않는다. 그러므로 미래상의 결정 방법이 변천이 있었던 것이다. 아울러 수형미에 대한 탐구는 문인文人분재에 대한 의문으로부터 생겼다고 하여도 과언은 아니다.

## 느릅나무

• 수령 63년 • 수고 30cm

　분에 심은 나무에서 문인적인 풍취의 표현을 구한 문인 분재는 그 결과 그 나무가 지닌 자연성을 경시해 버렸다. 아니 경시 하였다기 보다는 그런점에 별 관심을 갖지 않았다. 그 결과 다음과 같은 비판이 생겨났다. 즉 지난날의 분재평론가는 "천연 수목의 범주 안에서 하라"고 말한 것이다. 소나무 종류중에서 분재로 적송이 가장 적합하고 다음이 곰솔이다.

　그리고 나무의 자태로 말하면 직간, 쌍간, 현애, 모아심기 등 이다. 어떤 분재의 대가는 수형미의 미래상은 어디까지나 천연적인 수목의 생태에 있다고 말한다. 이말에 따른다면, 천연적인 수목의 상태가 아닌듯한 수형은 용인할 수가 없다는 뜻이 된다. 다시 말하면 소나무의 포기자람에 대해서 는 앞에서 말했고, 곰솔이나 섬잣나무의 직간 등은 분재의 수형으로 인정할 수 없는 결과가 되어 버린다.

　그 주장의 옳고 그름을 떠나서 여기서 말 하고자 하는 것은 분재의 수형미 탐구는 어디까지나 천연 수목의 생태 범위 안에서 나왔다고 하는 것은 부인할 수 없는 사실이다. 말하자면 분재는 사실적 작풍作風에 의해 수형미를 창출創出해 온 것이기 때문이다.

　"나무는 소나무답게 단풍나무는 단풍나무답게" 이러한 자연적인 방법이 분재의 흐름이라고 하여도 이의는 없을 것이다. 그러나 근자에 와서는 분재 작풍이 여러가지로 논의 되고 있는 것은 앞으로 우리나라 분재에 신선한 바람을 일으키리라고 확신한다.

## 눈 향나무 眞栢
• 별명 : 사리와 신  • 나무높이 : 70cm  • 나무나이 2007년 약 800년 나무상자 분盆

　이 토끼의 형상을 하고 있는 눈 향나무眞栢의 나이는 자그만치 800년의 세월歲月을 자기몸에 감돌았다 하니 웬지 숙연肅然 해진다. 우리 인간들은 백년도 못 살면서 몇 천년이나 살것처럼 아등 바등 살고 서로 헐 뜯고 다투면서들 살아 가는데, 이 나무에게서 배울 것이 많이 있다고 본다. 즉 이 나무의 십분의 일도 못 살면서 잠간 왔다가는 세상을 헛되이 보내는 사람들이 많이 있다는 것은 매우 안타까운 일이라 생각한다. 그러니 참되고 아름답게 그리고 남을 배려하고 사랑하며 도움을 주고 받으며 사는 삶이 진정한 삶이라 생각한다.

　혹자는 분재책에 무슨소리여 하겠지만, 글 쓰는 목적은 오락성과 계도성 그리고 예술성 이랍니다. 더 보태면 인간을 떠난 글은 무미건조 하지요. 전형적인 사리 간舍利幹의 수형이며 그래도 줄기는 가지들에게 아낌없이 다 주어, 가지들이 마지막 남은 생을 붓잡고 있는듯 하네요.

# 비자나무 비자나무과 / Torreya nucifera L.sieb. et Zucc.

**형태상의 특징** – 상록 침엽 교목으로 2m이상 자라며 줄기의 직경은 90cm에 달한다. 수피는 회갈색이 난다. 잎은 침형으로 빳빳하고 혁질로 가시같이 뾰쪽하며 앞면은 광택이나고 암록색이다. 잎의 뒷면에는 주맥 양측에 연청백색의 불분명하게 있다. 잎의 길이가 2.5cm, 폭이 3mm정도 되며 가지 양편에 2열로 납작하게 난다. 꽃은 자웅 2가화로 수꽃은 하나 씩 피며 암꽃은 둘씩 핀다. 꽃은 4월에 개화하며 열매는 10월에 익는다. 종자는 핵과로 과실은 육질이고 직경은 2~3cm이고 처음에는 녹색의 난원형 또는 긴 타원형이며 검붉은 자갈색으로 익는다.

*비자나무 분재로 매우 희귀한 것이다.*

## 소나무 학명 / Pinus densiflora sieb. et zucc

### "자연은 분재의 길잡이다"

소설이나 연극에 모델이 있듯이 분재도 예외는 아니다. 시간이 허락하면 건강도 챙길겸 산야를 돌아 다니다 보면 여러가지 초목들에서 수형의 다양함을 볼 수 있을 것이다. 자기가 좋아하는 분재기르기 전문가를 모시는 것도 좋지만, 자연보다 더 좋은 스승은 없다는 말도 있다. 그러므로 앞으로 자연을 접하면서 초목들의 여러가지 장점들을 보아두어 분위에 재현할 수 있도록 하여야 한다. 또한 전시회나 다른 분재원이나 개인이 소장하고 있는 작품들을 많이 보아서 좋은점을 모방을 하여야 한다. 이유는 모방은 자기창작의 지름길 이기 때문이다.

## 당단풍 단풍나무과 학명 / Acer Buergerianum Miq.

### 당단풍나무 배양관리

단풍나무보다 수성이 튼튼 하므로 기르기가 쉬운점이 특징이다. 분갈이는 2월하순에서 3월 중순이 적기이다. 다른 잡목류에 비해서 약간 빨리 끝낸다. 이 시기를 놓쳤을 때는 장마철에 하여도 무방하나, 이때에는 반드시 잎 따기를 한 후에 한다. 갈아심기는 어린나무는 매년 해주고 그때마다 직근은 자르고 옆으로 뿌리가 뻗도록 한다. 이것이 당단풍나무 특유의 반근盤根을 만드는 요령이다. 성목이 되면 2~3년에 1회로 충분하다. 묵은 흙은 반쯤 털어내고 풀어헤친 뿌리의 반 정도도 자른다. 용토는 일반 적토 8 부엽토 2의 비율로 혼합하여 사용한다. 돌붙임 분재로 하기위한 뿌리 만들기에는 모래를 쓰는 것이 적합 하지만, 잔 가지를 번성 시키려면 가능한 한 입자가 고운 흙을 사용 하는 것이 매우 효과적이다.

물주기는 당단풍나무는 물을 퍽 좋아한다. 봄, 가을은 1일 1회씩 듬뿍준다. 여름에는 1일 2~3회, 겨울엔 엽수葉水를 준다. 낙엽 후에는 1~2일에 1회정도 기준으로 한다. 비료는 깻묵을 주로하여 골분과 어분을 120%로 혼합해서 준다. 시기는 4월~9월까지 평균해서 준다. 분갈이 후에는 1개월정도 사이를 두는데 수세가 떨어진 나무는 께속해서 비료를 주어야 한다. 빠른 효과를 기대하는 경우는 액비液肥를 사용하면 효과가 빠르다.

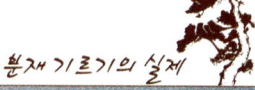

**단풍나무** 포기자람 株立 학명 / Acer palmatum Thunb. 나무높이 60cm

## 분재의 타고난 엽성葉性에는, 사람의 힘이 미치지 못한다.

분재란 말할 것도 없이 관상하는 것이며, 그 첫째는 아름다워야 하는 것이 절대적인 조건인데, 아름다운 섬잣나무의 잎은 촘촘하고 무성한 특성은 보는 사람으로 하여금 매력을 느끼게 한다. 이때 잎이 지니는 의미가 이렇게도 큰 것인가 하고 새삼스럽게 놀란다. 곰솔 등의 잎의 성질은 지금까지 거론 되지 않고 있는데, 그 좋고 나쁨의 구분에는 많은 차이가 있다. 그리고 나무의 수형이 완성에 가까워질 수록 점차적으로 차이가 나타난다. 아무리 완벽한 관리와 기술을 구사해도 그 타고난 엽성에 있어서 좋고 나쁨은 인위적으로 사람의 힘이 미치지 못한다. 섬잣나무 중에서도 생육이 좋고 일찍 굵어지며 수피樹皮도 나타내는 갖가지 우수한 특징을 지닌 팔방 섬잣나무라는 수종은 현대를 대표하는 품종이라고 하여도 무리는 없을 것이다.

나무의 은은한 아취의 고목과 대비되는 우아하고 균형잡힌 기품있는 수형으로서 분재기르기 한 사람은 꼭 한 번 만들어 보고싶은 것이 현애懸崖수형이다. 국화처럼 어느정도 완성 되기 까지는 수평으로 만들다가 분에 심을 때 단번에 밑으로 늘어 뜨리는게 어떨까 하는 생각이 드는데…상간의 재료를 이용하여 한 줄기를 윗쪽으로 향하게 하여 보통 모양목처럼 키운다. 그리고 다른 한 줄기를 과감히 과감히 아랫쪽으로 늘어 뜨려도 되지만, 나무 한 줄기를 늘어 뜨리면 아무래도 상태가 좋지 않으므로 누구나 연구 과제로 삼을 일이라고 생각한다.

## 당단풍 단풍나무과 학명 / Acer Buergerianum Miq.

### 분재의 기본은, 공간미학空間美學을 최대한으로 살리는 것이다.

 분재는 자연으로부터 배운다라는 말을 흔히들 말한다. 그리고 자연에서 배운다는 말은 자생지의 나무의 수형을 관찰하여 그것을 배운다는 뜻이다. 사람이 인위적으로 나무 자세를 만들드라도 인공人工의 흔적이 있으면 보기에 별로 좋지 않다. 그러므로 무리하게 만든다는 것과 대담하게 정형 한다는 것은 전혀 다르므로 오해는 금물이다.

 다음은 공간의 미학美學을 최대한으로 살리는 것이 분재의 기본이다. 가지와 가지 사이의 공간을 살리고 그것이 나타내는 아름다움을 찾는 것이 매우 중요하다. 가지의 탄력이나 변화도 없이 깨끗하게 다듬어져 정원수 같은 분재수는 하등의 의미가 없다. 하여 10년 20년 목표를 정하여 구준히 손질을 해가면, 반드시 훌륭한 분재수가 되는 것이다. 결코 유행을 쫓으려 하지말고 정성을 다하여 명목名木을 만들기에 노력을하면 좋은 결과가 따른다.

## 담쟁이덩굴 포도과 학명 / Parthenocissus tricuspidata Planch.shvdl32

 초심자들은 분재기르기에 있어서 물주기가 핵심이라는 말을 많이 들었을 것이다. 아울러 물주기의 요령을 배우는데 3년이 걸렸다고 하는 말이 있는데, 물주기가 그만큼 어렵다는 말이다.

 나무를 좋게 만드는 것 그리고 나쁘게 만드는 것이 물주기가 기본이 된다. 나무의 종류, 분의 크고 작기, 깊고 낮기, 흙의 상태, 햇빛이나 바람맞이의 조건, 계절이나 그날의 일기 등에 따라서 하루의 물주기 횟수나 양을 일률적으로 정할 수는 없다.

 어떤 상태에서 얼마만큼 주느냐의 판단은 오직 당신 자신이 정할 수 있도록 숙달이 필요하다.

**중급편**

주목 / 주목과 학명-Taxus cuspidata sieb et. Zucc.나무높이 32cm

# 분수盆樹의 가지치기剪定와 그 목적

## 가지치기란

넓은 의미로는 눈따기, 잎치기, 잎솎기 이다. 좁은 의미로는 눈자르기, 불필요한 가지 자르기, 웃자란 가지 자르기, 쓸데없는 가지 즉 기지忌枝 자르기 등이다. 여기서 눈자르기만 제외하면 이른바 가지 다듬기整枝라고 하여도 이의는 없다.

눈자르기는 가위를 사용해서 한다. 눈을 손으로 따내는 눈따기와는 이점이 다르다. 봄이되면 거의 모든 수종은 새 눈이 자라난다. 이 눈이 새로운 잎이나 가지로 된다. 그래서 눈자르기란 새로 자란 눈을 어느부분에서 잘라내는 것을 말한다. 불필요한 가지자르기, 도장지자르기, 기지 자르기는 분재계에서는 가지솎기, 기지 자르기라고 한다.이것은 불필요한 가지나 웃자란 가지 또는 바퀴살 가지車枝, 빗장가지, 겹친가지 등의 가지를 밑동이나 중간부분에서 자르거나 솎아주는 작업을 말한다.

## 가지치기의 목적

나무를 작은 분에 심어 그대로 방치하면 가지와 잎이 무성히 자라서 결국은 분재수의 모양을 잃고만다. 그리고 말라죽는 수가 있다. 그러므로 분재수를 매일 관찰하여 적절한 시기에 가지를 쳐 주지 않으면 안된다. 가지치기의 중요한 목적은 줄기나 가지를 쓸데없이 자라게 하지않고 가지 전체의 바란스를 잡아 조화의 미를 만들어 나가는 것이다. 그리고 눈자르기의 목적은 가지끝의 힘을 억제하여 나무 전체의 힘을 평준화 시키고 잔가지의 수를 늘리고 눈 끝을 고르게 하며 잎을 작게 하는 것이다. 가지자르기나 솎기의 목적은 불필요한 가지를 자르거나 솎아 줌으로써 영양분이 충분이 가지끝까지 올라갈 수 있도록 해주는 동시에 가지 사이로 햇빛이 잘 들도록 하여 통풍이 잘되어 병해충의 발생을 억제 해주는 것이다.

## 배롱나무 부처꽃과 학명 / Lagerstroemia indica L. 원산지/필립핀 뉴기니아

나무높이 3~7m의 낙엽 교목 또는 관목으로 줄기는 약간 경사지게 구부러 지면서 자라고 가지는 옆으로 퍼져서 불균형의 부정형 수형을 이룬다. 수세는 강하고 밑둥에서는 여러개의 싹이 잘 나는 성질이 있다. 밑둥치의 굵은 줄기는 적갈색 바탕에 흰색의 점 무늬가 얼룩달룩 하게 있어 아름답다. 잎은 두껍고 도란형으로 거치가 없으며 호생한다. 꽃은 다화성으로 7월 하순부터 가을까지 아래에서 위로 올라가면서 약 100일동안 핀다. 꽃이 100일 이상 핀다하여 목백일홍 이라고 부르기도 한다.

**중급편**

유원동백 冬柏 뿌리올림根上

  아기자기한, 여러 개의 돋움뿌리로 가꿔진 나무의 특징을 살려, 유원무늬동백을 접하여 새로운 수형을 만들어 앞으로의 기대가 되는 작품이다.

느릅나무 수령 108년 수고 67cm

 호랑이는 죽어서 가죽을 남기고 사람은 죽어서 이름을 남긴다. 그렇다면 분재기르기하는 사람은 무엇을 남길까? 그 물음의 답은 이 느릅나무가 대답한다 하겠다. 〈인생은 짧고 예술은 길다.〉

## 전국 자생 동백회원 명단

### 강진 무늬동백 연구회

| 지역 | 성명 | 전화번호 |
|---|---|---|
| 강진 | 정재린 | 010~3612~8377 |
| 강진 | 김성준 | 010~3611~4133 |

### 경남, 북 자생무늬 동백회

| 지역 | 성명 | 전화번호 |
|---|---|---|
| 양산 | 송상훈 | 010~3845~0745 |
| 거제 | 류진태 | 010~7221~4805 |
| 거제 | 김정부 | 010~4574~4432 |
| 포항 | 최상천 | 010~9992~8204 |
| 거제 | 윤태억 | 010~3085~1026 |
| 거제 | 박희성 | 010~5119~3460 |
| 부산 | 최주호 | 010~3852~1340 |
| 거제 | 김성룡 | 010~3567~4305 |
| 창원 | 손정모 | 010~3567~7272 |
| 경주 | 김남숙 | 010~9977~5392 |
| 고성 | 탁상호 | 010·5507~5778 |
| 사천 | 김인철 | 010~5420~2990 |
| 양산 | 전성훈 | 010~9231~6481 |
| 거제 | 이동진 | 010~3457~5772 |
| 창원 | 김규환 | 010~8520~0980 |
| 부산 | 김세종 | 010~6505~8989 |
| 부산 | 김보경 | 010~2310~8842 |
| 부산 | 최회원 | 010~4310~7872 |
| 창원 | 김영아 | 010~2969~2100 |
| 부산 | 남영주 | 010~5500~0072 |
| 통영 | 우명화 | 010~4562~9252 |
| 거제 | 이영식 | 011~571~1643 |
| 거제 | 옥치섭 | 010~3868~6681 |
| 경산 | 채향수 | 010~3157~8878 |
| 거제 | 전수현 | 010~9282~2767 |
| 거제 | 이채균 | 010·2969~2101 |
| 부산 | 배용운 | 010~3860~2562 |
| 거제 | 박석간 | 010~8538~0784 |
| 부산 | 신경민 | 010~9829~7712 |
| 거제 | 이정우 | 010~9689~8360 |

### 대전 동백회

| 지역 | 성명 | 전화번호 |
|---|---|---|
| 대전 | 우도영 | 010~4403~0308 |
| 대전 | 신태인 | 010~8459~6969 |
| 대전 | 박종대 | 010~2456~9977 |
| 대전 | 봉하경 | 010~3410~5098 |
| 대전 | 홍판열 | 010~3145~5132 |
| 대전 | 허 웅 | 010~8827~0648 |
| 대전 | 손창선 | 010~5481~3077 |
| 대전 | 문광돈 | 010~6422~1400 |
| 대전 | 정우재 | 011~408~0404 |
| 대전 | 김종운 | 010~5403~0065 |

### 목포 동백회

| 지역 | 성명 | 전화번호 |
|---|---|---|
| 무안 | 김중영 | 010~3616~5850 |
| 목포 | 김종수 | 011~631~3876 |
| 목포 | 김영복 | 010~6794·0005 |
| 목포 | 정병희 | 010~2830~1798 |
| 목포 | 최상근 | 010~3628~5195 |
| 목포 | 배상오 | 010~3616~8006 |
| 목포 | 김일진 | 010~3629~3066 |
| 목포 | 김용호 | 010~6638~7699 |
| 목포 | 김문태 | 010~6480~6618 |
| 목포 | 고덕오 | 011~606~6800 |
| 목포 | 김재용 | 010~9431~2182 |
| 목포 | 인성일 | 010~9884~7340 |
| 목포 | 최원창 | 010~9885~8244 |
| 영암 | 강기남 | 010~8619~1457 |
| 신안 | 김대록 | 010~6318~5008 |
| 정읍 | 곽은주 | 010~6215~4567 |

### 무늬동백 작목반

| 지역 | 성명 | 전화번호 |
|---|---|---|
| 공주 | 조동원 | 010~9403~8683 |
| 아산 | 전종률 | 010~5422~2585 |
| 공주 | 정종섭 | 010~5331~7196 |
| 계룡 | 김지만 | 010~8800~7832 |
| 청원 | 봉하경 | 010~3410~5098 |
| 공주 | 김현훈 | 010~3884~6728 |

### 애동회

| 지역 | 성명 | 전화번호 |
|---|---|---|
| 무안 | 김현우 | 010~6838~7566 |

| 지역 | 성명 | 전화번호 |
|---|---|---|
| 목포 | 정진성 | 010~7517~0011 |
| 청원 | 봉하경 | 010~3410~5098 |
| 목포 | 고덕오 | 011~606~6800 |
| 해남 | 박은애 | 010~3450~6939 |
| 목포 | 김태석 | 010~5441~1709 |
| 목포 | 이화성 | 010~5388~1331 |
| 목포 | 노인홍 | 010~2607~4177 |
| 목포 | 정유경 | 010~4198~0574 |
| 청원 | 박종대 | 010~2456~9977 |
| 대전 | 송명자 | 010~5103~1131 |
| 목포 | 최재남 | 010~3683~8120 |
| 목포 | 류진태 | 010~7221~4805 |

### 우리동백 사랑회

| 지역 | 성명 | 전화번호 |
|---|---|---|
| 장흥 | 김유한 | 010~2465~1250 |
| 대전 | 정세영 | 011~408~0404 |
| 정읍 | 조미숙 | 010~4312~1627 |
| 정읍 | 최영성 | 010~8760~4326 |
| 정읍 | 김미량 | 010~4508~7779 |
| 장흥 | 이승화 | 010~3733~5755 |
| 목포 | 홍승민 | 010~9764~1198 |
| 장흥 | 김현수 | 010~3032~1339 |
| 여수 | 김예자 | 010~4697~9723 |
| 남해 | 박봉기 | 010~7100~4497 |
| 남해 | 김춘권 | 010~4583~3766 |
| 목포 | 김홍철 | 010~3315~1412 |
| 목포 | 김영길 | 010~9452~0549 |
| 목포 | 권순화 | 010~9175~1251 |
| 거제 | 이정우 | 010~9689~8360 |
| 장흥 | 김찬흠 | 010~4617~1815 |
| 담양 | 장일진 | 010~8003~2120 |
| 강진 | 장근봉 | 010~5080~8344 |
| 강진 | 이길호 | 010~3643~9013 |
| 장흥 | 김정남 | 011~647~6684 |
| 여수 | 박형배 | 010~3628~9622 |

### 유달 동백회

| 지역 | 성명 | 전화번호 |
|---|---|---|
| 목포 | 장기홍 | 010~3666~3534 |
| 목포 | 김교일 | 010~3642~5571 |

## 전국 자생 동백회원 명단

| 지역 | 이름 | 전화번호 |
|---|---|---|
| 목포 | 정종준 | 010~8600~5993 |
| 무안 | 김의준 | 010~6248~1652 |
| 무안 | 박병섭 | 010~6691~1000 |
| 목포 | 김동욱 | 010~8619~6337 |
| 무안 | 김재용 | 010~9431~2182 |
| 무안 | 박재경 | 010~3632~2667 |
| 목포 | 임점호 | 010~2018~1188 |

### 전라남도 무늬동백회

| 지역 | 이름 | 전화번호 |
|---|---|---|
| 장흥 | 김재열 | 011~601~3075 |
| 해남 | 최용문 | 010~2107~8598 |
| 강진 | 김성준 | 010~3811~4133 |
| 무안 | 김중영 | 010~3816~5850 |
| 무안 | 박병섭 | 010~6691~1000 |
| 장흥 | 천춘식 | 010~5254~4167 |
| 완도 | 위헌국 | 010~2001~1455 |
| 영암 | 조영봉 | 010~5158~9008 |
| 진도 | 임태영 | 010~8612~2031 |
| 장흥 | 이상희 | 010~4056~5251 |
| 여수 | 김애자 | 010~4897~9723 |

### 중부권 무늬동백 사랑회

| 지역 | 이름 | 전화번호 |
|---|---|---|
| 아산 | 강희주 | 011~9736~3544 |
| 세종 | 김천수 | 010~6477~7175 |
| 공주 | 김현훈 | 010~3884~6728 |
| 서산 | 명제국 | 010~5431~4443 |
| 공주 | 문광돈 | 010~6422~1400 |
| 천안 | 박만식 | 010~2403~5830 |
| 천안 | 박용동 | 010~2361~1882 |
| 대전 | 왕춘근 | 010~8812~7821 |
| 서산 | 이덕우 | 010~5453~4380 |
| 안산 | 이명환 | 010~5394~6525 |
| 공주 | 이시상 | 010~5439~2042 |
| 청원 | 이은하 | 010~5408~0144 |
| 아산 | 전종률 | 010~5422~2585 |
| 대전 | 이우재 | 011~408~0404 |
| 공주 | 정장환 | 018~414~3485 |
| 공주 | 조동원 | 010~9403~8683 |

| 지역 | 이름 | 전화번호 |
|---|---|---|
| 아산 | 황규덕 | 010~2045~3619 |
| 유구 | 김차집 | 010~6750~1199 |
| 유구 | 박묘수 | 010~5431~8480 |
| 대전 | 김종운 | 010~5103~1131 |
| 대전 | 여기철 | 010~3387~4048 |
| 유구 | 한용운 | 010~8826~3252 |
| 대전 | 박기순 | 010~5316~2395 |
| 세종 | 손영석 | 010~2866~1575 |

### 청주 동백사랑 모임

| 지역 | 이름 | 전화번호 |
|---|---|---|
| 청원 | 신태인 | 010~8459~6969 |
| 청원 | 강수인 | 010~8828~6775 |
| 청원 | 강희준 | 017~401~9635 |
| 세종 | 김건수 | 010~8848~4880 |
| 청원 | 김태영 | 010~5453~6269 |
| 청원 | 윤경환 | 010~5469~4994 |
| 청원 | 박종대 | 010~2456~9977 |
| 청원 | 봉하경 | 010~3419~5098 |
| 청원 | 오희범 | 010~3240~8629 |
| 청원 | 김형태 | 010~9348~3130 |
| 청원 | 우도영 | 010~4403~0308 |
| 청원 | 손창선 | 010~5481~3077 |
| 청원 | 홍판열 | 010~3145~5132 |
| 청원 | 허 웅 | 010~8827~0648 |

### 서울, 경기 한국 동백보존회

| 지역 | 이름 | 전화번호 |
|---|---|---|
| 고양 | 김종규 | 010~3751~6375 |
| 시흥 | 문기성 | 010~5453~5733 |
| 의완 | 박배근 | 010~9156~7501 |
| 광명 | 박무열 | 010~7202~2004 |
| 의왕 | 두경이 | 010~8634~2289 |
| 안산 | 이명환 | 010~5394~6525 |
| 안산 | 김용중 | 010~3710~2211 |
| 서울 | 장익수 | 010~3604~9870 |
| 무안 | 김태석 | 010~5441~1709 |
| 양주 | 신찬우 | 010~5442~9303 |
| 고양 | 김태원 | 010~9068~8959 |
| 화성 | 최보열 | 010~5283~2368 |

| 지역 | 이름 | 전화번호 |
|---|---|---|
| 안산 | 김구석 | 010~5307~7079 |
| 안산 | 최상열 | 011~405~9834 |
| 광명 | 이재문 | 010~7733~0490 |
| 안산 | 송을재 | 010~2401~9396 |
| 안산 | 김찬규 | 010~3382~3489 |
| 경기 | 송민경 | 010~7409~6668 |
| 오산 | 박수홍 | 010~7353~8733 |
| 의왕 | 신진근 | 010~6700~2368 |
| 의왕 | 조영수 | 010~6700~2368 |
| 의왕 | 이홍열 | 010~6364~3854 |
| 부천 | 구모숙 | 010~8713~7335 |

### 해남 무늬동백

| 지역 | 이름 | 전화번호 |
|---|---|---|
| 해남 | 최용문 | 010~2107~8598 |
| 해남 | 나용균 | 010~9154~1400 |
| 해남 | 김춘식 | 010~4609~7678 |
| 해남 | 박영길 | 010~9226~3232 |
| 해남 | 강민옥 | 010~3613~2204 |
| 해남 | 곽상수 | 010~8619~8837 |
| 해남 | 기세영 | 010~3114~8472 |
| 해남 | 김선태 | 010~3623~3407 |
| 해남 | 김세룡 | 010~2479~0001 |
| 해남 | 김용식 | 010~8620~2255 |
| 해남 | 김해운 | 010~4440~2368 |
| 해남 | 안소운 | 010~4008~0363 |
| 해남 | 이창억 | 010~9881~9400 |
| 해남 | 이태식 | 010~4250~5861 |
| 해남 | 장재화 | 010~5066~2721 |
| 해남 | 최종익 | 010~8711~6631 |
| 해남 | 황동구 | 010~8649~3821 |
| 해남 | 김장섭 | 010~4720~1458 |
| 해남 | 임대근 | 010~2997~3045 |
| 해남 | 박용구 | 010~4780~6992 |
| 해남 | 배기석 | 011~631~2375 |
| 해남 | 손기한 | 010~4620~5389 |
| 해남 | 윤춘호 | 010~2238~3231 |